RÜDIGER DAHLKE

Il viaggio interiore

Meditazioni guidate alla ricerca di sé

Traduzione dal tedesco di Laura Antonella Pozzi

EDIZIONI
MEDITERRANEE

Finito di stampare nel mese di Gennaio 1998

ISBN 88-272-0494-6

Indice

Prefazione

Fu Galileo a pronunciare una delle frasi più centrate sul potenziale umano e sulle sue abilità immaginative: «Non puoi insegnare qualcosa a un uomo, puoi solo aiutarlo a scoprirlo dentro di sé».

Ed è proprio questo che negli ultimi anni sempre più persone cercano di fare: dedicare il proprio tempo libero e la propria voglia di apprendere a tecniche di sviluppo delle proprie facoltà di autoguarigione, delle doti introspettive, delle proprie potenzialità inespresse. Sempre più spesso si sente parlare di corsi di sviluppo personale dove l'individuo viene valorizzato nella sua unicità e aiutato ad acquisire capacità di visualizzazione.

Imparare a conoscere le proprie abilità immaginative è un po' come richiamare alla mente cose che si sanno già; bisogna solo riportarle alla consapevolezza. È un po' come se giacessero in letargo sotto strati di razionalità e dovessero essere scosse per riprendere la loro attività. In primis vanno considerati i condizionamenti negativi che limitano l'espressività e la creatività del soggetto, poi, attraverso la cancellazione delle memorie passate e dolorose, si attinge e si sviluppa il potenziale intrinseco di ogni essere umano. Inoltre bisogna imparare a distinguere le vere informazioni psichiche dagli effetti di vari tipi di «rumori mentali», come per esempio le impressioni immaginarie o effettive e le influenze ambientali locali, che agiscono su pensieri e sensazioni.

Ogni individuo, a qualsiasi età, può ritrovare in se stesso le radici del suo potenziale psichico completo, risistemando la propria energia affettiva e ampliando il suo campo esistenziale.

Imparare a usare la visualizzazione in tutta la sua potenzialità, significa conoscere le proprie reazioni di fronte a certe esperienze interiori, esprimerle in modo intelligibile agli altri e distinguere le impressioni psichiche da interferenze generiche.

A volte ci dimentichiamo alcune nostre capacità, lasciamo inutilizzate alcune abilità, ci rifiutiamo di esprimere specifiche modalità comportamentali.

Insomma lasciamo chiuse nel cassetto possibilità che fanno parte del nostro essere, limitiamo volutamente, a volte invece inconsapevolmente, la nostra libertà d'azione. Tuttavia è consolante pensare che durante i periodi di «inattività» delle risorse potenziali esse non perdono affatto il loro valore; è possibile riprenderne l'uso in qualsiasi momento della nostra vita.

Spesso non siamo in grado di riconoscere tutte le nostre potenzialità. Si manifestano in momenti particolari, a volte senza preavviso, e ci stupiscono per la loro efficacia e precisione. Sviluppare il proprio potenziale non è un obiettivo, ma è l'inizio di un lungo percorso sul quale si trovano molteplici approcci, varie e disparate tecniche e, sicuramente, grandi soddisfazioni.

Dall'approccio puramente mentale si passa anche al più recente e, qui in Italia ancora poco conosciuto, sistema di integrazione somato-respiratoria e alle visualizzazioni indicate da Dahlke in questo prezioso «viaggio all'interno di noi stessi».

I ritmi del nostro corpo (respiro, movimento e tocco) sono correlati alla nostra capacità di autoguarigione che influisce sul nostro equilibrio interiore e sulla riscoperta delle nostre potenzialità energetiche.

Per questo è importante, oltre all'acquisizione di tecniche di visualizzazione, di rilassamento e di sviluppo personale, fare attenzione all'equilibrio strutturale e biochimico del nostro corpo.

Una buona auto e un pieno di benzina permettono di fare molta strada all'autista accorto. L'auto può essere metafora del corpo, la benzina del nostro sistema biochimico (alimentazione) e l'autista racchiude in sé tutte le abilità mentali proprie di uno sviluppo globale del potenziale e della nostra vita emotiva.

La teoria della lateralizzazione cerebrale segnala che le potenzialità più profonde risiedono nella parte destra e sono strettamente correlate al livello di creatività del soggetto.

Dopo un rilassamento profondo che ci prepara all'espressività delle nostre risorse «di destra», si possono attuare alcuni esercizi per stimolare la creatività ed eliminare eventuali blocchi creativi.

Di pari passo allo sviluppo del potenziale va l'aumento della consapevolezza. Infatti chi non è consapevole di come agisce o sente è incompleto, avrà un basso livello di autostima e fiducia in se stesso, si lascerà sopraffare dagli eventi e non sarà padrone della propria vita. Tanto meno dello sviluppo delle sue risorse nascoste. La consapevolezza impone completezza di sé e quindi arricchimento della propria libertà d'espressione in senso lato. Scoprire il meglio di sé comprende anche l'accettare la responsabilità di vivere poi ad un livello superiore, in cui la messa in discussione è costante. Vi sono dodici fasi attraverso cui l'essere umano passa per rimuovere i suoi blocchi o condizionamenti ed approdare poi, finalmente, alla realizzazione del suo potenziale. Le prime fasi sono difficili e complesse, le seguenti sono più fluide e gratificanti.

La prima fase richiede la consapevolizzazione dei nostri «nodi esistenziali», di ciò che ci ha ferito e frenato nel nostro sviluppo. Questi blocchi non permettono di essere aperti e sensibili verso ciò che ci accade intorno, quindi «smorzano» la nostra sensitività e necessitano di essere rimossi. La seconda fase implica il riconoscimento dei nostri tempi, dei nostri ritmi e delle polarità che caratterizzano il nostro stile di vita, ciò che ci contraddistingue dal tutto entro cui ci fonderemo in una fase successiva. La terza fase ci porta a riconoscere in quali situazioni siamo fermi, cosa non riusciamo a recuperare e perché.

I blocchi energetici, che generalmente ostruiscono uno dei chakra inferiori, vengono rimossi. L'energia stagnante viene celata e si riattivano le «spirali» inattive.

La quarta fase realizza il riconoscimento dei nostri punti di forza e delle nostre risorse profonde. I chakra nuovamente attivi producono vortici colorati che turbinano sopra il corpo fisico e polarizzano l'energia cosmica. Durante la quinta fase affrontiamo le nostre illusioni e mettiamo a nudo la nostra parte «ombra». Le immagini che danno vita ai «mostri» vengono proiettate al di fuori della nostra coscienza e possiamo affrontarle, demolendole consciamente ed elaborandone i simboli più significativi.

La sesta fase ricerca nuove soluzioni ai nostri «nodi esistenziali» e amplia la nostra versatilità e flessibilità. Le nuove interpretazioni dei nostri simboli-ombra ci aprono nuove vie d'apprendimento e impegno, costituendo il palinsesto su cui sviluppare le nostre potenzialità in modo completo e pulito. Nella fase sette ci appare chiara la soluzione prescelta ai nostri problemi che limitano la nostra libertà di azione e l'espressione delle nostre potenzialità. Ecco apparirci la via per realizzare i nostri desideri finalizzandoli agli obiettivi che ci siamo prefissati: autoguarigione, diagnosi, cura degli altri. Nell'ottava fase ci allineiamo col mondo esterno, mettiamo le nostre risorse a disposizione del contesto ambientale e traiamo da esso l'energia necessaria per crescere. Avviene uno scambio fra energia individuale e cosmica, e siamo pronti a diventare «canale» per l'energia spirituale.

Durante la fase nona impariamo a riconoscere la luce oltre la forma e ad estenderci oltre il nostro corpo fisico per scoprire cosa è veramente importante per la nostra vita. Nella fase dieci riconosciamo l'unicità dell'essere e la dimensione cosmica dell'Uomo. Durante la fase undici riapprodiamo nella dimensione terrena, ritorniamo alle nostre responsabilità, ma consci di avere una marcia in più, un «sesto senso» del tutto funzionante ed efficiente. Ci sentiamo e siamo più completi. Nell'ultima fase, la dodicesima, impariamo a condividere con gli altri il nostro potenziale e a ripercorrere i passaggi più importanti dello sviluppo fin qui realizzato.

Come vedete il cammino è lungo e faticoso, ma i risultati sono sicuramente gratificanti non solo per noi stessi, ma anche per ciò che potremo dare agli altri.

Lasciarci accompagnare dalle meditazioni di Rüdiger Dahlke in questo percorso di apertura e sviluppo sarà una delle esperienze più entusiasmanti del nostro presente.

Buon viaggio!

Anna Zanardi

Anna Zanardi, psicologa, specializzata in medicina naturale e malattie psicosomatiche. Opera presso il Centro Interdisciplinare di Automotivazione di Milano, che porta avanti in Italia l'approccio di Dahlke e della moderna interpretazione dei quadri patologici. Conduce seminari inerenti le tematiche della salute e del benessere, con particolare attenzione alle risorse individuali di autoguarigione.

Introduzione

Negli ultimi decenni il tema meditazione è diventato popolare in Occidente quanto lo è da sempre in Oriente. Mentre i principi basilari della società efficientista occidentale vengono sempre più spesso esportati in Oriente, una vera ondata di pratiche meditative orientali sta invadendo il nostro paese. Mentre noi inviamo del personale per insegnare agli abitanti dei «paesi in via di sviluppo» il *know-how* tecnico, da questi ultimi provengono numerosi guru, per tramandarci diverse meditazioni e soprattutto una corretta filosofia di vita. Non deve stupire che inizialmente l'Occidente, che esportava la tecnica, volesse importare unicamente tecnica meditativa. Secondo la nostra concezione del mondo, in cui l'uomo è in primo piano, con la giusta tecnica si può imparare qualsiasi cosa. Alcuni guru si adattarono a questa mentalità di per sé sconosciuta in Oriente e insegnarono effettivamente a meditare da un punto di vista puramente tecnico, sapendo bene che la prassi meditativa condiziona naturalmente il modo di vivere di una persona e che col tempo necessita di essere supportata da una filosofia.

I nostri successi in Occidente si basano sul pensiero funzionale del lobo cerebrale sinistro, che punta sulla produttività e che si è perfettamente adeguato al proposito biblico di sottomettere la terra. Con grande meraviglia dei sostenitori dell'ideologia del progresso, quest'ultimo, nonostante sia stato enorme, non ha reso gli uomini né felici né tanto meno contenti. Le pretese aumentano con le conquiste e rendono infelici coloro che non riescono a stare al passo con i tempi e che non si possono permettere tutto. Con gli anni anche i precursori del progresso si sono resi conto che c'era qualcosa che non funzionava in questo sistema apparentemente così perfetto. Il polo maschile si dimostrò sempre più come un'unica faccia della medaglia, il cui errore era la mancanza della parte femminile. Anche i massimi esponenti della società industriale riconoscono che non basta avere una mente perspicace, estremamente intelligente ed analitica. Sempre più spesso i manager frequentano seminari di autocoscienza e di meditazione, che insegnano loro nuovamente ciò che ogni bambino sa fare: fantasticare e sognare, giocare creativamente e meditare, anche se con grandi sforzi, visto il loro atteggiamento interiore, e a caro prezzo, vista la loro posizione sociale.

A ben vedere, le più importanti conquiste della società produttiva sono state compiute da uomini molto vicini ai modelli ed alle immagini del polo femminile ed al suo pensiero complessivo. Albert Einstein, ad esempio, precisò che le sue scoperte innovative, che favorirono una nuova visione del mondo, erano essenzialmente il frutto di un'intuizione e quindi non delle sue facoltà analitiche. Watson e Crick, coloro che scoprirono la struttura del DNA, quella spirale doppia che contiene il nostro patrimonio genetico, hanno svelato in un libro che il polo femminile ha avuto un ruolo determinante nella loro scoperta. Tra una vacanza e l'altra, problemi quotidiani e vari tentativi, un po' per gioco ed un po' seri a riguardo, riuscirono a trovare casualmente la chiave del codice genetico di tutti gli esseri viventi. È curioso che proprio questi due giovani ricercatori abbiano fatto questa strabiliante scoperta, nonostante molti altri scienziati più esperti di loro meditassero da tempo con più diligenza e serietà su questo rompicapo. La scoperta di Kekulé della formula del benzolo, ai tempi il più grande mistero della chimica organica, è diventata proverbiale. Egli vide in sogno un serpente che si mordeva la coda [1] ed al suo risveglio seppe che il benzolo doveva avere una struttura circolare.

Un proverbio dice che *il sonno porta consiglio* e sicuramente non sceglie la via dell'intelletto. Nella medicina antica si credeva che Asclepio, il dio della guarigione, apparisse in sogno ai malati e comunicasse loro come ristabilirsi. La medicina antica aveva accesso praticamente solo in questo modo ai mondi interiori e proprio per questo aiutava e soddisfava i pazienti di allora molto più di quelli attuali, che dispongono di una medicina *high-tech* ultramoderna, che sa *fare* molto, ma che per molti versi è discutibile.

Anche la storia ci tramanda che molti uomini illustri non contavano unicamente sulle loro conoscenze intellettive. Richelieu ad esempio, quando doveva prendere decisioni particolarmente importanti, si sdraiava per un'ora appoggiato su un orecchio, evitando in

[1] Si tratta del simbolo archetipo dell'uroboros.

questo modo di ascoltare consigli ed argomentazioni provenienti dal mondo esterno. Egli prestava attenzione solamente alla sua voce interiore. La tradizione popolare riconosce l'utilità di ripensare durante la notte alle decisioni più sofferte. Sir Francis Drake, l'eroe del mare inglese, raccontò che, prima di affrontare la minacciosa armata spagnola, andò a dormire. Quando si poté scorgere la flotta nemica all'orizzonte egli uscì dal letto, ma insistette con i suoi ammiragli, ormai sull'orlo di una crisi di nervi, che si disputasse una partita a bocce. Solo in seguito cominciò la battaglia e la flotta inglese, numericamente inferiore, annientò i nemici ultrapotenti.

Anche la ricerca scientifica moderna nel frattempo può provare che l'uomo si fa guidare essenzialmente da immagini e voci provenienti dalla sua stessa anima e quindi dal polo femminile. Nei laboratori del sonno fu dimostrato a livello sperimentale che, se la notte non sognassimo, ci ammaleremmo gravemente. In questi esperimenti sono stati applicati a persone sane due elettrodi adesivi alle estremità degli occhi prima che si addormentassero. Non appena entravano in una fase onirica, che provoca veloci movimenti degli occhi [2], venivano svegliate. Esse dormivano le stesse ore a cui erano abituate di solito, ma senza sognare, e si svegliavano più stanche di prima. Dopo alcune notti trascorse in questo modo, cominciarono ad avere durante il giorno delle visioni ad occhi aperti ed a sentire delle voci, che naturalmente nessun altro a parte loro poteva percepire. Da un punto di vista psichiatrico ci troviamo di fronte a vere e proprie allucinazioni visive ed acustiche e, come è noto, le allucinazioni sono il segno più evidente di una psicosi imminente.

Le immagini interiori notturne sono quindi necessarie per affrontare la vita, anche se spesso non ce ne rendiamo conto. Il fatto che molte persone oggi non ricordino i loro sogni è un ulteriore segno del nostro allontanamento dalla parte femminile della realtà. Un mondo prevalentemente basato sul polo maschile non si cura affatto della «mancanza» dei sogni. Un indiano al contrario sarebbe perso se non li ricordasse. Le visioni infatti danno un senso alla sua vita. Noi invece ci siamo abituati così bene a cavarcela anche senza sogni, da votare uomini politici alla guida del paese, che non sanno nemmeno cosa siano le visioni, per non parlare dei metodi utilizzati dalla nostra società per cercare di procurarsele.

Fino a questo secolo in Africa è esistita una tribù, per cui i sogni erano il perno della vita. Così come noi utilizziamo la notte per

[2] È per questo motivo che le fasi oniriche vengono chiamate fasi REM, da «*rapid eye movement*», movimento rapido degli occhi.

rigenerarci per il giorno successivo, i Senoi si servivano del giorno per prepararsi alla notte. Quest'ultima era per loro molto più importante del giorno, che veniva trascorso dedicandosi ad occupazioni rivolte all'esterno. La notte infatti permetteva, tramite i sogni, di stabilire un contatto con gli dèi e gli antenati. Grazie al loro stretto legame col polo femminile della realtà, i Senoi devono essere state persone estremamente pacifiche e felici.

Noi uomini moderni al contrario ci aspettiamo qualcosa dalla parte femminile, senza però essere disposti a prestarle la necessaria attenzione. La notte, la parte femminile di una giornata di 24 ore, lo dimostra chiaramente. La sera perlopiù ci buttiamo stanchi sul letto, ci addormentiamo subito e ci risvegliamo al mattino rigenerati e senza il benché minimo ricordo spiacevole della nottata. Se il polo femminile si ripresenta, per esempio in un periodo di digiuno, ci lamentiamo perché le notti sono disturbate da frammenti di sogni.

Sia le esperienze delle culture arcaiche che gli esperimenti moderni dimostrano il potere e la necessità delle immagini interiori e quindi del polo femminile. Non possiamo semplicemente eliminare una parte della realtà, ma tutt'al più ignorarla o accantonarla, il che significa metterla da parte. Essa però esiste ancora ed esercita anche in questo modo un certo influsso sulle società moderne. L'interesse per la meditazione e per la filosofia esoterica, verificatosi negli ultimi decenni, rappresenta un'opportunità per confrontarsi con più consapevolezza con il polo femminile e su di un piano meno doloroso.

PARTE PRIMA

Lo scopo della meditazione

Quando si parla di polo femminile non si può prescindere dal regno delle immagini, che a sua volta è strettamente collegato con una visione del mondo femminile. La meditazione va addirittura oltre a questo ambito e mira direttamente al centro. Già la parola *medi*tazione lo dimostra chiaramente. Come nel termine *medi*cina compare il vocabolo latino «mederi» [3] — misurare, trovare la giusta misura, a sua volta strettamente collegato con il termine metà, centro. Il centro del mandala [4] ne è la prova più evidente. Il *centro* non ha un'estensione, ma contiene tutto: ogni cosa proviene da qui e ritorna in esso, nel simbolo dell'unità nel nostro mondo polare. Chi percorre la strada dello sviluppo si dirige verso il centro ed intraprende pressoché obbligatoriamente un percorso meditativo.

Già a questo punto risulta evidente che la meditazione, contrariamente a quanto si crede in Occidente, non è sempre positiva e piacevole. Chi intraprende questo cammino e si dedica ad una sola meditazione, ha due alternative: o diventa tutt'uno col centro e raggiunge l'illuminazione, oppure viene separato dall'unità. Quest'ultimo caso è purtroppo il più frequente ed obbliga a confrontarsi con i propri lati oscuri, a prescindere dal metodo utilizzato per meditare. Il centro, che comprende ogni cosa, non conosce eccezioni ed

[3] Si pensi anche al termine «*meditari*», che significa «fare accadere, lasciare andare, accettare» e che, come «*mederi*», viene utilizzato solo nella forma passiva. In ogni caso la meditazione originariamente è qualcosa che capita e che non può venire forzata.

[4] I mandala sono strutture circolari presenti in ogni cultura e che da noi si possono osservare nei rosoni gotici. Essi rappresentano il modello basilare dell'evoluzione umana ed il loro centro simboleggia sia l'origine che la meta finale dell'uomo. Per ulteriori informazioni vedi: Rüdiger Dahlke, *Mandala del mondo*, Edizioni Red.

errori nel dimostrare ciò che manca. Qui tutto è consapevole ed ha ragione di esistere. Non ci troviamo più nel mondo della polarità, in cui tutto necessita del suo contrario.

Ci sono molti modi per giungere a questa liberazione, ma ne esistono ancora di più che garantiscono il raggiungimento di questo scopo. Ogni cultura e tradizione raccontano di esperienze di illuminazione, a cui si danno i nomi più disparati. Esse non si limitano solo alle meditazioni, ma possono manifestarsi anche durante le attività quotidiane, quando si suona della musica o si pratica dello sport ad esempio. L'obiettivo finale di ogni tradizione è di mantenere vivo questo stato d'animo anche nella vita di tutti i giorni e persino durante la notte. Se si volessero estrapolare dalla miriade di tecniche che mirano alla liberazione gli elementi migliori di ognuna di esse, per poi unirli e dar vita ad un metodo più efficace, conformemente alla mentalità occidentale, si faticherebbe molto per trovare degli elementi che accomunino le varie tecniche. I metodi sono perlopiù profondamente diversi, anche se le esperienze di illuminazione sono sorprendentemente somiglianti. Sia che l'illuminazione venga raggiunta con ferrea disciplina o con l'insubordinazione, che se ne sia consapevoli o che sopraggiunga casualmente, sia che ciò richieda innumerevoli sforzi, sia che invece la si raggiunga svagandosi e rilassandosi, il risultato è il medesimo: chi è stato così fortunato da sperimentarla personalmente, ha descritto questo stato d'animo come privo di ogni resistenza. Si è in armonia con l'attimo e col mondo. L'assenza di ogni resistenza è dunque la definizione più appropriata dell'esperienza dell'illuminazione.

Tuttavia, così come l'illuminazione è libera da ogni resistenza, la resistenza non conosce illuminazione. Anche se in un primo momento può sembrare strano, ciò significa che chi non è illuminato vive nel contrasto. In effetti trascorriamo sempre più spesso la nostra vita pensando alle opportunità ormai sfumate del passato oppure alle speranze o ai timori per il futuro. È esattamente questa resistenza contro la situazione attuale che ci affatica e ci spossa. I genitori, ad esempio, conoscono molto bene questa situazione, quando la sera, esausti per la giornata che hanno trascorso tra mille opposizioni, cercano disperatamente di mettere a letto i loro figli. Ma non è così semplice, dal momento che essi — immersi nell'attimo — non sono affatto stanchi, poiché hanno passato la giornata *giocando*.

Meditazione e resistenza

Già quando ci si prepara alla meditazione, il livello di resistenza dovrebbe essere limitato al massimo, per poi liberarsene completamente durante la meditazione. Ciò è naturalmente più facile a dirsi che a farsi, dal momento che presuppone la soluzione definitiva. Se si riesce ad eliminare sin dall'inizio ogni resistenza, la soluzione è molto vicina. Ma ciò che sembra così facile, è in realtà difficile da mettere in pratica. Tuttavia, quando una volta raggiunto lo scopo ripensiamo al passato, risulta evidente che in fondo non era poi così difficoltoso. Facciamo un esempio: per la maggior parte delle persone la felicità è avere tutto ciò che desiderano. Basterebbe che volessero tutto quello che hanno per essere felici. Ciò che sembra un banale gioco di parole contiene in realtà la soluzione, anche se lo si capisce solo in seguito. Molti maestri Zen ridono a più non posso nel momento della liberazione, quando riconoscono che tutto è sempre stato facile, ma che fino a quel momento non se ne erano mai accorti.

In ogni caso quando si medita è opportuno evitare di essere distratti o bloccati da resistenze esterne, come ad esempio il telefono, che va quindi debitamente staccato. Più le condizioni esterne sono favorevoli, meno si tenderà a proiettare i problemi su di esse e più li si scoprirà in noi stessi, dove del resto risiedono da sempre. Quando leggiamo nei testi orientali che è possibile meditare anche nel mezzo di un'affollata piazza del mercato, è innegabilmente vero, tuttavia non è il posto ideale per cominciare.

I due orientamenti fondamentali della meditazione

È opportuno facilitare il più possibile le cose sin dall'inizio, visto che sono già abbastanza complicate. Più si agevola il compito, più probabilità ci saranno di trovare gli effettivi ostacoli nel posto giusto e cioè in se stessi. Non importa come si giunge all'illuminazione, ma sarebbe meglio scegliere un tipo di meditazione che non si discosti eccessivamente dal nostro modo di essere. Le meditazioni Zazen o Vipassana [5] sono sistemi geniali e collaudati da secoli in Oriente, ma i sacrifici che richiedono sono in molti casi fin troppo severi per gli uomini occidentali che hanno un primo approccio con

[5] Zazen: meditazione da seduti in cui si presta attenzione al proprio respiro ad occhi aperti. Vipassana: meditazione da seduti in cui si presta attenzione al proprio respiro ad occhi chiusi.

la meditazione. Tutto ciò però non significa che in seguito non si possano sperimentare anche queste ultime.

Se ci si basa sui criteri del sistema Yoga, sarà impossibile arrivare ad una vera meditazione, dal momento che le condizioni che esso prevede non vengono neanche lontanamente rispettate. Lo Yoga infatti definisce come una meditazione uno stato già molto avanzato, a differenza del Buddismo, che al contrario ritiene ogni faticoso tentativo consapevole a riguardo una meditazione. Vogliamo quindi tenere conto soprattutto del punto di vista buddista.

Un altro problema sta nel fatto che la maggior parte degli orientamenti orientali richiedono una completa liberazione da ogni pensiero, ma, come è noto, è praticamente impossibile non pensare, anche per un solo minuto. Un primo piccolo tentativo riguardo alla meditazione fornisce una prova inequivocabile.

ESERCIZIO: *Siediti di fronte a un orologio dotato di lancette dei secondi e cerca, ad occhi aperti o chiusi, di non pensare per un minuto.*

Questo spazio di tempo ti dimostrerà quanto è lungo un minuto vissuto con consapevolezza e che è impossibile non pensare. Almeno un pensiero infatti ti ha assillato e cioè quello di non pensare, ed anche questo è pur sempre un pensiero. Inoltre, se sarai sincero, ammetterai di aver pensato anche a molte altre cose.

ESERCIZIO: *Avrai migliori possibilità di riuscita se ripeterai l'esercizio concentrandoti su un unico pensiero, ad esempio la respirazione.*

Anche in questo caso, tuttavia, saranno subentrati, con tutta probabilità, numerosi altri pensieri a disturbare la meditazione.

Ciò che consideriamo un fattore di disturbo, i pensieri in questo caso, causa naturalmente una resistenza. Sarebbe quindi utile non escluderli dalla meditazione in quanto inopportuni, bensì accoglierli in essa.

Questo è ciò che viene chiamato meditazione guidata. Essa utilizza le idee per progredire. In questo modo arriviamo al secondo orientamento meditativo e cioè quello che ritiene i pensieri un elemento importante della meditazione e non cerca quindi di estrometterli, come nel primo caso.

La meditazione guidata

La meditazione guidata non è un'invenzione dell'esoterismo moderno, bensì ha una tradizione altrettanto lunga alle spalle della meditazione orientale, che prevede la liberazione dai pensieri. Già nei culti del mistero dell'antichità, gli ierofanti conducevano coloro che dovevano essere iniziati in viaggi guidati nel loro mondo interiore e preparavano i passi necessari allo sviluppo all'interno della loro stessa anima.

Probabilmente a quel tempo i viaggi all'interno dell'uomo erano naturali come lo sono oggi quelli per il mondo. In nessuna epoca come in quella attuale si viaggia così tanto all'esterno e così poco all'interno. Nel passato anche i pochi viaggi per il mondo erano spesso dei pellegrinaggi, dove l'interiorità aveva comunque il sopravvento. Il fatto che i nostri antenati avessero così tanta dimestichezza con i viaggi negli spazi interni, fatti di immagini e di simboli, costituisce sicuramente uno dei motivi per cui nell'antichità non si aveva bisogno dell'aiuto degli psicoterapeuti. I miti erano loro familiari ed a teatro partecipavano alle tragedie classiche in un modo a noi oggi del tutto estraneo, nonostante tuttora non si sia persa l'abitudine di frequentare questi luoghi. Mentre oggigiorno siamo invasi dalle immagini dei film e della televisione, nell'antichità le immagini erano al contrario molto poche, ma in compenso erano note alle persone e stabilivano un legame diretto con la vita di quest'ultime. Se osserviamo la semplicità del loro teatro e l'importanza che tuttavia, o meglio, che proprio per questo motivo aveva, ci troviamo di fronte ad un enigma. Un tempo le aspettative del pubblico erano completamente diverse da quelle attuali, non c'erano illusioni, non si ricercava l'effetto a tutti i costi e gli attori non si nascondevano dietro a delle maschere. Non si trattava quindi di distogliere lo spettatore dai problemi quotidiani e di rappresentare un mondo migliore a lieto fine. Contrariamente ad oggi le tragedie un tempo erano ancora considerate divertenti e costituivano la maggioranza delle rappresentazioni. Oggi invece accade l'esatto contrario, le commedie dominano la scena, poiché ci si vuole svagare. Nell'antichità il teatro con le sue immagini archetipe ed i suoi modelli originari era un vero nutrimento per l'anima.

Oggi riteniamo tale nutrimento indigesto e invece di trascorrere il nostro tempo seduti a teatro, lo passiamo sdraiati sul lettino di uno psicologo. Se questo sia veramente più comodo, dipende unicamente dalla terapia. Di certo non è un caso, bensì un'intelligente previsione, che le psicoterapie analitiche di orientamento freudiano ed ancor più junghiano si siano ispirate ai miti e che sempre più orientamenti della psicoterapia umanista si rifacciano alle immagini interiori. Un procedimento come la sperimentazione di immagini catatimica si basa esclusivamente sulle immagini interiori e, grazie ad un nome che suona scientifico, si è praticamente affermata ovunque.

Il generale discredito dei mondi di immagini interiori è stato un malinteso del nostro tempo, a cui l'esoterismo ha messo fine. All'epoca dei nostri nonni le favole avevano ancora un ruolo basilare. Il fatto che la generazione successiva abbia quasi tolto dal «menù» un nutrimento così importante per l'anima dei bambini, è stata una svista imperdonabile. Essi ascoltano con trasporto le fiabe che vengono loro raccontate e le trasformano in vivaci immagini interiori. Anche le favole moderne in versione cinematografica, dagli effetti speciali più straordinari e fedeli allo stile hollywoodiano più spettacolare, non possono eguagliare l'immaginazione dei loro piccoli spettatori, che non possono che restarne delusi, dal momento che oralmente se le erano figurate in modo del tutto diverso.

Da questo punto di vista le meditazioni guidate sono comprensibili e facilmente accessibili agli uomini occidentali. Probabilmente la maggior parte di noi durante l'infanzia ha già compiuto con discreto successo e con un certo divertimento una serie di simili viaggi interiori.

Meccanismi efficaci

Per una persona estremamente razionale ed ancora imprigionata in una vecchia concezione meccanicistica del mondo, l'efficacia delle immagini interiori è un vero miracolo e quindi non dovrebbe neppure esistere. Per un uomo a cui le leggi della psiche sono familiari, tali miracoli sono al contrario facilmente spiegabili. Durante una meditazione guidata raggiungiamo uno stato di trance ipnotico. I fenomeni dell'ipnosi possono chiarire cosa accade in questi momenti e come «funziona» l'anima. Il funzionamento di quest'ultima è infatti per così dire meccanico e quindi prevedibile, il che talvolta irrita proprio coloro che hanno una concezione del mondo meccanicistica.

Se si dice ad un uomo profondamente ipnotizzato che gli si sta mettendo in mano un carbone ardente, mentre in realtà vi si appoggia una patata fredda, sui suoi palmi compariranno delle vesciche da scottatura. Evidentemente gli uomini «funzionano» sulla base di determinati programmi che l'ipnosi può condizionare ed in questo caso manipolare con effetti sbalorditivi. Il fatto che l'ipnosi renda gli uomini consapevoli della loro programmabilità, ha sicuramente contribuito alla sua cattiva fama. Negli ex paesi comunisti, dove la programmazione, ma soprattutto la riprogrammazione umana era tenuta in grande considerazione, anche l'ipnosi godeva del consenso generale. Nonostante gli uomini occidentali dei paesi industrializzati credano di essere del tutto indipendenti e di poter decidere liberamente per se stessi, il fatto che l'uomo sia programmabile resta un dato di fatto, che una qualsiasi ipnosi può dimostrare piuttosto primitivamente e quindi efficacemente. Qualche anno fa in Germania esisteva un programma intitolato «Hypnoland» («Il regno dell'ipnosi») che dovette essere sospeso, a causa delle accese proteste che provenivano da più parti. Esso dimostrava, con le sue spiritose riprogrammazioni, che l'uomo segue inconsciamente dei programmi prestabiliti e che noi tutti tendiamo a razionalizzare ogni cosa. Tali osservazioni provano chiaramente che la nostra vita è decisa a priori sulla base di determinati programmi, che vengono razionalizzati in seguito come libero arbitrio, e che è estremamente difficoltoso ribellarsi a degli ordini predefiniti. Anche alle persone intelligenti riesce difficile opporsi agli ordini postipnotici più semplici. Esse tendono, dall'alto della loro intelligenza, a razionalizzare i fatti in modo piuttosto ridicolo. Grazie ad una disciplina spirituale, gli uomini possono tuttavia superare questo stadio di automa programmato. Gurdjieff lo spiegò nel seguente modo: egli paragonò l'umanità ad una sala piena di persone addormentate. Tutte sognavano, anche se in modo completamente diverso, di essere vive. Ad un certo punto in un angolo qualcuno si svegliò e vide che tutti stavano dormendo e che in fondo, nell'angolo opposto, qualcun altro stava svegliandosi. In questo senso gli stati ipnotici possono aiutarci a capire la nostra situazione; le meditazioni possono renderci più consapevoli di un semplice automa e condurci alla vera libertà.

Tutto ciò che è stato detto fino ad ora si limita però unicamente a fenomeni subcoscienti. Le esperienze del passato, dimenticate ormai da tempo, come ad esempio cosa abbiamo mangiato ed in che ordine alla festa del nostro quinto compleanno, sono immagazzinate nel subconscio. Anche la maggior parte dei processi del nostro corpo, come la respirazione, la digestione o l'attività delle ghiandole, avviene inconsciamente, eppure non appartiene all'inconscio. Tutti questi fenomeni riguardano il regno del subconscio.

Le meditazioni guidate possono agire sul subconscio e quindi condizionare in senso terapeutico il livello di programmazione. Questa allettante prospettiva ha tuttavia i suoi limiti. L'ipnosi, ed anche le meditazioni guidate, possono essere rischiose, dal momento che dei ciarlatani potrebbero servirsene come arma per esercitare potere su chi vi si sottopone. Sarebbe quindi meno pericoloso dedicarsi a meditazioni condotte personalmente, senza l'aiuto di una persona estranea. Tuttavia, il potere delle meditazioni guidate e dell'ipnosi più raffinata non basta a manipolare il destino, che, in un modo o nell'altro, trova comunque il modo per imporre i suoi doveri.

I comandi ipnotici e, anche se in forma più blanda, le suggestioni ipnotiche hanno comunque un enorme potere, che si basa sulla concentrazione della coscienza su di un ambito molto ristretto. Si esclude quanto più possibile il contesto generale e si focalizza l'attenzione su di un unico punto. Un'analogia è rappresentata dalla lente d'ingrandimento, che concentra così tanto una quantità di luce di per sé insignificante, da renderla potentissima. Un altro esempio rappresentativo è fornito dal raggio laser, la cui potenza si basa anch'essa sulla focalizzazione e sul raddrizzamento di tutte le onde. Anche gli stati ipnotici possono essere resi più efficaci mediante fenomeni analoghi. Quando si medita ci si concentra esclusivamente sulla propria coscienza e su poche immagini determinanti. Una voce suadente, una luce soffusa, essenze profumate ed una musica appropriata possono aiutare a raggiungere questo scopo. L'intelletto deve rilassarsi ed infine sincronizzarsi e concentrarsi sulle suddette immagini. Il modo migliore per arrivare ad una focalizzazione è evitare di stimolare dall'esterno i due sensi più importanti: la vista e l'udito. Concentrandosi con tutte le proprie forze, si riesce a superare la superficie ed a penetrare in una nuova dimensione. Così come un fascio di luce riesce a bruciare la parte esterna, anche la forza del pensiero può oltrepassare lo strato superficiale della coscienza e penetrare nel subconscio. Le meditazioni profonde possono inoltrarsi fino nell'inconscio e quindi dare accesso alle profondità della propria anima. È addirittura possibile raggiungere le sfere dell'inconscio collettivo, che gli indiani chiamano *cronaca Akasha.* Nonostante in tema di meditazioni guidate non sia inizialmente sensato addentrarsi nel profondo dell'anima umana, il fatto di avere la possibilità di trascendere l'abituale «superficie degli utenti» di quel computer che è il nostro cervello, è un'opportunità senza precedenti.

Nella nostra società le informazioni riguardo alle possibilità offerte da tali stati meditativi e di trance sono piuttosto limitate; ci preoccupiamo soprattutto della superficie dei fenomeni e ci occupiamo il minimo indispensabile delle profondità dell'anima. Nelle culture che noi chiamiamo erroneamente «primitive» le cose stanno diversamente. Qui le guarigioni in stato di trance e le danze estatiche fanno parte della vita rituale; gli appartenenti a queste culture diventano talmente insensibili quando entrano in trance, da potersi conficcare delle lance nella pelle senza sentire alcun dolore o da poter ballare su distese di carboni ardenti, ben più lunghe di quelle dove siamo abituati oggi a veder camminare le persone che «osano». Il fatto che tuttora molti uomini lo facciano, dimostra tuttavia che c'è ancora un grande bisogno di esperienze simili, che conducono ad uno stato di trance.

Non è difficile, anzi accade piuttosto spesso anche nella vita di tutti i giorni, che si verifichino fenomeni di trance. Una conversazione interessante oppure un film avvincente possono renderci meno sensibili agli stimoli esterni, come ad esempio ai rumori provenienti dalla strada. Quando ci concentriamo su di un lavoro, escludiamo qualsiasi possibile fattore di disturbo e durante alcune azioni automatiche, come ad esempio la guida, arriviamo spesso a destinazione in trance, senza avere il benché minimo ricordo degli ultimi cinquanta chilometri d'autostrada percorsi. Ogni sera cadiamo in una specie di stato di trance, a causa dell'indebolimento degli stimoli esterni, che ci conduce più o meno velocemente nel mondo dei sogni. È possibile raggiungere stati di trance anche molto profondi, ad esempio quando guardiamo un film che ci coinvolge particolarmente e che focalizza quindi la nostra attenzione. In questo modo passiamo da un livello superficiale ad uno più profondo.

Gli esercizi spirituali utilizzano quasi sempre da una parte tecniche atte all'indebolimento degli stimoli provenienti dall'esterno e dall'altra metodi che aiutano a concentrarsi, come ad esempio recitare il rosario, le tecniche mantriche, il controllo della respirazione, gli esercizi per aiutare la concentrazione, e così via. Ciò che rapportato all'ipnosi o a tecniche che mirano a raggiungere stati ipnotici è facilmente criticato, in definitiva è un processo molto efficace, utilizzabile anche per altri scopi. Ciò che ha il potere di aiutare può, se utilizzato erroneamente, anche arrecare un danno, come ogni cosa in questo mondo polare.

Il pericolo delle tecniche ipnotiche è che l'ipnotizzatore non sia in buonafede e che voglia trarre un qualche profitto personale dalla situazione. Talvolta, oltre a voler scoprire le funzioni della coscienza umana, le ipnosi svolte in pubblico tendono a prediligere la spettacolarizzazione, ridicolizzando in questo modo coloro che fanno da cavia a questi esperimenti. Ma l'efficacia di un metodo non deve renderlo a tutti i costi sospetto. Le sue enormi possibilità dovrebbero al contrario essere note a tutti. Il tentativo di rendere più innocue le meditazioni guidate, facendo in modo di non raggiungere le profondità più remote dell'animo umano, le renderebbe al tempo stesso inefficaci. Ogni tradizione si è trovata di fronte a tale dilemma. I siddhi ad esempio, o facoltà soprannaturali [6], oggigiorno caduti in forte discredito, possono essere in qualche caso d'aiuto o essere semplicemente ignorati, oppure se ne può fare un uso indebito per il proprio tornaconto. Una cosa però è certa e ci dovrebbe tranquillizzare: fino ad un certo punto questi sistemi si proteggono da soli e non si lasciano manipolare a piacimento. Per gli ipnotizzatori assetati di potere sarebbe particolarmente interessante riuscire ad esercitare il loro influsso su uomini potenti ed influenti, ma proprio questo tipo di persone non sono facilmente condizionabili e non raggiungono stati di trance molto profondi. Gli uomini di potere attraggono secondo il principio dell'affinità i loro simili. Ma un profondo stato di trance presuppone molta fiducia nell'altro, che in questi casi è proprio ciò che manca. È molto difficile che si riesca ad ipnotizzare un ipnotizzatore, ad esempio.

Spiegazioni scientifiche

Così come Albert Einstein, partendo dalle piccole incongruenze della concezione fisica dell'universo, arrivò ad elaborare una nuova, audace visione del mondo, il biologo inglese Rupert Sheldrake ha aperto nuovi orizzonti alla biologia. Egli si accostò scientificamente ad essa e cominciò ad analizzare le contraddizioni, invece di accantonarle. Fino ad allora invece la biologia e soprattutto la medicina non avevano cercato di spiegare i fenomeni incomprensibili, bensì avevano sorvolato su di essi. La scienza però deve avere il coraggio di rimettere tutto in discussione, se si presenta un nuovo problema. L'ipotesi che tutti i cigni siano bianchi può essere confermata migliaia di volte, ma deve necessariamente cadere non appena si scopre l'esistenza del primo cigno nero. In ambito scientifico l'eccezione fa la regola; in ambito medico e biologico, come dice il proverbio, l'eccezione deve spesso confermarla; secondo il motto infantile: uno non fa numero. I fisici hanno dimostrato grande coraggio quando hanno rinnegato per una minuscola incongruenza la loro vecchia e sicura concezione dell'universo, per far spazio ad una nuova, molto meno rassicurante, visione del mondo, dove non c'è spazio per la casualità e dove non ci si può basare con certezza sul tempo.

[6] Il termine soprannaturale si riferisce soprattutto all'impossibilità di spiegare questi fenomeni con l'aiuto di metodi scientifici classici, che si basano su di un pensiero meccanico. Ad un livello di coscienza più profondo essi sono in realtà comprensibili al pari di un fenomeno di ipnosi.

In modo analogo il biologo inglese Rupert Sheldrake ha studiato a fondo le discordanze finora ignorate della sua disciplina, la biologia. Citeremo qui un suo interessante esperimento. Alcuni biologi volevano scoprire se ciò che si impara è ereditario. A questo scopo costruirono un labirinto e misurarono il tempo impiegato dai topi per uscirne. Addestrarono poi gli animali a farlo nel minor tempo possibile e li incrociarono in seguito tra loro. Dal momento che i topi nati da questo incrocio riuscivano già da piccoli ad uscire dal labirinto nello stesso tempo impiegato dai loro genitori, gli scienziati credettero di avere dimostrato l'ereditarietà delle conoscenze acquisite. Quando però altri biologi più scettici eseguirono gli stessi esperimenti dall'altra parte del mondo con topi diversi, constatarono con stupore che questi ratti già dalla prima volta uscirono dal labirinto nello stesso tempo dei loro simili allenati dall'uomo. Dopo numerosi esperimenti si concluse che i ratti di tutto il mondo sembravano cominciare dai risultati dei loro predecessori.

Dopo aver esaminato altri simili risultati altrettanto misteriosi, Sheldrake formulò la sua teoria dei campi morfogenetici. Dei campi di sviluppo formativi sarebbero cioè in grado di mettere in moto determinati processi evolutivi, senza trasferimento di materia ed energia e di trasmettere informazioni in tempo reale. La teoria di Sheldrake si avvicina molto al concetto di Platone che il mondo reale che noi vediamo non è che un'immagine riflessa di un mondo trascendente di idee e di forme predeterminate ed archetipiche. In pratica Sheldrake ha formulato ciò che la religione sapeva da tempo: all'inizio un'immagine rappresenta il modello o il campo di una determinata cosa, di una sostanza o di un procedimento finito. Tale modello è la cornice in cui si inseriscono materia ed energia, per realizzare lo scopo prefissato. La teoria formativa e non energetica di Sheldrake è paragonabile al progetto di costruzione di una casa. L'idea della casa è la base immateriale, senza la quale non si mette in moto nulla, ma che tuttavia non è tangibile; la carta su cui è disegnato il progetto è il portatore di questa informazione immateriale. Secondo Sheldrake ogni forma necessita di un campo morfogenetico superiore.

Grazie a questa teoria si può dare una spiegazione a molti fenomeni finora incomprensibili, come ad esempio la capacità di rigenerazione della coda di una lucertola o del cervello, anche se è gravemente compromesso. Quest'ultimo fa di tutto per tornare a corrispondere al suo campo morfogenetico che sta alla base. Anche le vaccinazioni sono da interpretare allo stesso modo. All'organismo basta cioè la copia di un agente patogeno, non necessariamente attivo quindi, né tanto meno vivo, per produrre, anche dopo decenni, i relativi anticorpi, sulla base di questo modello iniettato tempo addietro.

In questo modo si spiega anche il perché le cellule proliferano nelle colture, mentre negli organi crescono solo nella forma prestabilita. Nel primo caso manca loro il campo morfogenetico e quindi il modello. Anche l'omeopatia, che trasferisce le informazioni attraverso diluizioni in acqua, alcuni fenomeni chimici come ad esempio la cristallizzazione, che avviene mediante l'introduzione del modello di un cristallo nelle soluzioni sature per facilitare la produzione di altri cristalli simili, e parte della teoria dell'evoluzione di Darwin, potrebbero trovare una spiegazione soddisfacente nei campi morfogenetici formativi di Sheldrake.

Le antiche filosofie lo sanno: il tutto è più della somma delle sue parti. A queste ultime manca il modello, il campo — un mucchio di sassi non si trasforma da solo in una casa.

Sheldrake parte da alcune gerarchie, alla cui sommità c'è il relativo campo: il campo per i mitocondri (le centrali elettriche delle cellule per così dire) è contenuto nel nucleo della cellula, il campo per la cellula nel tessuto ed il campo per il tessuto nell'organo. I campi per gli organi potrebbero risiedere in organi superiori come i chakra e i campi per i chakra nell'uomo nel suo complesso. Il modello per l'uomo a sua volta sarebbe da ricercare presso Dio, come insegna la Bibbia [7].

Quando ci troviamo di fronte ad un caso clinico, il disturbo iniziale non riguarda quindi il relativo organo, bensì il campo superiore, il modello che sta alla base. La terapia immaginativa si propone di ristabilire un equilibrio tra modelli intatti ed il campo generale fisico, spirituale e psicologico.

Anche se, grazie alla teoria di Sheldrake, è possibile spiegare molte cose finora incomprensibili, egli non svela il mistero dell'origine dei primi modelli. Per rispondere a questa domanda dovremmo basarci sulla genesi delle Sacre Scritture o su quella scientifica, anche se non è ancora terminata. Anche Sheldrake, come del resto Max Planck ed Albert Einstein, alla fine approda a Dio ed è normale che sia così, poiché, chi si occupa di queste questioni, giunge necessariamente dalla polarità all'unità e quindi a Dio.

[7] Il libro *L'universo creatore* di Rupert Sheldrake spiega nei dettagli il concetto dei campi morfogenetici.

Gli intendimenti di questo libro

Come ogni altro genere di meditazione, anche i viaggi guidati si basano sull'esperienza e non sulle cognizioni a riguardo. Una cattedra di scienza meditativa teorica costituirebbe un tipico malinteso occidentale. È quindi mia intenzione rendervi partecipi delle varie possibilità empiriche in proposito. D'altro canto occorre anche mettere in guardia dai pericoli che si possono correre in un periodo in cui le meditazioni guidate hanno i nomi più disparati e vengono applicate negli ambiti più diversi.

Le possibilità pratiche offerte da questo libro sono molteplici e sono rivolte soprattutto a coloro che vogliono usufruirne nel più breve tempo possibile. In un'epoca in cui quasi ogni uomo cerca di risparmiare tempo, e proprio per questo non ne ha più, si dà troppo poco spazio alle favole ed alle storie nella vita quotidiana. La sera, dopo una giornata di lavoro, non abbiamo né tempo, né tanto meno voglia di impegnare la mente o lo spirito. Molte persone crollano stremate sul divano e mangiano cibi pronti davanti alla TV. I film dal canto loro diventano da una parte sempre più realistici, dall'altra sempre più irreali. Oggigiorno l'animazione computerizzata ci permette di far apparire su di uno schermo, come per magia ed in modi sempre più spettacolari, i regni della fantasia. Questo genere si chiama «Fantasy» e sostituisce per molti versi la propria fantasia. Queste immagini esterne sono meglio di niente, ma non possono certo rimpiazzare il proprio mondo di immagini interiori; anzi a volte addirittura lo ostacolano.

I bambini che hanno l'abitudine di leggere trasformano grazie alla loro immaginazione le storie scritte nei libri in immagini interiori. La fantasia dei bambini che guardano spesso la televisione, invece, non viene minimamente spronata, dal momento che le immagini qui sono già belle e pronte. Le storie della buona notte stimolano la fantasia, le strutture archetipe delle favole lasciano spazio a sufficienza perché le proprie immagini possano riversarsi nella struttura. Raccontare la storia o delle storie, come accadeva abitualmente in passato, lascia spazio per l'elaborazione dei tempi e per la partecipazione. Queste storie hanno una vita propria, aiutano la comunità a vivere e stimolano i sogni, senza suggerire all'anima schemi prestabiliti.

Le persone che invece stanno tutte le sere per ore davanti alla televisione non sono minimamente stimolate, anzi, dopo simili serate si sentono spossate e si trascinano faticosamente a letto, sempre che riescano a staccare lo sguardo ormai fisso sullo schermo. Già l'espressione «fissare con gli occhi» la dice lunga. Mentre quando si racconta o si ascolta una favola oppure una storia ci si occupa della propria anima, la televisione ci distoglie da noi stessi. Il che non significa però che la televisione sia sempre negativa. Determinati film, che trattano temi che ci stanno particolarmente a cuore, possono anch'essi toccarci nel profondo.

Forse la moda della meditazione, di cui siamo attualmente testimoni, è anche una reazione a questo allontanamento da se stessi. I viaggi meditativi guidati potrebbero stabilire un legame tra l'antica tradizione orale ed il rinnovato bisogno di meditazione e di nutrimento spirituale. Anche raccontando i viaggi dell'anima si possono trasmettere i contenuti delle fiabe e stabilire in questo modo un contatto con le proprie strutture fiabesche interiori. La propria coscienza storica può essere stimolata dai racconti orali e la sensibilità religiosa approfondita dall'esperienza personale.

Un tempo la lettura e l'ascolto di leggende aveva una funzione simile. La gente partecipava alla storia dei santi, come se fosse la propria. Le loro anime venivano stimolate dall'esempio di alcuni uomini, che, prima di loro, avevano seguito apertamente modelli archetipi. Ciò che restava della leggenda aveva spesso ben poco a che fare con la vera storia, ma questo aveva ben poca importanza.

Le parabole e le storie delle Sacre Scritture possono diventare una fondamentale fonte per le meditazioni guidate. In questo senso Ignazio da Loyola aveva incitato i suoi confratelli a sperimentare personalmente il Vangelo, durante i loro esercizi spirituali, come fosse una meditazione guidata. Non è quindi un caso che ancora oggi per i gesuiti questo contatto con l'anima e le sue possibilità empiriche sia di primaria importanza e che furono tra gli altri proprio i gesuiti ad introdurre la meditazione Zen in Occidente.

Il passo tra il racconto orale a la meditazione guidata è breve. Lo scopo delle favole della buona notte non dovrebbe essere unicamente quello di fare addormentare i bambini, anche se per i genitori spesso è così, ma di stimolare la loro fantasia. Dopo un paio di minuti questi ultimi dovrebbero interrompere la lettura ed i bambini, ad occhi chiusi, dovrebbero cercare di immaginare il seguito del racconto. Se questo metodo non viene utilizzato unicamente allo scopo di sbarazzarsi velocemente di loro, i bambini passeranno dolcemente dal viaggio guidato al mondo dei sogni. Naturalmente tutto sta nella bravura dell'oratore di intrecciare nel migliore dei modi i fili del racconto, per renderlo il più interessante possibile.

Le possibilità di avere in questo modo nuovamente accesso al mondo delle immagini interiori sono molto numerose, ne citeremo quindi solo alcune. Il Natale ad esempio, sempre che sia ancora festeggiato come ci è stato tramandato e cioè come una festa cristiana, potrebbe essere un'occasione per rivivere personalmente la storia del Natale ad occhi chiusi, magari creando con candele ed essenze profumate un'atmosfera propizia al trance.

In questo senso tutte le ricorrenze speciali e le feste potrebbero essere utilizzate per approfondire queste esperienze. Ogni giubileo offre la possibilità di concentrarsi sulle immagini interiori e di confrontarsi con particolari avvenimenti del passato. È più facile riconoscere a posteriori cos'è importante e cosa invece non lo è. In questo modo è possibile imparare dal passato e riconciliarsi con esso. Che si tratti del giorno del proprio matrimonio o della festa aziendale è del tutto indifferente.

San Silvestro e Capodanno sono giorni particolarmente adatti alla meditazione, in quanto danno la possibilità di passare in rassegna le immagini più importanti dell'anno che ci si lascia alle spalle e di pensare ai progetti per l'anno nuovo, tramutando le varie possibilità in immagini. In questo modo non è necessario imparare necessariamente dai propri errori, bensì si può farlo in modo molto più innocuo, cercando di immaginare le conseguenze delle nostre azioni.

Anche i compleanni rappresentano un'ottima occasione per meditare. La penultima meditazione del ciclo «Microcosmo/uomo — Macrocosmo/Terra» è particolarmente adatta a riconciliarsi con la propria storia. Regalare ad una persona a noi cara una meditazione di questo genere è molto più utile di alcuni doni materiali.

Forse il miglior esercizio, che poi è anche il più facile, è quello di raccontare a se stessi, ogni sera prima di addormentarsi, la giornata trascorsa, sotto forma di una meditazione immaginativa, una specie di personale favola della buona notte che, come durante l'infanzia, aiuta a sprofondare nel mondo dei sogni e, col tempo, ad essere più consapevoli e più svegli durante il giorno.

I testi di meditazione presenti in questo libro permettono di ristabilire un contatto con le storie d'immagini interiori raccontate e vissute. È possibile procedere in compagnia di una persona a noi spiritualmente affine per questa strada, regalandosi a vicenda queste meditazioni guidate e leggendo, o meglio, declamando il testo di meditazione prescelto con un'appropriata musica in sottofondo. Ma la lettura dei testi è spesso noiosa, si consiglia quindi un facile metodo per ovviare a questo inconveniente: è opportuno leggere prima sottovoce ogni singola frase, per poi esternarla «liberamente». Anche nelle cassette viene utilizzato questo metodo, dal momento che ciò che si legge personalmente è spesso monotono. Questo procedimento ha il vantaggio di prolungare i tempi della meditazione. Naturalmente esistono persone che leggono così bene, da rendere superfluo tale metodo. La declamazione è comunque qualcosa di più di un semplice ripiego, le meditazioni parlate sono infatti più vive e, se aiutano a far raggiungere più velocemente lo scopo che ci si è prefissati, è giusto preferirle alle migliori registrazioni. La differenza corrisponde a quella che intercorre tra una favola narrata a voce ed una su video.

Nonostante ciò, oggigiorno imperversano i mezzi tecnici e non a caso disponiamo di simili opportunità. Grazie alle informazioni qui fornite ci si può istruire dettagliatamente su questo tema, per poi intraprendere, con l'aiuto delle cassette, i primi e, almeno in questo caso, sicuri passi. Le favole, come del resto le meditazioni in cassetta, sono sempre meglio di niente. Naturalmente la cosa migliore sarebbe che qualcuno le leggesse per noi, ma visto che ciò non è sempre possibile, le cassette in vendita, ma anche quelle registrate personalmente, rappresentano comunque una valida alternativa.

Grazie alle meditazioni pratiche è possibile percorrere da soli la strada che porta dentro di noi. È sufficiente che si registrino i testi delle meditazioni su cassetta, magari con una musica appropriata di sottofondo. Questa cassetta corrisponderà esattamente alle nostre necessità, dal momento che l'abbiamo incisa come più ci piace, con una musica di nostro gradimento e ad una velocità di parlata a noi congeniale. Inoltre è possibile migliorare la qualità della registrazione con un semplice mixer, ad esempio introducendo dei suoni della natura. Dopo qualche esercizio con i testi di meditazione standard, è possibile cambiarli o ampliarli, a seconda delle proprie esigenze.

Le prime quattro meditazioni del libro indicano il modo corretto di procedere. Esse soddisfano tutte le esigenze, partendo dai primi passi, fino ad arrivare ad uno stadio molto avanzato. Con l'aiuto delle prime due è possibile scoprire una guida interiore, trovare un luogo di meditazione adatto dentro di noi ed iniziare a risolvere i primi problemi. La terza e la quarta introducono nel mondo animale e vegetale a noi affine, allo scopo di riconciliarci con le nostre forze interiori e di trovare l'animale a noi più simile.

Se si possiedono delle cassette è consigliabile ascoltarle spesso. Il fatto che presto annoieranno l'intelletto non è un problema, dal momento che non sono espressamente rivolte a quest'ultimo. In linea di massima tutte le meditazioni e tutti gli esercizi sono piuttosto tediosi per la mente. Cosa c'è infatti di più monotono che ascoltare per molte ore il proprio respiro, come accade nelle meditazioni Vipassana o Zen, o pensare sempre allo stesso suono, come nelle meditazioni Mantra?

È consigliabile riascoltare spesso la stessa cassetta, soprattutto per le meditazioni che mirano a risolvere un problema preciso, come ad esempio un quadro clinico. In questo caso è opportuno procurarsi, sempre che esista, una cassetta specifica sul tema. Se non è in vendita, una valida alternativa consiste nel registrarla da soli, basandosi sul modello delle cassette già esistenti. Le appendici dei libri quadri clinici-significato offrono uno spunto per ricavare dalla bibliografia il rispettivo tema ed elaborarlo. Ascoltare una volta la cassetta e poi attendere un miracolo non serve a niente, è invece opportuno meditare ogni giorno per un mese. Anche in questo caso goccia a goccia si scava la pietra. Un quadro clinico non compare da un giorno all'altro, di punto in bianco, anche se si è propensi a crederlo. Ci vuole quindi molto tempo prima che riveli i suoi segreti ed i suoi messaggi. Un ciclo lunare è sufficiente per vedere i primi risultati.

In linea di massima conviene dare spazio volontariamente e quotidianamente per una mezz'ora ai quadri clinici, che in ogni caso emergerebbero comunque. Si dovrebbe cioè prestare maggior attenzione al proprio quadro clinico ed ai disturbi che esso causa. Se così fosse, per il resto del tempo dovrebbe procurarci meno fastidi. In ogni caso questa mezz'ora è spesa bene. Per i quadri clinici più gravi, è consigliabile prolungare la meditazione prescelta e non limitarsi solo a quest'ultima, bensì rivolgersi anche ad altre. L'uso delle cassette è particolarmente appropriato nel caso di quadri clinici cronici, dal momento che il continuo parlare alla lunga sfinisce chi cerca di aiutare i malati ed anche perché in questi casi, in cui data la gravità della situazione non c'è tempo da perdere, i testi sono mirati.

Questo tipo di meditazioni potrà apparire forse un po' forzato, ma non in senso negativo. Generalmente infatti la costrizione e la forza sono del tutto estranee alla meditazione. A maggior ragione, quindi, la forzatura di un miracolo è fuori discussione. Tuttavia ci si può preparare ai miracoli, come dimostrano alcune storie Zen realmente accadute.

In una rinomata università americana in cui si studiano i fenomeni paranormali, si diede inizio ad un progetto di ricerca che prevedeva un esperimento in cui alcune persone dovevano spostare con la forza del pensiero l'ago di una bussola posizionato tra il Nord ed il Sud. Il progetto doveva durare quattro settimane, ma poiché dopo una settimana di estrema concentrazione nessuno era riuscito a spostare neanche minimamente l'ago, si decise di ridurre la durata dell'esperimento a due settimane. In nome della scienza tutti portarono a termine l'esperimento, ma senza successo. Proprio quando vi rinunciarono, gli aghi di quasi tutte le bussole si mossero. Dopo lunghe ricerche a proposito di questo singolare fenomeno, si arrivò alla conclusione che entrambe le cose erano necessarie per raggiungere i risultati sperati: prima il duro lavoro di concentrazione, poi il rilassamento. Prese da sole, queste due circostanze non hanno alcun effetto.

La tradizione Zen conosce una storia praticamente identica, anche se in ambito completamente diverso: un monaco stette venticinque anni nello stesso monastero, senza riuscire a sperimentare un Satori (illuminazione di breve durata), nonostante lo volesse con tutte le sue forze e nonostante molti altri monaci venuti dopo di lui ci fossero riusciti. Dopo venticinque anni trascorsi senza mai protestare e con una volontà d'acciaio, il monaco si recò dall'abate per chiedere consiglio. Quest'ultimo gli disse: «Credo che tu sia nel posto sbagliato» e lo mandò via. Dopo venticinque anni il monaco lasciò per la prima volta il convento e si sentì estraneo e perduto nelle strade di Kyoto. Ad un certo punto giunse in una via in cui la gente e, con sua grande sorpresa, soprattutto una giovane e bella ragazza, lo accolse calorosamente. Infine aderì all'invito di quest'ultima e quando entrò nel tempio del suo corpo, perdette quasi i sensi e contemporaneamente raggiunse l'illuminazione. Il monaco volle rendere partecipi di questa meravigliosa esperienza tutti coloro che aspiravano all'illuminazione e fondò quindi un «tempio» adeguato. Ma con suo grande stupore nessuno dei suoi discepoli raggiunse la meta mediante questo piacevole metodo. Anche questa storia dimostra che entrambe le cose sono necessarie: la concentrazione ed il rilassamento — il polo maschile ed il polo femminile — Yin e Yang.

Esigenze di chi medita e regole della meditazione

Un ulteriore vantaggio di questo tipo di meditazione consiste nella sua semplicità. Ogni uomo può sperimentarla senza correre alcun pericolo, a meno che non soffra di disturbi psicologici [8] gravi. È praticamente impossibile che queste meditazioni non riescano, poiché i pensieri di ognuno di noi sono fatti di immagini, anche se spesso non ce ne rendiamo conto.

[8] Per gravi disturbi psichici si intendono soprattutto le psicosi, ma anche quegli stadi intermedi che la psichiatria chiama «borderline», «linea di confine». Anche i pazienti con gravi stati di ansia dovrebbero avvicinarsi ai loro mondi interiori fatti di immagini solo con l'aiuto di terapeuti esperti. Tuttavia è necessario che questo tipo di persone conosca la propria anima, come dimostrano anni ed anni di esperienza con la terapia della reincarnazione.

ESERCIZIO: *Prova a non seguire questo «ordine»: pensa ad un prato. — È impossibile non seguire questo invito, semplicemente perché ognuno ha dentro di sé l'immagine di un prato.*

La sola citazione del termine «prato» fa sì che ci si pensi e ciò è praticamente tutto quello che serve per una meditazione guidata. Anche se l'esortazione fosse la seguente: *ora cerca di non pensare ad un prato*, vi si penserebbe ugualmente. Prova a farlo nel seguente esercizio.

ESERCIZIO: *Cerca di non pensare al tuo naso. In questo preciso momento a tutti verrà in mente questa parte del corpo, anche se da tempo non vi si pensava.*

Molti hanno fatto una simile esperienza dal dentista. In nessuna circostanza viene infatti da deglutire così di frequente come in questo momento, in cui il dentista lo proibisce.

Per ciò che concerne il mondo delle immagini, come del resto per tutta la parte femminile della realtà, valgono regole completamente diverse da quelle applicabili al mondo maschile dell'intelletto. Le negazioni qui non hanno alcun significato, si sorvola semplicemente su di esse. L'educazione infantile lo dimostra chiaramente, dal momento che i bambini, soprattutto quelli più piccoli, vivono ancora prevalentemente in un mondo femminile di immagini. L'esortazione «non rovesciare come al solito la cioccolata!» viene interpretata dai bambini senza prestare attenzione alla negazione e si trasforma quindi in «per favore rovescia come al solito la cioccolata!».

Più una persona è legata al mondo delle immagini e dei modelli, meno reagisce ai divieti. Il miglior esempio è offerto dai Dieci Comandamenti, che non a caso sono soprattutto divieti in negativo. Le cose proibite sono proprio quelle che più ci attirano e questo vale anche per il mondo delle immagini.

Non riusciamo a fare a meno di trasformare le parole in immagini e questo è uno dei più importanti presupposti per le meditazioni guidate. Solo le astrazioni, come le operazioni matematiche, 10^7 ad esempio, si sottraggono a questo procedimento e del resto non hanno nulla a che fare con la meditazione. Ogni altro concetto è collegato ad immagini concrete e si presta quindi ai viaggi all'interno di noi stessi. La regola più importante per le meditazioni guidate è quindi la seguente: le formulazioni devono essere più fantasiose, chiare e concrete possibili. Le cose astratte vengono tralasciate, come accade per le negazioni, che infatti sono anch'esse astrazioni.

Le possibilità del mondo di immagini interiore vanno ben oltre a quanto detto fino ad ora. I limiti posti dalla realtà esterna al nostro pensiero intellettuale, nel mondo interiore non hanno alcun valore. Riusciamo sempre a dare una forma precisa a ciò che pensiamo, anche agli esseri più strani che popolano le favole o alle invenzioni futuriste. Il seguente esercizio lo dimostra chiaramente:

ESERCIZIO: *Cerca di non pensare ad un maiale azzurro a righe bianche e a dei porcellini verdi.*

Se si conosce l'aspetto di un maiale e i colori blu, bianco e verde, per quanti sforzi si facciano, è impossibile non immaginare questa surreale famigliola.

La possibilità di immaginare cose inesistenti o ancora assenti nella realtà esteriore è interessante da un punto di vista terapeutico. Ci si può per esempio affidare ad un'efficace terapia immaginaria, molto prima che essa venga realmente messa in pratica nella realtà esteriore.

Il mondo delle favole e dei miti ci fa conoscere fin dall'infanzia le grandi possibilità dei mondi fatti di immagini. Le fiabe non si rifanno alla ristretta immaginazione logica maschile, ma si muovono liberamente nel ben più vasto mondo dei modelli spirituali.

Nel caso in cui questo mondo a noi familiare sin dall'inizio della nostra esistenza dovesse inaspettatamente darci dei problemi, con tutta probabilità ciò dipende dalle nostre aspettative. Può ad esempio succedere che ci si aspetti delle immagini troppo realistiche, troppo plastiche o semplicemente diverse da come avevamo immaginato. Ma inizialmente sono sufficienti anche «illusioni» molto vaghe. Col tempo e con l'esercizio le immagini diventano più plastiche e più chiare. Ci vuole tuttavia qualche tempo prima che le nostre complicate pretese, sviluppate in anni ed anni, si rassegnino ad una cosa così semplice come la pura immaginazione. Così come ci è voluto del tempo perché si disimparasse ad accedere naturalmente al mondo di immagini, ci vuole un po' anche per riabituarvisi. Noi tutti nella prima infanzia sappiamo sognare, fantasticare ed orientarci nei mondi interiori. Solo quando comincia la scuola, quando la vita diventa seria quindi, iniziamo a sentirci dire dai maestri: *Non sognare! Non dire stupidaggini! Non dormire! Non fantasticare, dì la verità!* e soprattutto *Concentrati!* Impariamo piano piano a capire quale verità intendevano e ad escludere tutte le cose basilari e fantastiche, concentrandoci su quelle meno importanti. Questo è un passo molto doloroso per ogni bambino, dal momento che non si tratta dell'essenziale, dell'essenza delle cose, bensì di qualcosa di quasi esclusivamente razionale. Meglio viene accettato il nuovo messaggio, cioè che solo ciò che è razionale e funzionale è essenziale, più gli ambiti creativi dell'immaginazione e della fantasia si indeboliranno. Ritornare ad avervi accesso nell'età adulta è un'impresa ardua, poiché l'intelletto, che ormai ha il sopravvento sulla fantasia, sarà scettico a riguardo. Ma il problema non è la complessità della meditazione, bensì la sua semplicità e la facilità di accesso. Quando si è capito il meccanismo, spesso si dice: «Avrebbe dovuto dirmi subito che era così facile. Dare libero sfogo alla propria immaginazione ed ai propri pensieri è un vero gioco da ragazzi»!

Anche un'altra semplice regola rappresenta spesso un problema, o meglio sono gli intellettuali a renderla tale. Durante le meditazioni guidate bisogna concentrarsi sulla prima cosa che viene in mente, in questo caso sul prato di cui si è parlato prima. È piuttosto facile immaginarlo, ma per l'intelletto, abituato alle alternative, può tramutarsi talvolta in un problema. Le diverse possibilità di scelta conferiscono all'ego una sensazione di libertà e di potere di decisione sulle diverse alternative. In questo modo può darsi che il primo pensiero venuto venga accantonato, il che dà a chi medita una sensazione d'indifferenza riguardo alle immagini. In effetti questa scelta dell'intelletto è soddisfacente per quest'ultimo, poiché in questo modo non perde il controllo, ma per chi medita non lo è affatto.

In linea di massima non si può dare torto all'ego per questa sua politica, né tanto meno all'intelletto, che sta ai suoi ordini, dal momento che diversamente avrebbe molto da perdere. Lo scopo della meditazione infatti è quello di raggiungere il centro e di liberarsi della polarità, il che significa anche liberarsi dell'ego. È quindi normale che quest'ultimo vi si opponga. Ma può stare tranquillo — non è necessario che abdichi così in fretta e così presto.

Del resto su questo punto si può battere l'intelletto con le sue stesse armi, dal momento che è soprattutto la concentrazione che ci fa percepire e che ci fa soffermare sul nostro primo pensiero. Anche i proverbi insegnano che la prima impressione e la prima immagine è quella che conta. Spesso anche l'esperienza quotidiana insegna che l'inizio contiene già il tutto.

ESERCIZIO A: *Cerca di ripensare ad una situazione in cui hai incontrato una persona che di primo acchito ti era antipatica, in cui però l'intelletto ti ha fatto cambiare idea, facendotela apparire «migliore».*

ESERCIZIO B: *Cerca di ripensare ad una situazione in cui una persona ti è stata simpatica dal primo momento che l'hai vista, in cui però anche in questo caso l'intelletto è intervenuto con argomentazioni ragionevoli e ti ha fatto cambiare opinione.*

Cerca di capire con il senno di poi chi aveva ragione.

Se cominci a fidarti delle tue prime impressioni e dei tuoi primi impulsi vedrai che, non sempre, ma nella maggior parte dei casi, non sbaglierai. Naturalmente le argomentazioni dell'intelletto hanno il loro peso e non devono essere sottovalutate. La maggior parte delle scoperte scientifiche e quindi del nostro progresso tecnologico, ad esempio, dipendono dall'intelletto. D'altro canto nella vita quotidiana ci affidiamo molto meno a quest'ultimo di quanto non si creda. Alcune ricerche hanno dimostrato ad esempio che il contenuto del discorso di un uomo politico colpisce gli ascoltatori solo al 10%, il restante 90% dipende da altri fattori, come il carisma, la simpatia e la comunicazione non verbale.

Durante le meditazioni guidate l'intelletto inizialmente non deve scomparire del tutto, come durante i sogni notturni. Egli può semplicemente farsi da parte e guardare da lontano cosa accade. Lo stesso modo di procedere della meditazione infatti corrisponde, almeno all'inizio, alla logica dell'intelletto. Nei sogni ed in seguito nella libera immaginazione, che deriva dalla meditazione guidata, la normale logica e la cronologia hanno invece un ruolo marginale, come del resto l'intelletto. In sogno accadono le cose più strane ed il tempo scorre in modo bizzarro. In quanto a ciò l'ego può tranquillizzarsi, il che è anche la cosa migliore per facilitare la meditazione.

Influsso ed effetti delle immagini interiori

Inizialmente per le persone colte ed intellettuali è difficile pensare che le immagini interiori inventate possano esercitare un influsso su di loro. Per troppo tempo abbiamo sentito dire che i sogni, le fantasticherie e le illusioni non servono a niente e che sono anzi dannosi. D'altro canto l'esperienza quotidiana insegna che i timori *immaginari* spaventano come quelli reali, che i quadri clinici e persino i dolori *immaginari* fanno soffrire enormemente. La parola *immaginazione* dimostra che le immagini hanno un ruolo decisivo in questo processo, come del resto nella nostra ordinaria formazione. In entrambi i casi si tratta di immagini che si fissano nella nostra mente. Una persona istruita dispone di una serie di immagini interiori, di cui può servirsi quando lo desidera. Tali immagini vengono tenute in considerazione e sono senza dubbio efficaci, come dimostra il contrasto dell'uomo incolto. Le immagini dell'ipocondriaco, del malato immaginario, non vengono invece tenute in conto, eppure esistono realmente nell'immaginazione di quest'ultimo ed hanno anch'esse delle ripercussioni su di lui e sul suo medico, costretto a curare spesso per tutta la vita il suo paziente, per una malattia inesistente.

Le immagini interiori non rappresentano solo la base della nostra formazione, ma anche della nostra cultura. Il culto che vi sta alla base si fonda su dei rituali, che a loro volta dipendono da determinati simboli. I simboli dal canto loro non sono altro che immagini originarie dell'anima, che stanno sempre all'interno dell'uomo e che ogni tanto si manifestano esteriormente.

Ad una attenta analisi emerge che ogni immagine deriva dal profondo della nostra anima. Quando osserviamo qualcosa all'esterno, i raggi di luce provenienti da questo oggetto colpiscono il nostro occhio sollecitando in fondo a quest'ultimo, sulla retina, uno stimolo elettrico. La totalità di questi stimoli determina dei modelli di tali stimoli elettrici, che dal nervo ottico vengono trasferiti nel centro visivo nel cervello, il quale li trasforma in immagini. La vista è dunque strettamente collegata al cervello e quindi all'interno dell'uomo. La medicina conosce due tipi di cecità. La variante più diffusa, che riguarda un difetto all'occhio [9], permette di vedere comunque delle immagini interiori. Per ciò che concerne la cecità dell'anima, invece, il danno è a livello cerebrale e solo in questo caso non si riesce a figurarsi nessuna immagine.

Tutte le immagini sono quindi interiori, soprattutto quelle riguardanti le meditazioni guidate e le visioni oniriche, ma questo non dipende dalla loro efficacia e dal loro significato. Per gli indiani, ad esempio, le immagini interiori sono addirittura più importanti della maggior parte di quelle esterne. Anche per noi esse sono sempre state importanti, sempre che venissero «illustrate». Non è ancora stata costruita una casa a questo mondo, senza che prima esistesse come immagine interiore nella fantasia dell'architetto o del costruttore edile. Ogni invenzione si basa su di un immagine. Prima c'è sempre l'idea e solo in seguito ne deriva la manifestazione materiale.

Questo passo verso la manifestazione è fondamentale per noi e lo è anche nell'ambito delle meditazioni guidate. Se si viene a conoscenza di cose o se si hanno idee particolarmente importanti, è sem-

[9] Durante una seduta di psicoterapia anche le persone cieche possono vedere ed elaborare, come chiunque altro, delle immagini interiori, anche se il loro problema risale alla prima infanzia.

pre consigliabile esternarle sotto forma di un piccolo rituale. In questo modo, da una parte si intensifica il significato dell'esperienza, dall'altra ci si imprime maggiormente nella memoria, dal momento che, come accade per i sogni, anche le meditazioni di immagini, sia guidate che libere, vengono ben presto dimenticate.

Le prove che la psicoterapia fornisce sull'efficacia delle immagini interiori sulle strutture del corpo, sono sempre più numerose. Le meditazioni guidate vengono applicate con successo già da molti anni nell'ambito della psicooncologia. Questo termine comprende quel campo della terapia oncologica che si occupa del coinvolgimento psicologico delle malattie tumorali. Carl Simonton [10] riuscì a dimostrare che, con l'aiuto delle immagini interiori, la durata della vita dei pazienti malati di cancro poteva più che raddoppiare. Ora come ora anche gli scienziati hanno incominciato ad interessarsi a questo fenomeno ed hanno fondato un nuovo ramo della medicina dal nome altisonante, che in futuro si occuperà soprattutto delle di per sé semplici ripercussioni che le immagini interiori hanno sul corpo: la psiconeuroimmunologia.

Il seguente esperimento, condotto da Simonton, dimostra la forza dell'immaginazione umana: fu proposto ad un paziente malato di un cancro incurabile allo stadio terminale, pieno di metastasi e ormai senza speranze, di assumere un medicinale contro il cancro mai sperimentato sull'uomo. I medici presero questo difficile decisione, poiché sapevano che il paziente sarebbe morto entro poche settimane e che la situazione non poteva peggiorare più di quanto non fosse già. Il paziente acconsentì e assistette ad una guarigione miracolosa. Dopo qualche settimana non c'era più alcun segno della malattia ed egli poté essere dimesso e dichiarato completamente guarito. Qualche mese più tardi l'uomo, ancora sano, lesse in una rivista medica che il medicinale a lui somministrato non aveva dimostrato alcuna efficacia contro il cancro. Dopo questa notizia il paziente si riammalò immediatamente del «suo» cancro e morì qualche mese più tardi.

Ogni tanto si sentono storie simili e, poiché non si sa dove e come classificarle, appaiono nei giornali tra le *Notizie varie dal mondo* e ricadono ben presto nel dimenticatoio. Eppure si potrebbe imparare molto da esse e si potrebbero alimentare le speranze riguardo alle possibilità dell'immaginazione e delle immagini interiori. Già il solo fatto di ritenerle possibili, accresce le proprie aspettative

[10] Simonton Carl, alla terza conferenza di medicina umanista a Garmisch nel 1993.

e la disponibilità inconscia a «credere ai miracoli dell'immaginazione». Una madre americana, ad esempio, riuscì a sollevare un autocarro pesante diverse tonnellate, per liberare il suo bambino imprigionato sotto di esso. Sopraffatta dalla disperazione, aveva immaginato di poterlo fare e così ci riuscì realmente, contro ogni legge fisica.

A Monaco un guidatore di mezzi frigoriferi per una società di trasporti arrivò un venerdì pomeriggio con il suo autocarro nel cortile della ditta e, prima di andarsene, si arrampicò sulla superficie di carico vuota. In questo istante giunse un altro camionista, vide la porta del camion frigorifero spalancata e, credendo che fosse stata dimenticata aperta, la chiuse. Il conducente rimasto imprigionato nel presunto congelatore ebbe certamente una terribile paura di morire congelato e così fece. Il lunedì mattina fu trovato morto con evidenti segni di congelamento, solo che nel camion non faceva affatto freddo, dal momento che l'altro conducente aveva spento l'impianto di raffreddamento. Il caso finì come si può immaginare su tutte le prime pagine dei giornali. L'uomo «morto congelato» aveva avuto aria ed addirittura acqua a sufficienza per sopravvivere due giorni e mezzo a temperature estive. Nella sua immaginazione tuttavia egli ha pensato di morire congelato ed ha dato retta fino in fondo a questa sua immagine interiore. Egli ha cioè «solamente» *immaginato* di morire congelato.

Ma non è giusto limitarsi a citare solo i miracoli in negativo, bisognerebbe al contrario considerare anche e soprattutto le possibilità positive e le meraviglie dell'immaginazione.

Opportunità e pericoli delle aspettative miracolose

In questo caso la grazia ed il castigo divino sono strettamente collegati. In effetti la fede smuove le montagne ed i casi di guarigioni miracolose non sono una rarità. È significativo tuttavia che né la scienza, né la Chiesa nutrano un particolare interesse in proposito. A Lourdes, dove i cattolici credenti vivono veri e propri miracoli, la Chiesa ha istituito una commissione, i cui criteri per stabilire la fondatezza dei miracoli sono così severi, che rimane ben poco di miracoloso, anche se alcuni fatti restano comunque inspiegabili. Non esiste medico che, anche dopo un solo decennio di attività, non abbia assistito a guarigioni miracolose dei suoi pazienti. La medicina li liquida come regressione spontanea. Il perché questi fenomeni non vengano approfonditi rimane uno dei misteri della scienza. I miracoli non sono quindi solo possibili, ma non sono nemmeno così rari come il nostro tempo, con il suo scetticismo, ci vuole fare credere.

Ci sono molti motivi per cui vale la pena vedere il bicchiere mezzo pieno invece che mezzo vuoto. Anche da un punto di vista scientifico sembra dimostrato che un certo ottimismo migliora le difese immunitarie. La faccenda si complica se si *immagina* che sia tutto pieno. C'è infatti una bella differenza tra vedere ed inventare delle immagini interiori. Nel primo caso non dovrebbero esserci problemi, nel secondo invece, che si verifica durante le meditazioni guidate, bisogna osservare alcune regole. I modelli sono strutture archetipe accessibili a tutti, si tratta quindi di un riconoscimento attivo di strutture interiori che ci appartengono da sempre, ma quando si desidera qualcosa ardentemente, come accade ad esempio nelle terapie oncologiche citate in precedenza, occorre procedere con attenzione. In questo caso infatti può trattarsi di pura magia, dal momento che viene esercitato potere con la forza del pensiero. Questo non significa che bisogna rinunciarvi, solo sarebbe necessario sapere esattamente dove si va a parare.

Fintanto che i viaggi dell'immaginazione vengono utilizzati per scoprire strutture interiori, la meditazione è relativamente innocua, anche se ciò che scopriamo non ci dovesse piacere. Se però le immagini diventano attive, possono sorgere dei problemi. Tendenzialmente ci si macchia di una colpa. Se si fa una determinata cosa, un'altra rimane incompiuta e viceversa. Nel bel mezzo della meditazione, proprio quando meno ce lo si aspetta, riemerge l'intera problematica dell'uomo onnipotente, che crede di poter fare tutto. Naturalmente, nel caso di una malattia come il cancro, è sempre meglio inventarsi qualcosa, piuttosto che stare con le mani in mano. Tuttavia, sarebbe opportuno chiarire sin dall'inizio che si corre il pericolo di imbattersi nei lati oscuri della nostra personalità, che non avremmo mai voluto scoprire, e che si rischia quindi anche di ostacolare il vero intento della meditazione.

Quando ci si ribella contro qualcosa, è necessaria molta cautela, dal momento che la ribellione prevede una certa resistenza e quest'ultima è proprio quello che la meditazione vuole evitare. Ma anche se la resistenza ci allontana dal vero scopo della meditazione, in qualche caso può rivelarsi utile, ad esempio, se è indirizzata contro le cellule tumorali da combattere, anche se crea indubbiamente nuove difficoltà. In questo caso sarebbe necessario scoprire cosa manca alla persona malata di cancro e perché questa malattia si è resa necessaria. Se si intuisce che in passato non si è avuta abbastanza forza per imporsi e per combattere sul cammino della propria vita, sarebbe doppiamente opportuno coinvolgere in questa battaglia anche il piano delle immagini e rivolgerla contro le cellule tumorali. In questo caso, tuttavia, la parola meditazione nel senso originario del termine non è più appropriata.

L'atteggiamento a noi familiare di combattere contro qualcosa corrisponde da un punto di vista medico all'allopatia e quindi non è di per sé negativo, bensì unicamente diverso. La meditazione invece vuole stabilire un equilibrio con i sintomi, e ciò corrisponde agli intenti dell'omeopatia. La meditazione di immagini può essere utilizzata in entrambe le direzioni. Se essa viene impiegata per combattere mediante l'autoconvinzione, come nel caso del pensiero positivo, delle caratteristiche di noi stessi che non ci piacciono, è necessario procedere con estrema cautela, poiché vengono portate alla luce delle parti negative di noi che non vorremmo vedere. Tuttavia tutto questo può rendersi necessario, poiché è sempre meglio sopravvivere con l'autoconvinzione che suicidarsi per una delusione amorosa, anche se in questo caso non si è certo risolto il problema che sta a monte. Se le immagini interiori vengono utilizzate per «sopprimere» i problemi, come vuole il pensiero positivo, ci si potranno prima o poi ritorcere contro. Inoltre questo modo di comportarsi è contrario al vero scopo della meditazione. Più tardi emergono i problemi repressi e quindi irrisolti, più saranno gravi, come dimostrano i tentativi terapeutici allopatici.

La strada verso il centro deve includere tutte le manifestazioni della propria esistenza, anche quelle negative. In situazioni estreme si possono tuttavia anche vivere esperienze meravigliose e più ci si avvicina al centro, più è probabile che ciò accada. Anche se si è aperti ad ogni tipo di esperienza ed anche se l'uomo è convinto di saper fare tutto, i miracoli non si possono forzare.

Pericoli e aiuti dei viaggi all'interno di noi stessi

I viaggi da una parte formano il carattere, dall'altra possono rivelarsi pericolosi, indipendentemente dalla meta prescelta e se si tratta di stimoli interni o esterni. Per ciò che riguarda i viaggi per il mondo, il carattere si forma a partite dalle esperienze esteriori, che vengono trasformate in seguito in immagini interiori, mentre per ciò che concerne i viaggi all'interno di noi stessi, ci rivolgiamo direttamente alle immagini e ai modelli che stanno dentro di noi.

A breve termine viaggiare sembra più pericoloso che non starsene a casa. Durante un viaggio ci si potrebbe, anzi ci si dovrebbe, imbattere in cose estranee e sconosciute. Il solito viaggio al mare invece, sempre nella stessa località e sempre sulla stessa spiaggia, non ha nulla di educativo. A lungo termine le cose tuttavia cambiano completamente, come dimostra questa semplice riflessione.

ESERCIZIO: *Cerca di immaginare per un breve, ma terribile istante, di non viaggiare mai più e di trascorrere il resto della vita nel luogo in cui vivi ora, senza mai uscire di casa e senza cambiare mai le tue abitudini ormai sicure e familiari. In questo modo puoi stare veramente certo che non correrai più alcun pericolo per il resto della vita.*

Vivere però è più che sopravvivere. Dove non si corrono pericoli per la propria incolumità fisica, l'anima rischia di soccombere. Ad un uomo che non esce mai di casa chiunque potrebbe raccontare un mucchio di sciocchezze. Lo si potrebbe convincere che pericolosi nemici stranieri stanno per invadere il nostro paese, lo si potrebbe addirittura istigare ad una guerra contro di loro, mettendo così a repentaglio la sua vita e quella degli altri. Se prima avesse viaggiato invece, tutto questo non sarebbe possibile. Ma in questo modo né le sue conoscenze basate sull'esperienza, né tanto meno l'educazione, possono proteggerlo da un influsso negativo. A lungo termine restare a casa è quindi ancora più pericoloso che viaggiare. Lo stesso accade per i viaggi all'interno dell'uomo. Chi non esplora mai la sua anima rischia di estraniarsi da essa. Non è chi ascolta la sua voce interiore ad essere in pericolo, bensì chi non osa mai farlo. Quando si attraversa un brutto momento, è possibile che si comincino a sentire delle voci. Se questa situazione accade ad una persona orientata verso l'esterno, essa finirà quasi sicuramente sul lettino di uno psichiatra, che a sua volta non dà retta a queste voci. Se invece avesse dato ascolto a tempo debito e spontaneamente alle proprie immagini e voci interiori, questa situazione non si sarebbe verificata.

Come per ogni cosa, anche in questo caso bisognerebbe trovare una giusta via di mezzo. Chi vagabonda costantemente per il mondo perde il contatto con il proprio paese e con la propria casa e rischia di sentirsi sradicato da entrambi. Ciò vale anche per i viaggi all'interno dell'uomo. Addentrarsi nei meandri dell'anima e non dare retta a nulla all'infuori di essa può far perdere il contatto con la realtà esterna e con la vita quotidiana. Così come è opportuno relativizzare l'importanza del mondo esterno, bisognerebbe anche cercare di non estraniarsi dalla realtà. Se ci si occupa unicamente dello spirito, si corre il rischio ancora più grave di perdersi irrimediabilmente in altri mondi. Così come alcuni giramondo terreni piuttosto patetici disprezzano chi ama stare a casa, i «giramondo esoterici» tendono a loro volta a considerare spregevoli tutti coloro che cercano realmente di superare le difficoltà della vita, calandosi nelle bassezze del mondo fisico.

Le persone psicologicamente stabili non corrono alcun pericolo se si limitano a due meditazioni al giorno, di mezz'ora, massimo tre quarti d'ora l'una. Se già così la sensibilità aumenta eccessivamente o se diventano particolarmente irritabili, è opportuno accorciare i tempi della meditazione. In genere tuttavia le meditazioni guidate hanno raramente di queste controindicazioni, dal momento che ciò che viene a galla viene immediatamente elaborato.

Un altro rischio dei viaggi troppo lunghi è quello di perdersi. Nel caso di un viaggio nel mondo esterno, questo pericolo può essere evitato grazie a delle cartine geografiche precise, ad una guida competente o ad un viaggio di gruppo. Queste precauzioni si rendono tuttavia necessarie solo se ci si reca in luoghi lontani, sconosciuti ed inesplorati e questa è una scelta consapevole fatta a priori. Lo stesso vale per i viaggi interiori.

In effetti le meditazioni guidate possono portare fino ai confini della psicoterapia e talvolta anche oltrepassarli. Partendo dall'associazione libera di Freud, Jung fece un passo avanti ed elaborò il concetto dell'immaginazione attiva, che è anche lo scopo della meditazione. Se si accettano i modelli spirituali prestabiliti e se si riesce a sviluppare la necessaria sicurezza interiore, i viaggi all'interno della propria anima saranno una conseguenza logica e la psicoterapia esplora proprio questi mondi interiori. La decisione se continuare o meno per questa strada è sempre rimessa al singolo. Se si hanno dubbi in proposito, inizialmente è meglio optare per una meditazione di gruppo, certamente più sicura, o affidarsi alla guida di uno psicoterapeuta competente, che conosca bene i mondi immaginari.

Sicuramente le migliori opportunità si trovano proprio all'interno di questo mondo. Come sarà nostra cura dimostrare in seguito, a livello pratico, con l'aiuto delle meditazioni guidate, è facile trovare nel mondo interiore una guida o un accompagnatore, che sarà a nostra disposizione per proteggerci e consigliarci anche in tutti i viaggi futuri. In passato era un'idea diffusa che gli uomini potessero contare su di un simile aiuto. Tuttora i bambini credono nell'angelo custode ad esempio. Oggigiorno si sta nuovamente propagando l'idea dell'esistenza di queste figure angeliche che ci proteggono, come testimoniano i numerosi libri pubblicati su questo tema. Per ciò che concerne le meditazioni, ognuno di noi ha la possibilità di trovare una guida all'interno di se stesso.

In questo caso l'accento è posto sul termine *trovare* e non su *cercare*. Nel libro tedesco per bambini *Oh, wie schön ist Panama*

(*O, com'è bella Panama*), ad esempio, il tigrotto non va a cercare funghi, bensì a trovarli. Il successo della sua ricerca non sarà determinato unicamente dall'abbondanza di funghi nel bosco, ma anche dal suo atteggiamento interiore. Al contrario la ricerca di chi esclude a priori l'esistenza degli angeli custodi o comunque di figure simili, sarà vana. I livelli interiori non esistono allo scopo di curare il nostro scetticismo intellettuale, bensì rappresentano un'ottima opportunità per realizzare i nostri desideri. Ritenere possibile che una cosa succeda ed *andarla a trovare* sono atteggiamenti che garantiscono la riuscita dell'impresa. Sarebbe un miracolo che qualcuno non avesse un angelo custode, poiché ciò significherebbe che questa persona non ha mai avuto bisogno d'aiuto nel corso della sua vita. Eppure molti intellettuali, che hanno avuto una formazione accademica, credono di essere miracolati in questo senso.

Le persone che hanno avuto un'educazione religiosa sono invece facilitate. I cattolici hanno addirittura un articolato sistema ufficiale di santi protettori. Essi dispongono di un santo o di una santa per ogni eventualità, a cui rivolgersi per i tormenti del corpo e dell'anima. Inoltre, non solo i cattolici, ma anche la maggior parte dei cristiani, portano il nome di un santo che, almeno secondo le antiche credenze, è responsabile di proteggere il suo omonimo. La cultura indiana dimostra l'efficacia di un simile sistema. Gli indiani infatti non solo si dovevano meritare il nome che veniva loro assegnato di volta in volta nel corso della vita, ma disponevano anche di tutta una serie di spiriti protettori e addirittura di un animale totemico.

Anche i bambini non hanno perlopiù grosse difficoltà a trovare una figura protettrice, sembra anzi che anche i bambini occidentali abbiano un animale speciale, quasi fosse un totem. Mentre gli adulti tendono a scegliere dal laboratorio «indiano» dei totem figure animalesche molto particolari, oppure ricorrono semplicemente al loro segno zodiacale, la scelta dei bambini, il cui ego non è ancora determinato in questo senso, può ricadere anche su di un ratto o su di una pecora. I bambini che per comprensibili motivi razionali vengono privati della compagnia di animali «veri» possono in questo modo avere al loro fianco animali immaginari, guadagnando così fiducia e sicurezza in se stessi.

La sicurezza interiore e la fiducia originaria costituiscono naturalmente la migliore protezione ed il miglior aiuto per affrontare sia i viaggi per il mondo, che quelli all'interno della propria anima. Anche nelle terapie più dispendiose non è facile recuperare la fiducia primordiale, venuta meno già nella prima infanzia. I viaggi interiori, che permettono di stabilire un contatto con parti della propria anima finora trascurate, rappresentano l'aiuto più valido, poiché fanno recuperare la fiducia necessaria per affrontare il restante cammino. Naturalmente la sicurezza interiore è qualcosa di molto personale.

Il problema della «sicurezza interiore», su cui si è discusso a lungo pubblicamente, è però una questione che riguarda anche il mondo esterno. Questo tema può infatti trasformarsi in un problema politico, se la personale «sicurezza interiore» dei cittadini non viene tutelata come dovrebbe. Una persona sicura di se stessa non si preoccuperà molto della «sicurezza interiore» dello Stato.

Lo stesso vale per la «guida interiore», un concetto molto discusso dalle forze armate, ma messo in pratica raramente. D'altronde per i soldati, che vengono addestrati soprattutto all'ubbidienza, non ha nemmeno molto senso. Per ciò che concerne i viaggi interiori invece può rivelarsi estremamente utile. Ogni viaggio riesce meglio se viene intrapreso al fianco di una guida competente. Se ci faremo guidare dai nostri istinti, diventeremo la guida di noi stessi, che naturalmente è migliore di qualsiasi altra. Con un buon angelo (protettore) al nostro fianco, siamo sin dall'inizio sotto una buona stella.

Un sicuro ritorno

Una tappa fondamentale di ogni viaggio è naturalmente un sicuro ritorno a casa. Per ciò che concerne i viaggi in aereo o in nave, l'atterraggio o l'attracco sono il momento più importante ed nel contempo il più difficile. Lo stesso vale per i viaggi sulle ali del pensiero, simbolicamente affini agli elementi aria ed acqua. Dopo essersi immaginati le precedenti tappe esageratamente difficoltose, si tende a prendere quest'ultimo passo troppo alla leggera. Soprattutto quando si ha l'impressione di non essere andati molto lontano, si ha la tentazione di aprire subito gli occhi, ma questo comportamento può rivelarsi pericoloso.

Generalmente le meditazioni non presentano particolari difficoltà. Se si teme comunque di perdersi o di essere sommersi dalle immagini e di essere trascinati lontano da quest'ultime, è quindi confortante sapere che la meditazione si conclude sempre nel migliore dei modi. Bisognerebbe cercare di riemergere ritualmente dal mondo interiore di immagini, poiché, oltre a garantirci un sicuro ritorno, si eseguirebbe nel contempo un opportuno rituale finale.

Le terapie individuali e di gruppo hanno dimostrato in anni ed anni di esperienza che se ci si rifà ai quattro punti seguenti, si ritornerà senza problemi alla realtà.

Le quattro tappe per un consapevole ritorno

1. Prima di tutto si deve ripensare all'immagine iniziale che ci aveva condotto nel mondo delle immagini interiori, che è poi anche l'immagine che ci aiuterà a concludere la meditazione, e ci si deve convincere che non c'è alcun motivo per dimenticare l'esperienza vissuta.
2. Dopodiché si deve lasciare che le immagini interiori si facciano da parte. Eventualmente per facilitare questo compito si può abbassare gradualmente la musica di sottofondo fino a spegnerla del tutto.
3. A questo punto occorre respirare profondamente e ritornare consapevolmente alla polarità, in questo caso rappresentata dall'inspirazione e dall'espirazione.
4. Infine occorre muovere lentamente le dita delle mani e dei piedi e stirarsi, per riprendere il controllo del proprio corpo. Solo ora si possono aprire gli occhi, in modo da orientarsi consapevolmente anche nello spazio e nel tempo.

Per l'ultimo punto esiste un'alternativa, o meglio un'evoluzione molto piacevole. Per orientarsi di nuovo gradevolmente ed in tutta sicurezza nel proprio corpo, basta massaggiarsi le orecchie. Non è necessario massaggiare il proprio corpo, dal momento che l'orecchio riproduce in piccolo tutti gli organi e le zone di quest'ultimo. Basta alzare ancora ad occhi chiusi e molto lentamente le mani ed afferrare dolcemente i lobi con il pollice e l'indice. È sufficiente pensare alla posizione di un embrione arrotolato su se stesso e con la testa in giù, come appena prima delle nascita, per capire la disposizione del corpo nell'orecchio. Il lobo rappresenta la testa, mentre il bordo esterno del padiglione auricolare la schiena.

ESERCIZIO: *Piega e stringi i lobi delle orecchie (è meglio togliersi gli orecchini all'inizio della meditazione) fino a che, dopo pochi istanti, non diventeranno duri e caldi. In questo modo è come se fosse stata massaggiata l'intera testa, compreso il cervello.*

Lascia poi che il pollice e l'indice di entrambe le mani salgano leggermente sul bordo esterno dell'orecchio. In questo modo è come se fossero state massaggiate le vertebre cervicali.

In seguito va' un po' più su e massaggia le vertebre toraciche, cercando di non escluderne nessuna (eventuali anelli non danno in questo caso alcun fastidio).

Passa ora alle vertebre lombari fino ad arrivare in cima all'orecchio. Ora i tuoi indici si trovano sui promontori e nelle vallate del padiglione auricolare, che corrispondono a tutti gli organi interiori e ai tessuti del corpo. Se vuoi puoi applicare qualche goccia d'olio per massaggio nell'orecchio.

Dopo pochi minuti di massaggio ci si riprenderà perfettamente e verso la fine si potranno riaprire lentamente gli occhi. Se questo semplice esercizio viene eseguito al termine di ogni meditazione come rituale per ritornare alla realtà e se la meditazione diventa un'abitudine quotidiana, l'organismo ne trarrà giovamento sia a livello fisico che spirituale, poiché ogni organo corrisponde ad un tema dell'anima.

Procedendo come si è detto, il ritorno nel mondo quotidiano delle quattro dimensioni e dei quattro punti cardinali è assicurato. I quattro punti precedentemente citati sono molto efficaci e rappresentano un valido aiuto anche nelle situazioni più difficili, come per esempio le psicosi. Adeguati esercizi di orientamento servono anche a coloro che sono fuggiti in una realtà psicotica a ritornare alla nostra realtà, il che però non significa che si abbia anche qualcosa da proporre che li induca a restarvi.

In quindici anni di esperienza, talvolta anche con gruppi che superavano le cento persone, non mi è mai capitato che una meditazione guidata scatenasse una psicosi. Anzi — come è stato detto inizialmente — se la meditazione diventa un'abitudine quotidiana, essa previene da eventuali malattie psicotiche. Tuttavia, se si hanno problemi in questo senso, bisognerebbe procedere molto cautamente e preferibilmente consultare prima un bravo terapeuta.

Tutto sommato le psicosi sono anch'esse in un certo qual modo dei viaggi nello spazio, nel tempo ed in altre dimensioni. La fondamentale differenza che intercorre tra una psicosi, una meditazione guidata ed un libero viaggio nelle immagini interiori è che nel primo caso il viaggio ha inizio spontaneamente a seguito di una pressione interna e che sfugge sin dall'inizio al controllo. Chi medita invece intraprende consapevolmente questo viaggio e, se si basa sulle regole sopracitate, ha perfettamente sotto controllo l'intera situazione, anche se questa vigilanza dipende sempre meno dall'intelletto. Più spontaneamente viene vissuto il polo femminile delle immagini, o meglio la sfera dell'anima, come la chiamava Jung, meno necessità ha di ricorrere a drastiche misure psicologiche per farsi notare e rispettare.

Atteggiamento esteriore

Naturalmente il modo migliore per meditare è stare seduti nella posizione cosiddetta «di loto». Ma non si può costringere le persone che non vi sono abituate ad assumerla per forza, poiché, in questo caso, più che all'illuminazione può portare ad una distorsione. La posizione egiziana, con il busto diritto e l'osso sacro appoggiato allo schienale della sedia, così che il corpo formi un angolo retto tra l'articolazione dell'anca e quella del ginocchio, è più consona a noi occidentali, raramente abituati a sedere per terra. Le statue egiziane sono spesso ritratte in questa posizione eretta ed elegante. Essa riesce al primo colpo su ogni tipo di sedia e non richiede alcuna contorsione. Bisogna solamente prestare attenzione a tenere il busto e la testa dritta. La cosa migliore è spingere delicatamente l'osso sacro [11] contro lo schienale della sedia, senza appoggiarvi nessuna altra parte del corpo. Diverse tradizioni ritengono che la colonna vertebrale eretta sia un presupposto fondamentale perché l'energia salga dal basso verso l'alto. Gli indù credono che il serpente dell'energia Kundalini salga nel Shushumma, il secondo di tre canali, partendo dal più basso chakra Muladhara, fino a raggiungere il più alto. Si giunge all'illuminazione solamente quando esso arriva al settimo chakra, il Sahasrara. Questa credenza corrisponde a quella cristiana dell'apparizione dell'aureola, con la quale la nostra tradizione rappresenta i santi.

Dal momento che le prime volte che ci si dedica alla meditazione non si può contare al cento per cento sul fatto che il serpente Kundalini salga verso l'alto, si consiglia di procedere alle meditazioni guidate da sdraiati. Questa posizione ha il grande vantaggio di ridurre al minimo possibili problemi di portamento del corpo. Ognuno infatti è capace di stare sdraiato supino, con le gambe distese e le braccia lungo il corpo.

Per il resto si consiglia, almeno all'inizio, di fare in modo che il luogo prescelto per la meditazione sia tranquillo, che non sia troppo esposto a fattori di disturbo esterni e che ci faccia sentire a nostro agio. Più esperienze si fanno con la meditazione, più questi presupposti diventano superflui. Dopo un certo periodo infatti basta ascoltare della musica adeguata in cuffia, per intraprendere questi viaggi all'interno della propria anima, anche se ci si trova su di un aereo affollato.

[11] Il termine osso sacro (*os sacrum*) è emblematico. È come se anche noi già in passato avessimo saputo che l'evoluzione mira alla santità ed alla completezza e che inizia dal basso, all'altezza dell'ultimo chakra Muladhara.

Atteggiamento interiore

Esso si evince da quanto detto finora. L'atteggiamento più adatto alla meditazione è quello pragmatico, che non la consideri «sacra» per così dire, dal momento che non lo è affatto, ma che non la prenda neanche troppo alla leggera, poiché in fondo una persona si dedica alla meditazione quando si rende conto del suo malessere e se non rispetta una certa disciplina interiore, non riuscirà a compiere questo viaggio all'interno della sua anima. Perché la meditazione abbia successo, è sufficiente convincersi che essa dà accesso ad una realtà completamente diversa e non avere degli scopi prestabiliti, che ci metterebbero sotto pressione. In questo modo niente potrà andare storto, dal momento che si tratta unicamente di far accadere ciò che succederebbe comunque.

Se non ci si fanno troppe illusioni, non si potrà nemmeno essere delusi. Ma se così fosse, sapremmo sin dall'inizio che è solo colpa nostra. È quindi un bene che una delusione metta fine a questo malinteso. Ora si potrà procedere più serenamente alla meditazione.

Tempi della meditazione

In linea di massima non ha senso stabilire delle regole fisse in proposito. In una situazione ideale, in cui cioè non ci si dedica alla meditazione per risolvere un problema preciso, ad esempio un quadro clinico, è consigliabile non superare il limite massimo di due volte al giorno, una alla mattina ed una alla sera. Del resto una persona che conduce una vita normale non avrebbe nemmeno il tempo di meditare più spesso. In vacanza la frequenza può aumentare, ma, nel caso in cui si diventasse troppo sensibili, è opportuno ridurre i tempi della meditazione.

Se all'estremo opposto si medita solo di tanto in tanto, non si svilupperà praticamente alcuna disciplina interiore, anche se è sempre meglio di niente. In fondo neanche un viaggio all'esterno viene intrapreso ogni giorno. Se ci si dedica alla meditazione sporadicamente, solo per risolvere i problemi che ogni tanto ci assillano, si stabilirà naturalmente un ritmo irregolare.

La giusta via di mezzo sarebbe quella di compiere un viaggio all'interno della propria anima con la stessa frequenza con cui si fanno delle gite e di tanto in tanto fare un'eccezione e compiere viaggi più lunghi nelle profondità della nostra psiche.

Anche nel caso in cui ci si dedichi alla meditazione per cercare di risolvere un quadro clinico, la frequenza consigliata è di una o due volte al giorno. Se il quadro clinico è particolarmente fastidioso o addirittura pericoloso, la frequenza può anche aumentare, dal momento che in questo caso non si rischia di diventare eccessivamente sensibili, poiché l'energia in eccesso viene assorbita dalla malattia.

Dall'Oriente provengono anche consigli sui momenti della giornata più adatti alla meditazione, che corrispondono esattamente e quelli in cui nei monasteri occidentali ci si dedica alla preghiera. L'alba è il momento ideale da un punto di vista energetico, ma la maggior parte degli occidentali non mette in pratica questo consiglio, poiché in Occidente, il paese dove *tramonta il sole*, la vita si concentra alla sera. Per molte persone infatti la vera vita inizia solo al termine della giornata lavorativa. Sicuramente è meglio meditare al mattino piuttosto che la sera, quando si è sfiniti dal lavoro. Tuttavia, anche questo momento della giornata, quando finalmente è ritornata la calma, può rivelarsi adatto alla meditazione, anche se si rischia più spesso di assopirsi per la stanchezza. Ma in fondo quest'eventualità non è poi così grave, anzi, ha il vantaggio di farci addormentare subito profondamente.

Anche la durata delle singole meditazioni non è costante. Generalmente ogni meditazione dura circa mezz'ora, ma, in determinate circostanze, questa durata può anche essere notevolmente accorciata o allungata. I viaggi nel proprio mito o nelle proprie fiabe possono durare di più. Se li si intraprende da seduti, questa posizione all'inizio può impedire tempi lunghi di meditazione, si può dunque optare per una meditazione da sdraiati, più comoda e rilassante.

Il fatto di meditare ogni giorno alla stessa ora e nel medesimo luogo presenta notevoli vantaggi, dal momento che favorisce una più rapida formazione di un campo meditativo. Molti di noi hanno a che fare con questi campi immateriali senza nemmeno rendersene conto. Se ad esempio una persona frequenta un severo seminario di meditazione in un monastero, si stupirà del fatto che dopo qualche tempo non avrà più alcuna difficoltà a reggere i nuovi massacranti ritmi di vita, inclusa la meditazione mattutina delle 5. Se dopo due settimane, vista l'esperienza ormai acquisita, un lunedì mattina alle 5 decidesse di continuare a casa, nella propria camera da letto questi esercizi, si stupirà del fatto che non regnerà più la stessa atmosfera. Martedì mediterà controvoglia e già mercoledì troverà mille scuse per non farlo. Ma cosa ha causato questo cambiamento? La risposta è semplice: in convento esiste da molti secoli un campo per questo tipo di meditazione ed i membri del gruppo lo hanno rafforzato. Più il gruppo è numeroso e più i suoi membri sono concentrati, più il campo viene consolidato. A casa, entro le proprie quattro mura, esistono campi completamente diversi — in ogni caso non quello per questa meditazione. Esso deve prima essere costituito, e ciò richiede molto tempo e fatica; il primo passo è sempre il più difficile. Quando il campo verrà istituito, sarà al contrario difficile non meditare. Ora la meditazione rischia di diventare un'abitudine; ci vuole quindi molta consapevolezza per continuare a rifornire il campo di energia e contemporaneamente per non farla diventare una routine, il polo contrario del percorso verso il centro.

Questo campo è immateriale — il biologo inglese Rupert Sheldrake parla di campi morfogenetici, che non hanno una base materiale, ma che hanno notevoli ripercussioni sull'ambiente circostante. Tuttavia, anche degli oggetti materiali possono facilitare la costituzione di un campo, come ad esempio un luogo adatto alla meditazione costruito personalmente con amore, un cuscino imbottito o una coperta cucita da noi stessi, particolari profumi per la stanza, e così via. La cosa più importante resta comunque il nostro atteggiamento interiore: bisogna cioè essere disposti ad occuparci della parte femminile della nostra anima, avere voglia di darle retta e di dedicarle il nostro tempo, senza metterla sotto pressione, dal momento che meditare in fretta è altrettanto insensato di cantare, pregare, recitare ed amare velocemente. Chi mette fretta al polo femminile lo uccide e quindi annienta anche una parte di sé.

Un valido aiuto per costruire il campo, fornito dalla meditazione stessa, è autoconvincersi che ogni meditazione facilita l'accesso alle sfere più profonde dell'anima, dal momento che le nostre tracce si imprimono sempre più profondamente nel mondo delle immagini. Inoltre è opportuno ricordare che se si continua anche dopo la meditazione a dedicarsi a questo tema, sarà più probabile ricordare nei dettagli quanto è accaduto in precedenza. Ciò che all'inizio può sembrare una propaganda psicologica, se non la prima, la seconda volta andrà meglio.

Astuti suggerimenti per la meditazione

Per le ragioni già chiarite precedentemente, l'intelletto si atteggia spesso a guardiano dei propri meandri più profondi, per mantenere egoisticamente intatta la propria verginità. Egli rappresenta cioè un ostacolo che, visto che stiamo parlando di meditazioni, è impossibile evitare, ma che con l'astuzia è possibile aggirare. Esistono vari modi, anche se non sempre del tutto leali, per far arrivare dei messaggi direttamente nelle profondità dell'anima, senza passare per l'intelletto. Anche alcuni metodi generalmente accettati, come il training autogeno, si servono di bugie belle e buone per ottenere i risultati desiderati. Chi si autoconvince che il suo braccio destro è pesante, molto pesante, inizialmente mente a se stesso, poiché non lo è affatto ed in ogni caso non è più pesante del braccio sinistro. Se però ci si ripete a lungo questa affermazione, si ha realmente l'impressione che il braccio si sia appesantito. Inizialmente queste suggestioni sono false, ma in seguito si avverano. Il training autogeno utilizza un metodo molto semplice, che quindi è captato anche dall'intelletto. Le tecniche come la *P*rogrammazione *N*euro-*L*inguistica (PNL) si servono invece di stratagemmi molto più raffinati. In alcuni dei seguenti testi introduttivi salteranno agli occhi dei passaggi grammaticalmente scorretti, anche se solo in apparenza. Le ultime parole di una frase vengono cioè incluse già in quella seguente, come si può notare in questo esempio:

«Il tempo e lo spazio diventano sempre meno importanti ed indifferentemente dal livello di profondità da te raggiunto con il prossimo respiro puoi lasciarti andare ancora di più è così facile e automaticamente sprofondi sempre più nella distensione giungono dal profondo suoni al tuo orecchio...».

Tutte le parole sottolineate svolgono qui una doppia funzione, a cui l'intelletto non è abituato. Se a simili tecniche si aggiungono anche altri elementi di scompiglio, come ad esempio pseudoalternative o passaggi insoliti evidenziati, l'intelletto lentamente cederà e si farà da parte per far posto al subconscio. Per pseudoalternative si intendono ad esempio i passaggi sottolineati nel prossimo testo:

«Proprio ora o tra qualche istante raggiungerai una calma talmente profonda, che potrai stare totalmente raccolto in te stesso ma nel contempo sarai aperto come non mai ad ogni esperienza o tra poco, quando sprofonderai ancora più in basso nei mondi interiori e già in questo momento o nei prossimi minuti quando guadagnerai sempre più fiducia nel punto d'appoggio e nell'intera situazione».

Anche i passaggi scritti con un carattere più grande [12] dovrebbero essere recitati con particolare enfasi, così che, oltre al testo più

[12] I metodi qui utilizzati per evidenziare determinate parti del testo (sottolineature di termini correlati, ingrandimenti e accentuazione di alcune parole) vengono applicati anche ai testi di meditazione.

o meno logico filtrato dall'intelletto, si delinei un secondo contenuto, composto da poche, ma significative parole, che, senza il controllo della mente, raggiunga direttamente le profondità dell'anima e che crei lo stato d'animo giusto per questa occasione. Nel caso dei due esempi sopracitati si tratta dei seguenti messaggi:

Profondità — facile — profondo — calma — aperto come non mai ad ogni esperienza — mondi interiori — fiducia —

Nel caso delle cassette di meditazione questo effetto è ancora più evidente, dal momento che il testo normale viene registrato su di una traccia separata che, se si utilizzano le cuffie, viene captata solo dall'orecchio destro, mentre le parole evidenziate del secondo testo vengono percepite solo dall'orecchio sinistro. I messaggi sono dunque mirati ed arrivano esattamente nel posto giusto, passando inosservati dal cervello, che non è in grado di seguire e quindi nemmeno di controllare così tante tracce diverse contemporaneamente.

Le pseudoalternative non rendono le cose facili all'intelletto: in linea di massima egli ama le alternative, poiché gli danno la possibilità di scegliere, il che gli dà una sensazione di potere e di competenza a lui strettamente necessari. Egli vaglia le alternative e decide. Ma in questo caso, prima che si renda conto che qualsiasi decisione prenda le cose finiranno sempre allo stesso modo, è già troppo tardi. In effetti a colui che guida la meditazione non importa se chi vi si sottopone si rilassa subito o dopo qualche istante, l'importante è che lo faccia. L'intelletto non riesce a seguire questi punti e quindi anche il seguito del testo. Se resta indietro e si sofferma a pensare all'imbroglio, perde anche i successivi complicati passaggi e lascia sfuggire al suo controllo un passo o una serie di proposizioni di particolare interesse, il che è esattamente lo scopo di questo tipo di meditazione.

Naturalmente non è onesto confondere e raggirare in questo modo una persona, ma d'altronde è uno dei modi migliori per avere accesso al subconscio. All'intelletto corrisponde il principio primordiale Mercurio. Ermete-Mercurio era l'antico dio dei collegamenti e delle comunicazioni. Da lui dipendono le strade, dritte o curve che siano, il commercio, ma anche ogni forma di traffico illecito, l'inganno ed il furto, poiché non solo il commerciante, ma anche il ladro fa uno scambio, anche se illegale. Gli espedienti appartengono quindi anch'essi a questo archetipo. Grazie a formulazioni raffinate ed astute trattiamo l'intelletto in modo omeopatico per così dire e lo sconfiggiamo quindi con le sue stesse armi.

Naturalmente esistono anche dei metodi che non prevedono dei raggiri, ma che si basano sull'empatia. La cosa migliore sarebbe servirsi di entrambe le tecniche. Se si esegue una meditazione per un'unica persona, può essere ad esempio d'aiuto recitare espirando i passaggi che mirano alla distensione ed utilizzare espressioni come *lasciare andare — fare cadere — far succedere* solo quando colui che medita sta realmente vivendo una situazione simile. È importante che inizialmente le suggestioni siano il più possibile veritiere. Si può quindi cominciare con banali descrizioni della situazione che sta vivendo in quel momento colui che medita, a patto che trovino conferma sia nella sua realtà esterna, che in quella interiore. Se in questo modo viene a crearsi un legame di fiducia, le formulazioni possono lentamente cambiare, la prima parte deve comunque trovare un riscontro, ma la seconda potrebbe non corrispondere ancora alla realtà e sfuggire al suo controllo. Le pseudoalternative possono nuovamente rivelarsi utili: «*Il tuo respiro è calmo e ritmico* (e questo corrisponde al vero), *mentre ora o entro breve tu ti lascerai andare e proverai una sensazione estremamente piacevole e gradevole e le immagini cominceranno a sfilare davanti ai tuoi occhi*».

Il fatto che colui che medita arrivi a sentirsi bene è lo scopo della meditazione, ma non sappiamo ancora se accadrà e del resto non può saperlo nemmeno lui. La formulazione corrisponde al vero anche se egli si sentirà bene solo **prossimamente**, ma **adesso** è impossibile verificarlo. Per il momento egli può quindi solo acconsentire e mettersi nella disposizione d'animo che forse presto si sentirà effettivamente bene e che le immagini verranno da sole. Visto che queste ultime ed i pensieri affiorano effettivamente senza che lui faccia niente di particolare per evocarli, anche questa parte della frase trova conferma nella realtà. Di conseguenza, dal momento che fino ad ora tutto ha avuto un riscontro reale, egli inizierà a pensare che anche la parte che riguarda la sua sensazione piacevole potrebbe avverarsi e comincia quindi già da adesso a sentirsi effettivamente meglio.

È quindi importante iniziare in modo semplice e graduale e venire incontro a coloro che meditano. Le suggestioni più belle ed i desideri e le esperienze più meravigliose non hanno alcun effetto se non si parte con il piede giusto. Una volta che si è stabilito un contatto e che coloro che meditano hanno acquistato fiducia, si può passare a formulazioni più audaci e spronarli a fare nuove esperienze. Più l'oratore viene incontro a coloro che meditano, più prontamente questi ultimi seguiranno il suo discorso. L'esperienza insegna che è più facile calarsi in una realtà interiore comune se ci si rivolge ad un'unica persona durante la meditazione. Un metodo efficace è quello di adeguarsi per qualche istante al suo ritmo respiratorio, per poi condurla con sé nel viaggio nei meandri della mente. Il seguente esperimento dimostra l'efficacia di questo metodo:

ESERCIZIO: *La prossima volta che raggiungi il tuo partner già addormentato a letto, stringiti forte a lui e segui consapevolmente il suo ritmo respiratorio. Dopo un po' comincia a modificarlo lentamente e potrai constatare che questa volta sarà lui ad adeguarsi al tuo.*

Problemi durante la meditazione

In linea di massima questa forma di meditazione non dovrebbe presentare alcun problema, dal momento che tutto ciò che accade è lecito e regolare. Si possono tuttavia verificare dei malintesi.

Addormentarsi durante la meditazione ad esempio non rappresenta un problema, bensì una necessità che deriva spesso dalla stanchezza. In questo momento è quindi la miglior cosa che possa succedere, poiché significa che il corpo, l'anima e la mente, strettamente collegati, hanno bisogno prima di tutto di riposare. È quindi corretto concedersi un periodo per rilassarsi e rigenerarsi.

A volte non si tratta di una spossatezza sporadica, bensì di una stanchezza cronica, di cui perlopiù non si è consci. Questa carenza di sonno è in realtà piuttosto frequente. Chiunque possieda una sveglia in teoria ne soffre. La causa di tutto ciò è il già citato disinteresse per il polo femminile. Accorciamo la notte, il polo femminile del giorno composto da 24 ore, che dovrebbe servire alla rigenerazione, servendoci della luce artificiale alla sera e della sveglia al mattino. La situazione è ancora più evidente quando *prendiamo la notte per il giorno*, svolgendo ad esempio un lavoro a turni, che scombussola notevolmente il nostro bisogno di riposo. In questo caso si accumulano così tante ore di sonno perduto, che una normale dormita non basta più a recuperarle. In situazioni simili è importante che l'organismo si ritempri grazie alla meditazione, che diventa quindi un'assoluta necessità e rappresenta una delle poche opportunità che ci permettono di rigenerarci veramente. Il procedimento è semplice:

ESERCIZIO: *Sdraiati e ascolta una cassetta di meditazione. Se avrai accumulato molta stanchezza, è probabile che ti addormenterai. Non appena ti sveglierai, gira la cassetta e ricomincia da capo la meditazione, finché non riuscirai a sperimentarne una intera, completamente da sveglio. A seconda della carenza di sonno, l'esercizio potrà durare una mezza giornata o addirittura una giornata intera. Ma il tempo speso in questo modo non è sprecato, anzi, dopo l'esercizio ti sentirai più fresco e riposato.*

Spesso non ci si accorge della carenza di sonno, dal momento che si tratta di un processo graduale. Solo una volta che ci si è veramente riposati e rigenerati, ci si rende conto della stanchezza precedente.

Il sonno può essere anche un segnale di difesa. Quando gli studenti si addormentano durante le lezioni può trattarsi di una carenza di sonno o di una mancanza d'ossigeno, ma anche di una difesa contro la forzata presenza alle lezioni, che spesso sono di una noia mortale. Dal momento che il sonno è il fratello minore della morte, c'è la possibilità di perdersi nei suoi meandri. Durante le meditazioni è invece più raro, poiché generalmente è voluto. Tuttavia, quando una classe di studenti medita sotto la guida dei professori, esiste anche questa possibilità.

Anche l'esternazione delle proprie emozioni non è assolutamente negativa. L'unico problema sorge quando un paio di lacrime costringono a prendere un fazzoletto e quindi ad interrompere la meditazione. Nella nostra società molte persone soffrono di una carenza di sonno e quasi tutte di un blocco emotivo. È quindi naturale che si sfoghino durante le meditazioni. Invece di preoccuparsi, bisognerebbe al contrario esserne felici. Non è colui che piange ogni tanto ad avere dei problemi, ma piuttosto chi non è più in grado di farlo. Non per niente disponiamo di ghiandole lacrimali.

Anche la tosse non deve destare preoccupazione. È infatti un modo come un altro per sfogare la propria aggressività e quindi la miglior cosa che possa capitare in questo momento. Se non si è esternata precedentemente la propria rabbia nei riguardi di qualcuno, questa forma di energia repressa si libera durante la meditazione, sotto forma di innocui colpi di tosse, che simboleggiano il rancore di cui finalmente ci si libera.

Eventuali rumori di pancia sono ancora più innocui. Si verificano soprattutto quando un ventre perennemente tirato in dentro può finalmente lasciarsi andare. Esistono addirittura delle terapie che misurano il loro successo sulla base dei gorgoglii di stomaco.

Musica d'accompagnamento

La musica di sottofondo è più importante per la meditazione di quanto il nome non dica. La musica infatti è generalmente indirizzata allo spirito più che all'intelletto. Le caratteristiche che normalmente la rendono interessante, come una melodia semplice ed un ritmo incalzante, non si adattano però alla meditazione, per la quale sono sicuramente più adeguati toni bassi, che rimangano realmente in sottofondo, come a esempio quelli della musica delle sfere celesti. La cosa migliore è che la musica non venga mai interrotta durante l'intera meditazione e che non cambi la tonalità troppo spesso e soprattutto all'improvviso. Lo scopo non è quello di influenzare le immagini interiori, né tanto meno di determinarle. Il *Bolero* di Ravel ad esempio è troppo movimentato ed incalzante. La musica classica in generale, sia quella occidentale, che quella orientale, il Ragas indiano, non si adatta alle meditazioni.

La musica è comunque una questione di gusti, non si possono e non si devono quindi stabilire regole severe in questo senso. Oggigiorno esistono molti tipi di musica per accompagnare la meditazione e la scelta dipende unicamente dalle preferenze del singolo.

Prospettive

Anche se avete chi vi dà preziosi suggerimenti riguardo alle meditazioni guidate, non è detto che non possiate ampliare i vostri orizzonti e seguire altre regole stabilite da voi stessi, guidati unicamente dal vostro istinto. In effetti il passo dalla meditazione guidata alla libera meditazione d'immagini o all'immaginazione attiva è breve. È opportuno iniziare basandosi sulle familiari direttive della meditazione guidata, per poi distaccarsene e continuare per la propria strada, magari in un proprio mondo favoloso e vivere in questo luogo una fiaba personale. Le esperienze con le meditazioni guidate rappresentano la miglior preparazione alla più avanzata meditazione libera d'immagini, le cui proprietà terapeutiche sono già più elevate.

Quando le immagini diventano vive e ci sembrano reali, quando una guida estranea appare superflua e quando si ha la sensazione che le direttive prestabilite siano limitative, significa che è giunto il momento di fare le proprie personali esperienze con la meditazione e quindi con i viaggi all'interno di noi stessi. Questo passo dovrebbe in ogni caso venire da sé e non essere compiuto forzando per ambizione i tempi, che, se così fosse, vengono solamente prolungati.

Il modo di procedere è di per sé molto semplice. Si sceglie una musica adatta ai nostri propositi, ci si rilassa come si è sempre fatto e ci si dedica poi al nuovo, personale tema. Tuttavia bisogna prestare attenzione ad alcuni particolari. Le possibilità oscillano tra due estremi: da una parte si avrà la tendenza a dominare le immagini che emergono, limitando però in questo modo le esperienze. In tal caso è opportuno fare qualche passo indietro e riconsiderare il tema della fiducia nel primo pensiero che ci sovviene.

D'altra parte è possibile che accada l'esatto contrario e che siano cioè le figure a governarci. In tal caso è necessario convincersi che con tutta probabilità si tratta di parti dell'anima a lungo represse, che ora intuiscono che è giunto il momento di rifarsi. Questo però non significa che abbiano il diritto di monopolizzare la nostra vita. Se ciò si verificasse, è consigliabile chiarire l'equivoco entrando in contatto con le figure che emergono nel mondo interiore delle immagini. Se si spiega loro che questa meditazione non è l'unica possibilità che hanno di manifestarsi, ma che in seguito avranno anche altre occasioni per farlo, il problema verrà presto risolto.

Le persone agiscono basandosi su tre diversi centri: gli uomini del Nord hanno la tendenza a farsi guidare dalla testa, dall'intelletto; hanno quindi perfettamente sotto controllo le loro emozioni e si basano sempre di meno sulle loro intuizioni. Per le persone mediterranee, del Sud, conta invece molto di più ciò che dice loro il cuore, le emozioni quindi. Queste dominano spesso l'intelletto e la ragione. Anch'essi non si lasciano guidare dalle intuizioni, che risiedono nella regione addominale. Queste ultime prevalgono solo nelle poche culture arcaiche rimaste. Gli indiani, ad esempio, si basano essenzialmente su di esse, molto poco sulle emozioni del cuore ed ancor meno sui freddi calcoli dell'intelletto.

Durante le libere meditazioni d'immagini è possibile, ed anche consigliabile, stabilire un contatto con ciò che fino ad ora è stato trascurato, ma che è sempre esistito, col bambino che c'è in ogni uomo ad esempio, che corrisponde alla parte di noi che si basa sulle emozioni. Tuttavia non bisogna arrivare al punto di farci dominare da esso.

Così come è importante essere informati sul mondo esterno, è altrettanto necessario conoscere bene se stessi. Entrambi i mondi possono nascondere delle insidie: si può ad esempio aspirare alla ricchezza, che però può rivelarsi più un impedimento che altro, oppure ci si può occupare di troppi temi interiori in una volta, o di problemi più grandi di noi, che possono anch'essi rovinarci la vita. Un ulteriore esempio può dare un chiarimento. Se un medico omeopatico dopo un'accurata anamnesi è indeciso tra due farmaci, può rivelarsi utile interrogare le sue intuizioni, per esempio mediante un pendolo. Se però egli si basa a priori sulle sue intuizioni e su ciò che dirà il pendolo, senza conoscere bene i farmaci, la terapia da lui proposta non può che rivelarsi dannosa. Non a caso la testa si trova in cima al corpo. Se dovessimo affidarci all'addome o al cuore prima che alla ragione, probabilmente la testa si troverebbe all'altezza delle gambe, rasente terra, e non sopra i due altri centri. Durante il sonno invece, quando ci rigeneriamo ed attraverso i sogni abbiamo accesso ad altre sfere, essa si trova allo stesso livello degli altri due centri, dal momento che siamo sdraiati, ed in questo modo il suo predominio viene meno.

La posizione in cui si medita ha un'importanza rilevante. All'inizio, quando si tratta di stabilire un primo contatto con il subconscio [13], la posizione supina è la più propizia, dal momento che i tre centri sono in questo modo sullo stesso piano. Più esperienze si fanno con le meditazioni, più si rende necessario ristabilire la tipica gerarchia umana e *tenere la testa alta.* Tuttavia il termine gerarchia va inteso nel suo significato originario, cioè come il dominio del sacro [14]. La testa è in questo caso il simbolo del sacro, dell'unico che contiene il tutto e che non si serve della gerarchia per instaurare una tirannia oppressiva. In effetti, anche dal punto di vista anatomico, la testa non è composta unicamente da quella parte del cervello geneticamente moderna che provvede ai processi intellettuali, ma anche da centri che regolano le emozioni ed i sentimenti e da zone del cervello antichissime, in cui risiede la base delle intuizioni ed addirittura di funzioni come gli istinti. Il fatto che oggi si associ il termine gerarchia alla repressione ed all'abuso di potere dipende certamente dal fatto che per esperienza sappiamo che la testa ha questa tendenza.

Un altro serio pericolo della libera meditazione d'immagini è figurarsi le persone che ci circondano nella vita di tutti i giorni in queste sfere. Questo comportamento è rigorosamente vietato, poiché la tentazione di manipolare e di esercitare un potere che non ci spetta su di esse è enorme. Qui incomincia la sfera magica, in cui bisognerebbe inoltrarsi, se proprio lo si vuole fare, solamente con l'aiuto di una guida competente ed integerrima. Ma poiché il proprio ego ha ancora un forte influsso sui mondi interiori, non ci si

[13] Il subconscio è quello stadio intermedio tra coscienza ed inconscio in cui si trovano le esperienze a cui la coscienza momentaneamente non ha più accesso. L'inconscio è ad un livello inferiore rispetto al subconscio.

[14] Dal greco *hieros* = sacro ed *archein* = dominare; gerarchia = dominio del sacro.

può aspettare da lui quest'integrità. Secondo la mia opinione si dovrebbero guidare altre persone in meditazioni terapeutiche, solo se ne sono al corrente e se sono d'accordo.

Oltre ai pericoli non vanno tuttavia dimenticate le numerose e magnifiche opportunità che la libera meditazione immaginativa offre. Nel mondo delle immagini si possono analizzare i problemi quotidiani e quelli più seri sotto tutti gli aspetti e trovare soluzioni definitive. L'umanità ha raggiunto uno stadio dell'evoluzione troppo pericoloso per procedere per tentativi, imparando dai propri errori. È indispensabile vagliare le varie possibilità dentro di noi. Il mondo delle immagini interiore rappresenta un banco di prova ideale sul quale analizzare un determinato problema da tutti i punti di vista e su cui osservare le ripercussioni che le varie soluzioni potrebbero avere sulla nostra vita.

Questo tipo di meditazione offre anche l'opportunità di dar spazio a quei lati del nostro carattere, magari già scoperti durante i viaggi guidati, accantonati nella vita quotidiana. Può trattarsi di comuni temi esistenziali, come vivere il ruolo di madre, ma anche di ruoli più insoliti, come quello di una suora, un avventuriero, un prete, un artista, un playboy, una principessa, un cavaliere, un folle o un bambino. Durante la libera meditazione d'immagini si ha l'opportunità di dare spazio a queste e ad altre personalità e di immedesimarvisi. Naturalmente è possibile impersonare anche ruoli diversi, mitici o fiabeschi, come ad esempio quello del proprio animale totemico o di un albero. Una volta compiuti i primi passi nei mondi di immagini ed una volta ristabilito un contatto con le proprie immagini interiori, questi viaggi si trasformano in esperienze di inaspettata profondità, che hanno un forte influsso sulla vita quotidiana e che spesso la arricchiscono notevolmente. Anche una sola esperienza in qualità di albero ad esempio, può farci cambiare atteggiamento nei confronti della natura.

Se non si è stati in grado o non si è voluto maturare nel mondo reale, è possibile che questa evoluzione avvenga nel regno delle immagini. Il fatto di avere le mestruazioni o che la voce improvvisamente cambi, non significa purtroppo che si è diventati automaticamente adulti. Sul piano esteriore, oggigiorno la nostra società, presumibilmente civilizzata, non dispone praticamente più di alcun rituale necessario a questo passo determinante per la vita futura. Sul piano delle immagini interiori invece, oltre a numerosi rituali arcaici, troviamo una serie infinita di proprie creazioni, che non hanno l'influsso ed il potere di un grande campo culturale, ma che sono sicuramente meglio di niente.

Se ci si occupasse spesso ed intensamente delle immagini interiori, arriveremmo a comprendere così bene i simboli, che i rituali si svilupperebbero automaticamente. Per rendersi conto del potere e dell'influsso che questi rituali hanno sulle grandi crisi esistenziali, è sufficiente constatare lo stretto legame che univa i cosiddetti uomini primitivi ai loro simboli e rituali e guardare invece alla società moderna, infantile, che non sa affrontare con dignità il punto di svolta nella vita di ognuno, la mezza età, che da noi è spesso accompagnata da una crisi, e che respinge la vecchiaia e gli anziani, costretti a morire perlopiù nelle corsie di un ospedale o da soli nella stanza da bagno, completamente impreparati, dal momento che non siamo pronti ad affrontare nemmeno quest'ultimo passaggio. Per riuscire nuovamente a fronteggiare dignitosamente i momenti cruciali della vita e per venirne a capo nel senso originario del termine, invece di portarceli dietro per tutta la vita, dovremmo dare più spazio alle immagini interiori ed ai rituali, indispensabili per superare questi momenti difficili.

Più intensamente ci si occupa del mondo interiore, più i modelli prestabiliti ed archetipi delle meditazioni guidate si trasformeranno nuovamente in temi specifici ed individuali. Le immagini diventano però lentamente sempre meno personali e quindi esemplari. Emergono sempre più spesso figure mitiche ed infine addirittura motivi primordiali religiosi. Ignazio da Loyola, il fondatore dell'ordine dei gesuiti, unì entrambe le possibilità e fece ripercorrere durante le meditazioni guidate la storia della passione di Cristo. Più intensamente si compiono gli esercizi, più si va indietro nel tempo e si giunge infine a ciò che Jung chiamava inconscio collettivo e che gli indù definiscono *cronaca Akasha*, che dà accesso al sommo sapere che esiste da sempre e che, secondo le credenze orientali, esisterà per sempre. In un primo momento il fatto che questi esercizi con l'esperienza ritornino ad essere unitari e che infine, quando si raggiunge l'illuminazione, assumano un carattere collettivo ed *unitario*, potrà forse stupire, ma la spiegazione è che corrispondono ad un modello originario e, a ben vedere, esistono numerosi esempi che possono confermarlo. La superficie cutanea esterna, ad esempio, rende ogni uomo diverso dai suoi simili, il viso di ognuno di noi è differente, come del resto le impronte digitali. Leggermente più in profondità invece, la differenza tra le cellule di tessuto adiposo dell'ipoderma è minima. Il sangue si divide in appena quattro gruppi principali, che accomunano tutti gli uomini. Le molecole sono talvolta del tutto identiche, mentre per ciò che concerne gli atomi questa uguaglianza è totale. Ogni uomo è formato dagli stessi atomi, composti a loro volta dagli stessi protoni, neutroni ed elettroni.

Non è quindi così straordinario che le ultime immagini e visioni conducano a motivi primordiali religiosi, simili esteriormente ed identici dal punto di vista del contenuto per tutti i popoli primitivi e tutte le religioni principali e che gli illuminati descrivano una stessa realtà unitaria, anche se con parole diverse ed in lingue differenti.

È molto importante che le esperienze fatte durante le meditazioni non vengano dimenticate. È quindi necessario prenderne nota, ad esempio in una sorta di diario di viaggio, e manifestarle in brevi rituali consapevoli nella normale vita di tutti i giorni. Se scrivere vi riesce difficile, potete anche disegnare un simbolo della meditazione o un episodio del viaggio all'interno di voi stessi.

Prendere nota dei fatti potrà forse sembrare una ricaduta nella razionalità, ma nella pratica si è rivelato molto utile. Manifestarli nella polarità è un'azione consapevole e non a caso in seguito li si ha *nero su bianco*. Se inoltre li si disegna e si esterna quelli più importanti mediante atti consapevoli e rituali, si approfondisce il legame con essi e ci si avvicina allo scopo della meditazione: integrare con consapevolezza i tre centri e diventare un uomo razionale, intuitivo e di cuore.

PARTE SECONDA

Meditazioni generali

Indicazioni pratiche

Le singole meditazioni seguono, perlomeno all'inizio, un certo ordine cronologico ed introducono di volta in volta elementi importanti. Inizialmente si va alla ricerca di una guida spirituale ed in seguito di un appropriato campo di meditazione interiore. Col tempo la successione può anche non venire più rispettata, compresa quella delle meditazioni iniziali, anche se è necessario apportare qualche piccolo cambiamento.

I testi orali messi per iscritto fanno uno strano effetto e la grammatica passa in secondo piano rispetto alle considerazioni pratiche. I testi sono spesso sprovvisti di punti e virgole, dal momento che devono essere letti senza lunghe pause tra una frase e l'altra. D'altra parte è molto importante che si parli lentamente, per non mettere fretta a coloro che meditano. È previsto che si metta sotto pressione l'intelletto, ma non in questo modo. La cosa migliore durante la lettura di un testo è guardare sempre chi sta meditando. In questo modo si evita di passare ad una lettura troppo veloce ed inoltre si può leggere sul suo viso se si sta realmente rilassando. Le pause nei testi sono indicate da trattini, due — — per le pause corte, tre — — — per quelle più lunghe. Il tempo delle pause molto lunghe viene indicato tra due lineette, ad esempio — 1 minuto —.

I passaggi sottolineati invece significano che questa parte della proposizione appartiene concettualmente sia alla frase precedente, che a quella successiva.

Le parole scritte più grandi rispetto al resto del testo devono essere lette con particolare enfasi, poiché nascondono un secondo messaggio. Le frasi con un finale aperto, lasciato all'immaginazione di chi medita, si concludono con i puntini di sospensione...

Dal momento che perlopiù nella vita ci si rivolge alle persone dando loro del tu, anche i testi sono scritti in questo modo. Tuttavia è possibile renderli più formali dando del lei, in tutte le situazioni in cui si ha a che fare con persone da cui si vogliono espressamente mantenere le distanze. Durante la meditazione non bisognerebbe cambiare improvvisamente il modo in cui ci si rivolge ad una persona, in questo caso dandole del tu se si è abituati a darle del lei, poiché, se così fosse, si stimola l'intelletto a pensare. Esso invece dovrebbe essere completamente escluso dalla meditazione. Coloro che meditano non dovrebbero cioè riflettere sul rapporto che intercorre con l'oratore se quest'ultimo improvvisamente dà loro del tu, quando invece normalmente dà loro del lei.

Colui che medita deve essere rispettato dall'oratore, che non deve trattarlo quindi come fosse un bambino, anche se la tentazione è grande, dal momento che la meditazione mira al polo femminile della realtà, che è da attribuire al principio lunare, a cui non appartiene solo il polo femminile, ma anche quello infantile. Anche se l'espressione del volto di una persona che sta meditando e che quindi è profondamente rilassata ha un che d'infantile, si dovrebbe evitare di parlare troppo dolcemente o ingenuamente, poiché in questo modo da una parte la meditazione diverrebbe innaturale, dall'altra verrebbe nuovamente chiamato in causa l'intelletto, che invece deve starne fuori. Si dovrebbe parlare con calma e cercare di immedesimarsi in chi medita, ma non con sdolcinatezza o in modo troppo solenne. Quando si è rilassati si reagisce in modo più sensibile ed intuitivo e si avverte quindi quest'ipocrisia, che ostacola il raggiungimento dei nostri scopi.

Le meditazioni guidate avvengono normalmente da sdraiati. All'inizio è indubbiamente la posizione più comoda e quindi la miglior soluzione. Tuttavia, come abbiamo già accennato in precedenza, è possibile, e col tempo addirittura consigliabile, meditare da seduti, con il busto eretto.

In principio si utilizzano appositamente diverse tecniche per aiutare chi medita a rilassarsi, così che egli possa scegliere il metodo a lui più congeniale per questo scopo. Una volta trovato, si consiglia di utilizzare sempre questo stesso testo, così che l'effetto distensivo possa intensificarsi di volta in volta. Nel contempo si sviluppano riflessi condizionati, che facilitano l'accesso alle sfere più profonde dell'uomo. Anche se si recitano meditazioni libere è consigliabile, almeno all'inizio, servirsi della tecnica che consente di fare progressi il più velocemente possibile.

Le introduzioni sono separate dal resto del testo da un normale paragrafo, così che possano facilmente essere sostituite. Dal momento che durante la meditazione, in questo come del resto in tutti gli altri passaggi, non devono esserci interruzioni, questo paragrafo si trova intenzionalmente nel mezzo di una frase. È quindi consigliabile studiare prima il brano, così che non ci sia realmente nessuna interruzione.

È facile ed anche piuttosto frequente che si sviluppino dei riflessi condizionati. Nell'ambito della meditazione è opportuno servirsene consapevolmente. Noi uomini reagiamo molto più di quanto vorremmo in base ad un determinato programma. Come i cani di Pavlow, a cui veniva fatta sentire una campana ogniqualvolta mangiavano e che quindi associavano già dopo poco tempo il suo suono al cibo, anche gli esseri umani hanno la tendenza a mettere in relazione determinate cose a livello inconscio. Così come ai cani sopracitati veniva l'acquolina in bocca già al primo rintocco, anche noi reagiamo con un'immediata sensazione di «rilassamento» ad alcune immagini familiari.

Ecco perché durante una meditazione conviene ascoltare sempre la stessa musica, scelta precedentemente perché ben «assimilata». Anch'essa favorisce lo sviluppo di un riflesso, che nel subconscio associa questi suoni con la distensione e che quindi facilita la meditazione.

Lo stesso discorso vale per eventuali essenze per l'ambiente. Anche in questo caso un determinato profumo può essere associato al «rilassamento» e quindi agevolare il viaggio all'interno di noi stessi. Tuttavia è opportuno non utilizzare aromi troppo intensi, che talvolta rappresentano più un fattore di disturbo che un aiuto.

Un ulteriore consiglio è quello di utilizzare sempre la stessa luce, per facilitare anche in questo senso la meditazione. Naturalmente l'ideale sarebbe una luce soffusa, che possa essere abbassata nei primi minuti, che corrispondono ad una fase di rilassamento, e che riproduca la stessa atmosfera dei luoghi bui del profondo subconscio e dell'inconscio, in cui coloro che meditano stanno per addentrarsi. Mano a mano che si procede con la meditazione la luce dovrebbe essere modificata a seconda della situazione che colui che medita sta vivendo, come accade nelle meditazioni terapeutiche. Ma questi sono dettagli che possono anche essere tralasciati, dal momento che il loro contributo al successo della meditazione è assai limitato. Inizialmente si potrebbe utilizzare una rilassante luce blu, durante il viaggio all'interno di noi stessi una luce verde scuro, mentre verso la fine una luce rossa o, meglio ancora, viola. Il rosso simboleggia l'azione e scatena le energie, il viola, che deriva dal rosso (caldo) e dal blu (freddo), la via di mezzo, può essere utilizzato durante il viaggio.

La musica, i profumi e la luce dovrebbero in ogni caso restare in secondo piano, poiché se diventano la cosa più importante della meditazione, la compromettono notevolmente, dal momento che lo scopo di quest'ultima è ben altro. Questi piccoli accorgimenti dovrebbero essere impiegati con parsimonia, il che tuttavia non significa che sia meglio tralasciarli del tutto. L'efficacia di questi provvedimenti, che aiutano a rilassarsi di più e nel più breve tempo possibile, si basa sul loro utilizzo limitato.

1. Meditazione
Guida spirituale — Trovare una guida interiore

Il primo passo da compiere è la ricerca di una guida spirituale, donna o uomo che sia, poiché facilita notevolmente ogni successivo passo avanti e poiché dà, soprattutto all'inizio, una sensazione di tranquillità e di sicurezza. Una volta trovata questa guida, non si sarà più soli all'interno di noi stessi.

Dal momento che non si sa se questa guida sarà di sesso femminile o maschile, si consiglia di utilizzare termini vaghi, che si addicano ad entrambe le possibilità. Coloro che meditano conoscono perfettamente il sesso della loro guida e saranno quindi loro a scegliere i vocaboli giusti. Se all'inizio ciò può sembrare difficile, si possono anche utilizzare contemporaneamente sia parole maschili che femminili, oppure servirsi direttamente di termini unicamente femminili, visto che le guide spirituali, che ci accompagnano in un mondo femminile di immagini, sono perlopiù di questo sesso. Inoltre nel caso in cui la guida fosse di sesso maschile, è sufficiente che colui che medita cambi i termini femminili utilizzati dall'oratore in parole al maschile, mentre la situazione contraria non è altrettanto facile sul piano emozionale. È per questo motivo che si sconsiglia di scegliere unicamente la variante maschile, anche se la maggior parte delle persone ha questa tendenza.

Sdraiati (oppure: siediti) comodo e rilassato, con le gambe unite e le braccia lungo il corpo e concentrati per un momento su ciò a cui sei appoggiato — mentre i tuoi occhi lentamente si chiudono — in questo istante percepisci il peso del tuo corpo in tutte le sue parti — le gambe, inerti e rilassate — — le braccia e le mani, completamente libere — — la schiena, che normalmente porta numerosi pesi, ma che in questo momento regge solo il busto — — il bacino, che poggia più di ogni altra zona del corpo sul supporto e che ora può anch'esso rilassarsi — — anche la testa può lasciarsi andare, ed il suo intero peso può reggersi da solo — — mentre dietro ai tuoi occhi chiusi si fa strada questa strana sensazione e — al momento giusto — riesci a percepire esattamente il tuo respiro, che fa alzare ed abbassare dolcemente lo sterno, mentre tu ed i tuoi pensieri siete completamente liberi e questi ultimi possono essere rivolti ovunque tu voglia. In questo momento puoi quindi pensare ad un luogo remoto, anche se non lo hai mai visto puoi immaginarlo — ed ecco che affiorano pensieri di questo luogo, che tu lo conosca personalmente o meno — — — e puoi anche andare indietro nel tempo e ricordare una particolare situazione della tua vita, la prima che ti viene in mente — eccola — ti sei accorto come è facile richiamarla alla mente e nel contempo viaggiare attraverso il tempo col pensiero. — E così rivolgi i tuoi pensieri ad una situazione della tua vita dove le cose sono andate per il verso giusto, in cui ti sentivi bene e in cui ti veniva da ridere. Pensa alla prima situazione di questo genere che ti viene in mente e soffermati su questo pensiero — se proprio non te ne sovviene nessuna, immagina una situazione in cui ti sentiresti felice ed in cui ti verrebbe da ridere — e con questo nuovo pensiero che affiora nella tua mente lascia che questa situazione diventi sempre più chiara — così chiara da riuscire ad immaginarla sempre meglio, così chiara da scorrere nuovamente di fronte al tuo occhio interiore e contemporaneamente da riviverla — — la situazione si svolge in questo preciso istante e tu ti senti esattamente come allora — ora in questo momento — ti senti così bene che ti viene da ridere — — — e non è difficile immaginarlo, dal momento che sai cosa significa ridere ed hai già riso altre volte, quindi ora affiora un sorriso sul tuo volto — se riesci a pensare al tuo viso, puoi anche sentire il sorriso su di esso oppure tra poco, quando ti sarai rilassato ancora più profondamente, sarà ancora più facile, e pensando al tuo viso e percependolo distintamente potrai anche distinguere e sentire chiaramente il sorriso che ora abbozzerai. — — È facile pensare semplicemente al sorriso ed immaginarlo sul proprio volto, che in questo momento non può far altro che pensare al sorriso sui suoi tratti — — — e se segui il percorso del sorriso, è possibile che tu riesca a percepirlo già ora o comunque tra pochi istanti nelle cavità oculari. Il sorriso comincia infatti qui, in fondo alle orbite ed è qui che lo si percepisce per primo, basta quindi che ti concentri sul fondo delle cavità oculari e sul sorriso per sentirli entrambi — — ed indipendentemente dall'espressione che c'era prima sul tuo viso, questo sorriso riempirà ora le orbite — — — e poi, o forse già ora, il sorriso inizierà a dilagare, prima sulle tempie e sulle guance, poi fino alla bocca ed al mento — — — ed ora, o tra pochi istanti, comincerà a salire fino alla fronte — — così lentamente l'intero viso comincia ad essere raggiante per questo sorriso appena abbozzato o già largo, mentre nel frattempo ti lasci andare e questo rilassamento sempre più profondo è così facile e piacevole in questo momento, in cui il sorriso è tutt'uno col tuo volto e tu forse ne puoi essere allietato, senza alcuno sforzo fai succedere ciò che desidera manifestarsi, quel sorriso forse già familiare, che può allargarsi ancora di più. — — Ti basta pensare e questo sorriso ed alle tue mani, perché si instauri un legame tra le due cose, tra il sorriso e le mani — E se ora pensi attentamente alle tue mani, già adesso o in un qualunque altro momento, potrai sentire che anche le tue mani possono sorridere, naturalmente non come il viso, ma a modo loro, come solo le mani sanno sorridere, ma è proprio di un sorriso che si tratta — e così senti ora nelle mani questo sorriso probabilmente ancora insolito, ma sempre più evidente — — forse sono un po' più morbide e larghe al tatto, o più aperte oppure semplicemente diverse o addirittura un po' ridicole — oppure sei già così profondamente rilassato che questa sensazione è già andata oltre. — — Inizialmente potrà forse sembrare strano, eppure è così facile, è sufficiente che tu lo pensi perché succeda come per magia. Puoi immaginare un sorriso in una qualsiasi zona del corpo — così come la tua mente può immaginare anche cose che non esistono nella realtà: se ora pensi ad un elefante lilla, in questo momento lo stai già vedendo, puoi immaginare un simile animale inesistente — — ed è ancora più semplice immaginare che le mani possano ridere. — — — Ed altrettanto semplicemente puoi continuare a pensare al sorriso e concentrarti contemporaneamente sui piedi — nello stesso tempo pensi ai piedi, ed il sorriso vi si è trasferito — — anche questo sorriso è completamente diverso da quello sul viso, che comunque può tranquillamente restare anche in questa zona del corpo, ma contemporaneamente trovarsi nei piedi — già ora forse potrai distinguerlo distintamente dal sorriso del viso e da quello delle mani, mentre ti concentri soprattutto sul sorriso dei piedi, le tue radici — in effetti i piedi sono le nostre radici, a cui affidiamo l'intero peso del corpo e che ci portano in giro senza lamentarsi e che ora possono riposarsi sorridenti. — — — Adesso trasferisci il sorriso sul tuo ventre — pensa alla pancia ed al sorriso e senti che già ora diventano tutt'uno e che il ventre reagisce immediatamente, o tra pochi istanti, quando si sarà rilassato e completamente liberato di tutti gli sforzi che di norma deve sopportare — — ed il sorriso fa la sua parte, il ventre a suo modo si rilassa sorridendo, provi una strana sensazione — il centro del tuo corpo è piacevolmente rilassato e caldo — riesci anche ad immaginare che il franco e largo sorriso scenda in profondità e si riversi lentamente all'interno delle pareti addominali, fino a colmare il ventre — e possibilmente quest'ultimo reagisce con i suoi tipici gorgoglii di approvazione dal profondo è più naturale e facile rilassarsi, mentre il sorriso allarga e schiude il ventre, ed il tempo e lo spazio diventano sempre meno importanti e superflui, indifferentemente dal livello di profondità raggiunto, puoi procedere nel mondo delle idee e delle immagini — delle sensazioni e dei suoni, ed il tuo sorriso ti accompagna per tutto il viaggio, e ora puoi spostarlo nella zona del corpo che più ne ha bisogno in questo momento — anche questa volta è sufficiente che pensi a quella determinata parte del corpo, perché vi giunga il sorriso e la grande energia che gli appartiene e che ora fa parte anche della zona del corpo prescelta che lentamente cambierà, mentre tu sei in grado di sprofondare ancora di più in te stesso ed in questo momento sei pronto ed aperto a tutte le possibilità che risiedono dentro di te e che ora forse puoi sentire — in questo momento o tra poco, quando davanti al tuo occhio interiore scorreranno le immagini di un paesaggio frutto della tua fantasia, quel paesaggio che in questo momento più ti si confà ed in cui puoi approfondire l'esperienza della meditazione — e mentre ogni nuovo pensiero arricchisce il paesaggio di particolari, puoi tranquillamente continuare a sorridere e contemporaneamente concentrarti esclusivamente sulle immagini del paesaggio e guardare cosa accade, sempre che accada qualcosa — vicino e lontano — e la prima cosa che ti viene in mente può darti una risposta e far sì che tu possa vedere ancora meglio — e così puoi guardare l'orizzonte nel tuo paesaggio — — e le cose vicine, davanti ai tuoi piedi, — — che tempo fa — — che ora è e in che stagione siamo — — — immagina poi te stesso in questo paesaggio, senti la terra sotto i piedi e l'aria sul viso e respirala a pieni polmoni. Poi inizia a inoltrarti nel paesaggio — nella prima direzione che ti viene in mente e che forse in un certo qual modo ti attira — in ogni caso una direzione che non hai mai preso, anche se dovessi già conoscere il paesaggio — e mentre cammini puoi imprimerti consapevolmente nella memoria l'ambiente, è come se fosse il paesaggio a venirti incontro e non il contrario — può addirittura succedere che tu abbia voglia di regalare il tuo sorriso a questo paesaggio, ma sarà una tua scelta e contemporaneamente potrà restare anche in te stesso, se guardi nuovamente dentro di te e rinnovi col pensiero il sorriso, esso ti accompagnerà per tutto il percorso e farà sì che i tuoi passi siano leggeri e veloci — leggeri e delicati come un sorriso sul viso di una persona o in un paesaggio appunto — — — e pensieri sempre nuovi ti sveleranno di più sul tuo percorso in questo mondo interiore, mentre accogli queste sensazioni dentro di te, senza intromissioni — e magari accetti favorevolmente i pensieri che sorgono spontanei — e che ti avvicinano a questo paesaggio interiore, che ora assume sempre più le sembianze di un paesaggio esterno, per il quale passeggi con un sorriso sulle labbra e possibilmente anche già con la sensazione di stare seguendo una traccia interiore, dal momento che tutti questi pensieri sono sorti senza un piano o un disegno preciso ed erano lì da sempre, dentro di te — quindi sarebbe bello venirne a conoscenza con consapevolezza ed in modo facile e piacevole in questo istante di rilassamento, in cui il tempo ha un ruolo marginale, non ci limita, anzi ci offre maggiori possibilità — il tempo interiore e quello esterno possono non coincidere, e del resto non ha nessuna importanza in questi momenti di profondo rilassamento, dove tutto può accadere in ogni istante, non devi quindi camminare ancora a lungo prima di intravedere in lontananza una figura, che sentirai immediatamente appartenere a questo mondo molto più di quanto non vi appartieni tu. — — Sia che si tratti di una donna, sia che si tratti di un uomo, potrai percepire prima ancora che vi avviciniate che questa creatura ha qualcosa a che fare con te — ora hai la possibilità di incontrare la tua guida spirituale, donna o uomo che sia, quella creatura che vive in questi mondi interiori e che conosce questi luoghi meglio di chiunque altro. È possibile che i suoi lineamenti ti risultino in un certo qual modo familiari oppure che ti colpiscano particolarmente o che ti facciano tutt'altra impressione, forse inizialmente hai ancora un certo timore a guardare questa creatura direttamente negli occhi — è opportuno che tu ti imprima nella memoria i tratti del suo viso e che accetti che ora che vi siete incontrati potete proseguire insieme — fianco a fianco — senza troppe parole — — che d'altronde non sono necessarie tra di voi — ed anche se ora non te ne rendi ancora conto, anche tu puoi contare su di un legame interiore, che in un certo qual modo vi lega sul piano emotivo e che ad ogni passo — senza che tu te ne accorga — può diventare sempre più intenso — mentre ti accorgi che la tua accompagnatrice — il tuo accompagnatore — ha assunto la guida. Forse all'inizio ti potrà sorprendere che questo cambio della guardia ti sia sembrato così naturale, in ogni caso non è difficile lasciarsi guidare in questo modo così discreto e procedere insieme, cerca sempre di mantenere il sorriso sul tuo viso e di sentire nuovamente la sua sincerità e larghezza e magari ti viene voglia di regalare un po' del tuo sorriso alla tua accompagnatrice o al tuo accompagnatore, semplicemente pensando che ora hai trovato una guida spirituale per i viaggi all'interno di te stesso e rivivendo con un sorriso l'unione che lega entrambi — il sorriso e la guida — e che hai ancora fiducia nelle tue capacità interiori, poiché il tuo sorriso è arrivato a destinazione, come forse puoi già immaginare o capire dalle amichevoli e sincere reazioni della tua guida, che sta sempre al tuo fianco e che forse già ora o gradualmente ed impercettibilmente accresce il tuo sentimento di protezione e sicurezza, mentre ti muovi ormai con dimestichezza e naturalezza in questo luogo — — — ti accorgi solo ora che avete imboccato, in apparenza lentamente, la via del ritorno — ora hai l'opportunità — se lo desideri — di porre una domanda, che in questo momento ti sta particolarmente a cuore, alla tua guida — — — e troverai la risposta innanzitutto nei tuoi stessi pensieri — 30 secondi —

Col tempo ti accorgerai che le risposte che ricevi dalla tua guida non ti sono del tutto estranee, — anche se tengono conto di una parte di te che normalmente non viene interpellata quando si tratta di dare delle risposte alle domande che ti poni sulla vita. — — Il fatto di sapere che puoi porre in ogni momento altre domande e che puoi incontrare ogni volta che lo desideri la tua accompagnatrice o il tuo accompagnatore in questi regni interiori ti dà una certa sicurezza ed una sensazione piacevole che ti fa ripensare al tuo sorriso interiore, con cui già ora sei molto più in confidenza di quanto tu creda; egli infatti ti ubbidisce molto più in fretta e più di buon grado ed è sempre pronto a comparire in una qualsiasi zona del corpo o del mondo — ovunque tu lo immagini —. E così sorridi pensando alla strada percorsa, che lentamente sta giungendo alla fine e ti rendi conto che vi state avvicinando al luogo da cui sei partito. Pensa alla differenza della fine e dei primi passi all'inizio — ora puoi accomiatarti dalla tua guida con la certezza che potrai tornare in questi luoghi ogni volta che lo vorrai — — e con la consapevolezza che per ogni ulteriore viaggio all'interno di te stesso ti sarà più facile rilassarti, dal momento che potrai seguire le tue stesse tracce. Il primo passo è sempre il più difficile, ma una volta superato, quelli successivi seguiranno la sua scia e risulteranno più facili e gradevoli. Con questa certezza e seguendo esattamente le mie parole puoi ora ritornare lentamente fra noi: tieni gli occhi chiusi finché non ti dirò di aprirli ed allontanarti dalle immagini interiori, senza tuttavia dimenticarne alcuna. Se successivamente prenderai nota o disegnerai la tua esperienza ti verranno in mente immagini ed impressioni ancora più dettagliate. Ora tuttavia queste ultime devono scomparire e tu devi ricominciare a respirare consapevolmente ed unirti con un profondo respiro alla polarità. — — — Dopodiché — adesso — fai dei piccoli movimenti con le dita delle mani e dei piedi, allargale lentamente e, se lo desideri, allungale e distendile. Ora apri lentamente gli occhi e comincia ad orientarti di nuovo consapevolmente nello spazio e nel tempo. Osserva il tuo luogo di meditazione e guarda sull'orologio quanto tempo esterno è trascorso e che ora è.

APPENDICE:

D'ora in avanti la guida spirituale ci accompagnerà sin dall'inizio della meditazione. Nei prossimi testi non verrà quindi più menzionata, per evitare inutili ripetizioni. È tuttavia opportuno che essa venga accetta incondizionatamente, così che la si possa incontrare in diversi momenti del nostro viaggio. In seguito sarà colui che medita che potrà usufruirne quando vorrà, ad esempio durante le fasi più difficili della meditazione.

Nella fase finale di questo viaggio all'interno dell'uomo, quando l'oratore deve riportare colui che medita nel mondo esterno, la sua voce dovrebbe ritornare alla normalità, così che questo ulteriore cambiamento possa aiutare chi si sottopone alla meditazione a capire che quest'ultima è realmente finita. Mentre all'inizio l'oratore doveva parlare con voce normale e successivamente passare ad un tono più pacato senza che si avvertisse questo passaggio, alla fine il mutamento della voce deve essere improvviso ed evidente, in modo da essere percepito in tutta chiarezza.

2. Meditazione
Il luogo di meditazione interiore e considerazione dei problemi

Dopo avere cercato o costruito un luogo esterno comodo e protetto, che crei un'atmosfera propizia alla meditazione, è altrettanto importante trovare un luogo interiore tranquillo e di riflessione, da cui d'ora in avanti possono iniziare i nostri viaggi. La cosa migliore sarebbe che questa ricerca avvenisse con una meditazione di questo tipo:

Sdraiati nuovamente comodo e rilassato — con le gambe unite e le braccia lungo il corpo. Togli tutto ciò che ti può dare fastidio, allenta le parti del vestito che ti stringono, soprattutto la cintura (togliti gli orecchini) e chiudi lentamente gli occhi, mentre ti rilassi e senti sin dall'inizio come può essere facile e piacevole lasciarsi andare ed in questo momento puoi affidarti al punto d'appoggio, così già in principio senti di venire sorretto da questo supporto e che il tuo respiro si fa sempre più regolare, sprofondi sempre più dentro te stesso, rilassarsi è automatico e quando espiri lasciarsi cadere è così facile — — inspirando ed espirando senti il tuo stesso ritmo, che è la base della tua stessa vita, il tuo respiro ti guida dolcemente e tu ti abbandoni semplicemente a tutto ciò — in questo istante, in cui è facile ricordarsi di quella situazione in cui eri felice e che ti faceva sorridere fin nelle viscere — basta un pensiero per ricordare chiaramente questa situazione e forse sentire già ora, o tra pochi istanti, quel sorriso, che nasce in fondo alle cavità oculari e che poi — ora, sale lentamente fino agli occhi e poi scende verso il basso — — basta pensare al sorriso ed agli occhi, che una stessa esperienza già li accomuna, gli occhi diventano cioè sorridenti, tu conosci già questa sensazione, che ora, o tra poco, percepirai chiaramente, dalle orbite il sorriso sale alle tempie, per poi scendere attraverso le guance sulla bocca, pensa al sorriso e pensa alla bocca e senti che già la tua bocca comincia a sorridere e lentamente il sorriso dilaga su tutto il viso — — rivolgi poi il pensiero alle tue mani ed anche quest'ultime ricominciano a ridere nella loro strana maniera, mentre tu ti rilassi ancora più profondamente — — — senti ancora una volta che il respiro ti culla dolcemente e ti senti al sicuro in esso — — e mentre i tuoi pensieri sono rivolti al respiro senti improvvisamente che anche l'inspirazione può collegarsi al sorriso e tutto ad un tratto cominci ad inspirare il sorriso — — — ogni volta che inspiri entra un sorriso ed ogni volta che espiri esso scende sempre più profondamente nei polmoni — — — così a poco a poco i tuoi lobi polmonari si riempiono di questa grande energia emanata dal sorriso, l'energia aumenta sempre più e tu ascolti il tuo respiro sorridente e consapevole, leggermente diverso da prima — e senza che te ne renda conto l'intera cassa toracica si riempie ad ogni respiro di questa sorridente, grande energia e percepisci molto chiaramente che ogni volta che inspiri penetra energia e che ogni volta che espiri essa viene spinta nella cassa toracica — — — e forse per la prima volta ti rendi chiaramente conto che il torace è realmente una cassa, che può contenere tutta l'energia che espirando vi entra — e quando i lobi polmonari ne sono colmi, ad ogni respiro l'energia comincia a scorrere anche nel cuore, al centro della gabbia toracica — — ed è sufficiente che tu pensi contemporaneamente al cuore ed al sorriso, per percepire nello stesso istante che anche il tuo cuore può sorridere — a suo modo, diversamente da come sorridono il viso e le mani — — — e ad ogni respiro l'energia del sorriso penetra e si diffonde nel tuo cuore, così che forse già in questo istante riesci ad immaginare che il sorriso avvolge il cuore e che questo costante afflusso di sincera grande energia si propaga lentamente anche dentro di esso. All'inizio potrà sembrare strano ed insolito che il cuore possa sorridere, ma ad ogni respiro entra questa energia e quindi è sempre più naturale che essa si manifesti anche nel cuore, nel centro del torace, e forse cominci già ad abituarti all'idea, poiché in fondo è piacevole essere così aperto e sincero — — — lentamente l'intera cassa toracica è sorridente e mentre continui a respirare essa trabocca d'energia, e quest'ultima cola lentamente nell'addome, a cui il sorriso è già più familiare, e così in mezzo al ventre, intorno all'ombelico, si forma una specie di sfera di sorrisi, che aumenta di volume ad ogni respiro, mentre inspirando entrano nuovi sorrisi, espirando vanno sempre più in profondità, e la cassa toracica strabocca ad ogni respiro e rifornisce il ventre di nuova energia. Pensa al sorriso ed all'addome e senti che anche il ventre, partendo dal centro, diffonde sorrisi e ad ogni respiro ti rilassi sempre più profondamente e la tua distensione cresce mano a mano che aumenta la sfera di energia, che comincia gradualmente a riempire l'addome che, a sua volta, si rilassa, si allarga ed inizia a ridere, forse emergeranno immagini che rappresentano il sorridente ventre di Buddha o che comunque danno un senso di profonda contentezza — immagini in ogni caso che esprimono la distensione di questa parte centrale del corpo — — — quando anche il ventre è colmo di energia, questa inizia a scorrere dalla sfera addominale alla cavità pelvica — pensa al bacino ed al sorriso e vedrai che ora anche il bacino comincerà a sorridere a suo modo ed a riempirsi di sorrisi mano a mano che lasci andare il respiro — — — e ti rendi conto che il bacino in fondo al corpo è veramente una cavità, che raccoglie ciò che è rimasto e si riempie lentamente della grande energia del sorriso, mentre tu stai semplicemente respirando ed in questo momento puoi lasciarti andare, assumere un piacevole atteggiamento aperto e schietto, divertente addirittura, mentre tutto ciò che deve succedere accade comunque, anche senza il tuo intervento. — — — Ora anche la cavità pelvica si riempie sempre più, e quando è piena fino all'orlo è sufficiente che tu diriga l'energia in eccesso verso la parte del corpo che più ne ha bisogno in questo momento — anche questa volta basta pensare a questa parte del corpo ed al sorriso, perché esso vi si riversi immediatamente e col pensiero puoi seguire il percorso di questa cascata d'energia: il sorriso che entra inspirando, la sua discesa nella cassa toracica, poi nella sfera d'energia nell'addome e successivamente nella cavità pelvica e proprio l'energia che fuoriesce da questa cavità spaziosa serve ad alimentare quel luogo che ora necessita di maggior attenzione — — e questo flusso continuerà a scorrere, finché questa regione è in grado di assorbire energia ed in seguito cercherà altre strade, mentre tu — forse senza neanche rendertene conto, sei sempre più rilassato e ti rilasserai ad ogni respiro di più, e scenderai sempre più giù, finché giungerai nel mondo delle immagini e dei colori, delle vibrazioni e dei suoni, nel mondo delle tue figure spirituali e dei tuoi sogni ora lascia scorrere davanti al tuo occhio interiore le immagini del luogo in cui ti sei già inoltrato in occasione del tuo ultimo viaggio all'interno di te stesso e che ora ti permette di fare esperienze più profonde sulla via che porta al centro. È di nuovo il primo pensiero che ti sfiora a fare apparire la prossima importante immagine ed ormai sai già, o comunque lo saprai col tempo, come è importante cogliere la prima immagine, la prima idea, i primi pensieri e continuare a riflettere su di essi.

Così in questo istante è il primo luogo che ti è venuto in mente a determinare i tuoi pensieri futuri e a renderli sempre più precisi, così che ti possa rendere conto di cosa prospera e di cosa cresce in questo luogo, sempre che cresca qualcosa, di cosa appare in lontananza e vicino a te, di come è il tempo a quest'ora del giorno e di che stagione è in corso. Ad ogni tuo ulteriore pensiero il paesaggio si delinea sempre meglio. Ora immagina nuovamente di camminare in questo luogo — nella direzione in cui durante il precedente viaggio hai incontrato la tua guida spirituale, donna o uomo che sia, quella creatura che è perfettamente a suo agio in queste regioni ed in questi mondi immaginari interiori e che conosce perfettamente tutte le opportunità che essi offrono — — non è necessario camminare a lungo per incontrare nuovamente questa guida sulla tua strada e per sentire di nuovo la vicinanza, l'intimità e la profonda amicizia già esistenti tra voi e per renderti conto che questa creatura conosce la tua natura meglio di te stesso. Cominciate allora a camminare insieme, in silenzio, in perfetta armonia; e di nuovo capisci che è la tua accompagnatrice o il tuo accompagnatore a guidarti e tu la/lo segui volentieri — — — e mentre camminate fianco a fianco percepisci anche lo scorrere della sorridente energia della respirazione e senti che ad ogni boccata d'aria e ad ogni passo i tuoi polmoni si riempiono di questa energia e ti rendi conto che i polmoni sono come ali — anche se interiori — e questa scoperta è una gioia per te e ti dà una sensazione di libertà — — ad ogni respiro queste ali si spiegano e si allargano e si riempiono d'aria e mentre inspiri ti senti più leggero, mentre quando espiri le ali si abbassano ed inizi a volare come un uccello sbattendo ritmicamente le ali senza pause ed interruzioni le tue vibrazioni interiori ti cullano e questo ti dà subito, o lo farà tra pochi istanti, una sensazione molto piacevole e sarà facile come fluttuare sulle ali dei pensieri che ti accompagnano costantemente ogni giorno — — — e mentre continui a camminare al fianco della tua guida, assorto nei tuoi pensieri e concentrato sul tuo respiro, il paesaggio è di nuovo leggermente cambiato ed intanto ti rendi conto che questo percorso è stato scelto consapevolmente — riesci quasi ad interpretare i pensieri della tua guida e condividi completamente la sua idea di cercare il tuo luogo di meditazione — — presti attenzione al paesaggio e ad eventuali segnali che in questo momento ti guidano e che potrebbero esserti utili anche in futuro. — — — Senti anche che la tua stessa, ora consapevole intuizione, potrebbe indicarti la stessa via. — — — Nel frattempo puoi sempre affidarti alla guida del tuo respiro ed al suo ritmo armonioso, mentre anche esteriormente ti stai sempre più avvicinando a quel particolare luogo, dove la meditazione sarà ancora più facile e semplice ed indipendentemente dal tuo stato d'animo mentre ti avvicini al luogo prescelto per la meditazione, che tu sia teso oppure calmo e rilassato, cerca di imprimerti nella memoria il paesaggio, le strade che conducono in questo luogo e l'ambiente circostante: può trattarsi di un vecchio tempio o di un luogo naturale su di una collina o tra gli alberi, di un bosco sacro o di un *cromlech*, di una caverna, di un posto particolare, oppure di un luogo come tanti altri, che vive della sua forza interiore. Una volta arrivato, cerca di capire qual è il posto migliore, in che direzione girare la testa, se preferisci sdraiarti o sederti. Eventualmente fatti aiutare dalla tua guida e comincia a meditare — sistema ogni cosa come più ti piace e come più si addice alla circostanza — — poi chiudi gli occhi e lasciati cadere ancora più profondamente negli spazi interiori della tranquillità e della pace, della forza e dell'equilibrio e cerca di percepire esattamente dal centro del tuo corpo tutte le sue parti — senti dal centro del tuo cuore — pensa cuore e calore ed osserva il mondo dal centro del tuo cuore — 20 secondi — il tuo mondo ed il mondo — 20 secondi — lascia poi che la tua coscienza sprofondi nell'addome — senti la sfera nel ventre e pensa alla forza — — e senti il mondo dal ventre e dalla tua forza — 30 secondi — ora fai sprofondare ancora di più la tua coscienza nel mezzo della cavità pelvica e pensa al bacino ed alla quiete e vivi il tuo mondo a partire dal bacino — 30 secondi — poi sali con la coscienza fino alla testa ed osserva coscientemente il mondo dal centro della mente — 20 secondi — ora pensa ad un problema — il primo che ti viene in mente, e consideralo con la calma che questo luogo ti permette di avere, prendi in considerazione ogni aspetto del problema e presta attenzione ai primi pensieri, immagini ed idee che ti sovvengono: ora calati in fondo al bacino ed osserva il problema da questa prospettiva: — 15 secondi —

Sali ora al centro dell'addome ed analizza il problema da qui: — 15 secondi —

Adesso solleva la tua coscienza fino al cuore e guarda lo stesso problema da questa prospettiva: — 20 secondi —

Solo ora, alla fine, analizzalo anche razionalmente, con la testa quindi: — 15 secondi — Cerca di capire se il tuo atteggiamento verso il problema in qualche modo è cambiato e di considerare il problema da altri punti di vista o di pancia o di cuore, prima di allontanarti dal tuo luogo di meditazione e di imboccare al fianco della tua guida la strada del ritorno, allontanati ed imprimiti esattamente nella memoria tutti i luoghi che hai visto, così che alla prossima visita tu possa orientarti ancora meglio ed ancora più in fretta e raggiungere spazi interiori ancora più profondi — saluta anche la tua guida, con la consapevolezza che ad ogni incontro ci sarà sempre più confidenza tra voi e ritorna nel preciso luogo in cui ha avuto inizio questo viaggio — — — ti renderai presto conto che ti muovi con facilità, che i tuoi pensieri qui corrono veloci e che quindi non avrai nessuna difficoltà a ritornare al punto di partenza — — — una volta giunto in questo luogo fai in modo che tutte le immagini scompaiano nella coscienza, in modo che tu le possa ricordare, prendendo nota o disegnando questa esperienza ne avrai un ricordo ancora più particolareggiato — fai un respiro profondo, inspira ed espira in modo da ricollegarti alla polarità del prendere e del dare e comincia a muovere lentamente le dita delle mani e dei piedi, tenendo gli occhi ancora chiusi —

Se lo desideri prendi ora i lobi dell'orecchio tra il dito indice ed il pollice e massaggiali finché non diventano caldi, turgidi e ben irrorati. In questo modo è come se massaggiassi l'intera testa. Se sali con le dita sul bordo dell'orecchio, è come se massaggiassi prima le vertebre cervicali, poi quelle toraciche ed infine, in cima all'orecchio, quelle lombari — da qui puoi massaggiare con gli indici il padiglione auricolare, toccando in questo modo simbolicamente tutti gli organi dell'organismo e provvedendo a loro con attenzione e consapevolezza. Solo alla fine — magari dopo qualche minuto —, quando le orecchie sono calde e piene di vita, apri gli occhi ed orientati di nuovo consapevolmente nello spazio e nel tempo.

APPENDICE:

Il massaggio alle orecchie si adatta perfettamente anche ad altre meditazioni e provvede a che il corpo non venga trascurato. Soprattutto quando si ha l'impressione che coloro che meditano si siano persi nel mondo delle immagini interiori, quando si presentano difficoltà di orientamento, o quando il corpo sottovalutato dimostra una tendenza a fuggire in mondi immaginari, si consiglia di servirsi di questo metodo, che riporta in tutta sicurezza nel corpo e quindi nel quotidiano mondo della polarità.

Oltre al massaggio alle orecchie, ci sono anche altri elementi che, come un gioco di costruzioni composto da diverse meditazioni, si possono smontare e rimontare in ordine differente. In un mondo immaginario la creatività non ha limiti.

3. Meditazione
Creatura vegetale

Sdraiati comodo e rilassato — con le gambe unite e le braccia lungo il corpo e non pensare più a nulla di ciò che fino ad ora ha occupato la tua mente — apriti consapevolmente all'esperienza che presto farai e lascia che i tuoi occhi si chiudano coscientemente — l'essenziale scorrerà ora di fronte al tuo occhio interiore, il mondo esterno passerà in secondo piano, gli occhi esteriori potranno quindi riposarsi — fai entrare consapevolmente i suoni della musica che senti in sottofondo dentro di te inspirandoli, per poi farli scendere più in profondità espirando, così che possano nel contempo scorrere attraverso il corpo e propagarsi ovunque, dove più ti piace — — — le vibrazioni della musica ti trascinano ancora — più lontano e più in profondità — e ti fanno sprofondare nel tuo centro — nel regno delle immagini e dei colori, delle oscillazioni e dei suoni si diffondono quasi da sé e ti portano con sé — e sprofondi sempre più in basso e più lontano e ti lasci trasportare, dove ti conducono le parole ed i pensieri, sei il benvenuto ed ammesso che tu riesca ad immaginare il rilassamento più profondo a cui puoi giungere in questo momento, convinciti che in questi luoghi puoi realmente raggiungerlo e lascia che accada, mentre conto fino a dieci, convinciti che quando arriverò a dieci raggiungerai un livello di distensione ideale alla meditazione — molto semplicemente e quasi senza accorgertene — uno — scivolerai nella valle della prossima espirazione e, mentre la successiva inspirazione ti riempie di nuovo di energia, — due — con la prossima espirazione lasciati andare ancora di più, è così facile in questo momento, in cui sta cominciando a diffondersi la calma, oltre ad addentrarti sempre di più nella meditazione ora puoi avere fiducia e — tre — lasciare che accada ciò che succederebbe comunque, — quattro — sei al sicuro nel mondo delle immagini, che ad ogni respiro ti appartiene sempre di più e che — cinque — ti porta con sé così dolcemente che quasi non te ne accorgi, mentre i suoni della musica a loro modo ti avvolgono e ti cullano, così che — sei — tu possa scivolare ed abbandonarti armoniosamente, ti lasci alle spalle i pensieri e le immagini, mentre continui a camminare, — sette — e scendi ancora più in basso e l'immagine di un motoscafo scorre davanti al tuo occhio interiore — sei seduto a poppa e vedi che oltre alla scia dell'acqua lasci indietro i pensieri superflui, che affondano nella schiuma, mentre ti allontani sulla barca ad altissima velocità ed imbocchi la tua strada — otto — e raggiungi in questo modo luoghi, dove puoi sentire già ora la distensione a livello fisico, o tra pochi istanti — quando — nove — raggiungerai livelli più profondi, in cui può accadere molto più di quanto ora tu possa immaginare ed anche questo rientra nell'ordine, tra poco arriverai in questo luogo e godrai della sua bellezza, quando raggiungerai — dieci — le profondità della tua anima dove spazio e tempo non hanno più valore, sono del tutto indifferenti, ed in cui riesci ad immaginare cose strane, come quel paesaggio sconosciuto che ora sta emergendo dal profondo della tua fantasia, mentre ora hai raggiunto il livello più profondo e ti soffermi sui primi pensieri che ti sfiorano, che fanno sì che la tua fantasia immagini questo paesaggio — un paesaggio magico, che si delinea sempre più chiaramente — quasi come un grande giardino, ed ogni cosa qui è così vicina da poterla toccare, riesci ad immaginare i dettagli in modo particolarmente vivo, ogni pianta — dagli alberi più grandi ai fiori più piccoli, ed ora entri in questo giardino meraviglioso e respiri la sua atmosfera, senti l'aria sulla pelle ed il suo profumo ti avvolge e ti svela qualcosa della magia di questa natura paradisiaca — ad ogni passo senti la terra sotto i piedi ed il cielo sconfinato sopra di te, che sovrasta armoniosamente questo giardino dell'Eden. Disponi di molto tempo e ti accorgi che in questa atmosfera particolare è molto facile stabilire un contatto con le singole piante — puoi avvicinarti a loro e sapere senza toccarle cosa provano — si diffonde una strana sensazione di affetto, è piacevole ed in un certo senso familiare, quasi come se già prima d'ora, nella notte dei tempi o in un qualsiasi altro momento, avessi provato un simile sentimento confidenziale verso la natura, ed ora lo puoi nuovamente sentire, mentre ti avvicini lentamente ad un albero imponente ed isolato nel giardino, che attira particolarmente la tua attenzione, mano a mano che ti avvicini ad esso. Ora sei così vicino da poterlo toccare e sentire la corteccia con le mani ed avere la strana sensazione che la tua pelle sfiori altra pelle, poiché la corteccia in un certo senso è la pelle ruvida dell'albero e d'altronde esistono anche uomini dalla pelle ruvida, così che l'albero ti sembra quasi umano — forse solo perché ti avvicini a lui umanamente, mentre normalmente il tuo rapporto con le piante è del tutto diverso. Poi ti appoggi con la schiena al tronco dell'albero e guardi il giardino dalla sua prospettiva — — — a poco a poco hai la sensazione che la dura corteccia dell'albero diventi più morbida e che la tua schiena cominci a sprofondare nel tronco — — — già ora percepisci, o comunque tra poco lo farai ancora più intensamente, che la tua schiena ed il tronco dell'albero, la sua spina dorsale, si uniscono e si fondono, il che ti fa provare sensazioni molto piacevoli — — decidi di diventare tutt'uno con l'albero — ora senti anche la forza dell'albero nella schiena, il suo fusto possente, così solido, ma allo stesso tempo ancora leggermente flessibile. E mentre il tuo tronco si trasforma nel fusto dell'albero e nella sua colonna vertebrale, percepisci che le tue gambe ed i tuoi piedi cominciano ad allungarsi verso il basso ed a mettere radici o meglio a diventare le radici dell'albero e cominci già a sentire la profondità e la sicurezza della terra in essi — in quest'occasione ti rendi conto di come tu sia radicato alla Madre Terra e del significato del tuo contatto con lei nella vita quotidiana, mentre tu e l'albero diventate tutt'uno, cominci quindi anche a sentire che le tue braccia diventano i suoi rami e la tua testa la sua corolla. Dalle tue dita spuntano i rami e le foglie dell'albero, mentre riesci sempre meglio ad immedesimarti nello spirito di quest'albero e ti senti sempre più profondamente unito ad esso. Ti rendi chiaramente conto che questa grande creatura è viva e tu partecipi alla sua vita — capisci che anche l'albero in un certo senso ha delle sensazioni e che reagisce al suo mondo a suo modo, che si differenzia totalmente dal tuo: tutto qui accade dalla tranquillità di questo tronco possente e da un solido apparato radicale — — il fusto è come una robusta torre, però è vivo e sensibile e ti rendi conto di come sia forte la tua colonna vertebrale e di come ti riesca facile tenere duro, dimostrando quindi di non essere uno smidollato, e superare indenne le bufere della vita, sia che la tua tendenza sia di piegarti ad esse, sia che invece tu resista anche di fronte ad enormi forze. Il tronco è l'asse del mondo dell'albero — così come la tua colonna vertebrale è il tuo asse, intorno a cui gira ogni cosa. — — — Pensa anche alle tue radici, a come sei radicato alle fondamenta della vita — se la tua base ti dà stabilità e sicurezza — — — poi pensa alla chioma dell'albero e cerca di immaginare in quale misura quest'albero si è realizzato in essa — — — dalla prospettiva della chioma dell'albero, che corrisponde alla tua testa, pensa quanto essa sia stata determinante nella realizzazione dei tuoi sogni ed delle tue pretese e rifletti sempre dalla prospettiva di questa corona naturale se ritieni di essere la corona del creato, dal momento che sei un uomo — se sei all'altezza di questo ruolo, se ti senti responsabile della tua vita e della vita in generale e del mondo che ti circonda — — — torna poi all'albero ed alla creatura vegetale in cui tu stesso ti sei trasformato in questo momento ed ascolta ciò di cui l'albero vuole renderti partecipe: presta attenzione ai suoi pensieri ed ascolta la tua voce interiore e quella dell'albero e quello che ti vuole dire corrisponderà ai tuoi primi pensieri — 20 secondi — lentamente discostati dall'albero, nello stesso modo in cui ti sei unito ad esso. Lascia che le tue dita e le tue braccia si ritraggano dai rami e che la testa abbandoni la chioma dell'albero. — — Esci contemporaneamente dal suo tronco, ritraendo la schiena, e riprendi a muoverti liberamente. Mentre continui a camminare per il giardino ti rendi conto che potresti stabilire un legame come quello stabilito con l'albero in cui ti sei appena trasformato, con ogni creatura vegetale vivente del giardino — — e con questa strana sensazione procedi ed osservi altre piante in quest'ottica. — — — Presto vedrai un fiore particolare davanti a te, esso ti rivolge la parola, siediti allora un momento accanto a questa piccola creatura vegetale ed osserva il luogo in cui cresce — immedesimati in esso, come hai fatto poco prima con l'albero. Diventi improvvisamente più piccolo e più fragile e ti rendi conto che ti puoi adattare anche a questo piccolo corpo, entri in esso, ora sei questo fiore, ti sei nuovamente trasformato in una creatura vegetale, anche se completamente diversa da quella precedente — — prenditi il tempo che vuoi e cerca di capire la natura di questa piccola e fragile creatura, cerca anche di intuire cosa c'è di piccolo, di fragile, di sensibile e di delicato in te stesso. — Pensa alla tua fragilità, se nella vita di tutti i giorni la vivi apertamente o se piuttosto cerchi di nasconderla — in questo momento, nel fiore, essa può tranquillamente venire alla luce, anzi è tuo desiderio che si manifesti apertamente — pensa alla tua sensibilità espressa dal fiore, pensa ai tasti delicati della tua anima e guarda il mondo da questa umile prospettiva — — vivi per un attimo questa sensazione e lascia che il fiore ti comunichi ciò che vuole, ascolta nuovamente il suo messaggio che corrisponde ai tuoi primi pensieri e che ti colpisce più profondamente di quanto non ti saresti aspettato da un essere così minuscolo. — — Lentamente senti anche il ruolo che la bellezza e l'avvenenza hanno nella tua vita ed il desiderio di piacere agli altri, di farti notare come accade a questo tuo piccolo fiore. — — — E mentre cogli tutte queste sfumature del fiore, ti rendi conto di possedere tu stesso queste caratteristiche — forse non sono evidenti ed immediatamente riconoscibili dall'esterno, ma da qualche parte esistono ed in questo momento di apertura le puoi percepire anche tu — il fiore rappresenta i momenti migliori della tua vita, la tua fragilità e la tua bellezza — — — senza dimenticare queste sensazioni e cercando di non scordare nulla delle esperienze fatte fino ad ora, abbandona lentamente il corpo del fiore — — torna al tuo mondo materiale umano, cercando però di non nascondere i tuoi caratteri floreali — — proseguendo per il giardino ti sentirai attratto da ogni tipo di pianta, anche quelle esteticamente meno belle e sentirai di poterti immedesimare anche in quelle più modeste, come le piante palustri, quelle sarmentose oppure in un'ortica. Basta un pensiero e già ti senti tutt'uno con questa creatura sottile e corazzata di spine. Anch'essa in un certo qual modo ti è familiare, in questo momento ti sei trasformato in quest'ortica e ti rendi conto di come sia importante difendere la propria pelle e di quante volte tu l'abbia fatto finora nell'arco della tua esistenza. Hai dovuto difenderti spesso nella vita? — Anche tu, come l'ortica, sei sempre pronto a bruciare e a pungere, prima che gli altri ti feriscano?

Improvvisamente ti rendi conto che anche questa modesta creatura vegetale, sempre pronta a combattere, possiede delle qualità — — a questo punto abbandoni lentamente il corpo dell'ortica e ti avvicini ad una pianta sarmentosa, altrettanto modesta — immedesimati ora anche in questa creatura vegetale esile e flessibile, che si protende verso l'alto con innumerevoli torsioni — — e mentre ti trasformi in essa, ti rendi conto che anche questo tipo di pianta ha dei lati positivi, come la tendenza a puntare in alto e la capacità di adattamento e pensi al ruolo che queste due qualità hanno nella tua vita — l'ambizione e contemporaneamente il desiderio di poter contare sempre sull'appoggio di qualcun'altro — — — la pianta si torce, si piega e fa molte deviazioni per arrivare in alto — — e all'improvviso ti rendi conto che anche tu sei arrivato a dei compromessi per raggiungere lo scopo che ti eri prefissato — e più sei attratto o disgustato dalla pianta sarmentosa, più ti rendi conto che c'è qualcosa che vi accomuna, sia nel bene che nel male — — — in questo momento ti rendi conto che nella vita talvolta ti sei trovato anche tu a dover seguire vie traverse ed a voler raggiungere a tutti i costi un determinato scopo, per arrivare in alto, come questa piccola, modesta pianta sarmentosa — — non dimenticare inoltre che la meta di quest'ultima è sempre il cielo — ora interroga te stesso a proposito delle tue mete — — — e sul ruolo che il cielo ha nella tua vita — 20 secondi —

Ora abbandona lentamente il corpo della pianta sarmentosa e vedrai che forse d'ora in avanti avrai un atteggiamento diverso nei riguardi di tutte le piante in cui ti sei immedesimato — ed anche quando in futuro ti imbatterai in natura in queste piante, esse ti saranno familiari, perché ti ricorderai di questa esperienza — capirai che anche tutte le altre creature vegetali hanno un messaggio per te e per tutti coloro che sono disposti ad ascoltare — soprattutto le piante per le quali abbiamo sempre provato una particolare attrazione, hanno un ruolo fondamentale per noi. — Le piante che amiamo, ma soprattutto quelle per cui proviamo un senso di repulsione, vogliono dirci qualcosa e lo fanno nel modo appena descritto, è sufficiente dedicare loro un po' del nostro tempo. — — Potrai tornare ogni volta che lo vorrai in questo giardino, poiché esso si trova dentro di te, e fare da solo ulteriori esperienze con la creatura vegetale che c'è in te — — ora però lascia che queste immagini scompaiano, senza però dimenticarle, così come lentamente svaniscono le parole e la musica di sottofondo. Respira profondamente, in modo da ritornare consapevolmente alla polarità, dopo di ciò — — ora — comincia a muovere lentamente le dita delle mani e dei piedi e torna consapevolmente e felicemente in possesso del tuo corpo umano, se lo desideri sgranchisciti e stirati oppure allungati con movimenti ampi ed estesi e solo ora apri gli occhi e orientati nuovamente per gradi nello spazio e nel tempo.

4. Meditazione
L'animale totemico e la creatura animale che c'è in te

Sdraiati comodo e rilassato, con le gambe unite e le braccia lungo il corpo e prenditi un momento di tempo per giungere consapevolmente nel tuo luogo di meditazione — — — fai attenzione al ritmo del tuo respiro — osservalo semplicemente, senza modificarlo, ma anche se ciò dovesse accadere va bene lo stesso — diventa semplicemente un testimone del tuo respiro — e vedi se già ora, oppure tra poco riuscirai a cogliere la lieve differenza tra inspirazione ed espirazione, mentre sei sdraiato e fai accadere, ciò che succede da sé, è positivo e piacevole — — se non lo hai già fatto prima chiudi lentamente gli occhi e potrai cogliere meglio la differenza tra inspirazione ed espirazione e raggiungere subito profondità inimmaginabili — o tra pochi istanti, mentre le onde del respiro vanno e vengono trascinandoti più lontano di quanto tu creda, ora immagina di dover dare un esame — uno qualsiasi, che hai veramente sostenuto nella realtà oppure un esame inventato, che ora, in questo preciso istante, riesci ad immaginare perfettamente, fai un respiro profondo, come lo faresti prima di un importante esame e presta attenzione alle tue sensazioni — — sicuramente hai notato che l'inspirazione riempie completamente i tuoi polmoni e che provoca addirittura una certa pressione, esattamente come accadrebbe all'esame — inspirare ti mette così tanto sotto pressione, che per liberartene devi immediatamente espirare altrettanto profondamente — — ora immagina di avere superato l'esame — con successo — — ti sei lasciato l'esame alle spalle ed espiri profondamente — — e percepisci chiaramente che respirando ti puoi liberare di ogni tensione e sprofondare ancora più in basso è estremamente facile e semplice ed accade quasi da sé che ci si rilassi. Ogni volta che espiri puoi quindi sprofondare ancora di più nel supporto che ti regge e nella distensione si diffonde in tutto il corpo forse la puoi già sentire, o la percepirai tra poco, ed il respiro ti trascina tuo malgrado sempre più giù nel mondo interiore delle percezioni dal tuo centro — — osserva consapevolmente anche le minime reazioni del tuo corpo ed i pensieri che sorgono spontaneamente, mentre il respiro ti trascina con sé nel rilassamento più totale, che aumenta ad ogni respiro — ed anche tutto ciò che non accade spontaneamente è gradevole e benvenuto in questi luoghi di distensione si diffonde piacevolmente continua il viaggio — ogni volta che espiri giungi un po' più in basso e ti rilassi sempre più — mentre osservi ogni cosa dall'interno e dall'esterno può darsi che già ora, o tra pochi istanti, il tuo respiro diventi ancora più soave e di conseguenza scivolare nelle valli della distensione sarà ancora più gradevole e piacevole, come sprofondare nel proprio centro è lo scopo di ogni meditazione è così facile, ti accompagnano le vibrazioni dei suoni, concretamente o nella tua fantasia, se ascolti attentamente la tua anima può darsi che già ora, o tra poco, giungerai sufficientemente in profondità da poterti tranquillamente abbandonare alle immagini ed ai pensieri che sorgono spontanei e farai semplicemente accadere ciò che ora succederebbe comunque, o più tardi, quando espirando potrai affidarti a te stesso, per proseguire, già ora se sei pronto, lungo il tuo cammino, e così si delinea di fronte al tuo occhio interiore un luogo che in questo momento più di ogni altro ti può aiutare a fare nuove esperienze e ad acquisire nuove conoscenze — si tratta di un paesaggio naturale, incontaminato, che tuttavia, o forse proprio per questo motivo, ti attira e ti affascina — — — sono ancora i tuoi primi pensieri che ti aiutano ad andare avanti e che ti propongono le immagini migliori, così ti guardi intorno attentamente, osservi cosa cresce in questo luogo — cosa c'è in lontananza e nelle immediate vicinanze, — che tempo fa e che stagione è in corso — — entri poi in questa immagine, in questo luogo — — — immagini e nello stesso momento percepisci la terra sotto ai tuoi piedi e l'aria sulla tua pelle — — — e senti dentro di te l'atmosfera di questo luogo — dunque ti incammini — non cerchi qualcosa in particolare, ma sai che, al momento giusto, farai un importante incontro, passeggi quindi in tutta tranquillità per questo luogo, che nonostante sia selvaggio ti accoglie benevolmente, quasi come se ti stesse aspettando proprio ora — ti immergi nella sua naturalezza — — — e ti abbandoni agli stati d'animo che impercettibilmente ti avvolgono e ti catturano, ma in modo piacevole, — talvolta hai l'impressione che questo paesaggio sia misteriosamente incantato — — — nonostante tu non lo conosca affatto, ha qualcosa di familiare — — — comunque sia stato fino ad ora il tuo rapporto con la natura, adesso ti è stranamente vicina e ti tocca in particolar modo e quando ti sarai ancora più addentrato nei suoi misteri, il legame tra voi sarà ancora più stretto — passo dopo passo ti addentri sempre più in questo mondo, che non è il tuo, ma che tuttavia ti è familiare, mentre, attento, consapevole ed un po' ansioso, continui a camminare immerso nella natura misteriosa, ma nel contempo accogliente, il rapporto che hai con Madre Natura ti si prospetta sempre più chiaramente, osservi i suoi sviluppi nel tempo — senza giudicare — ritieni ancora la natura una madre che ti nutre e ti protegge? — Oppure col tempo l'identificazione materna è andata perduta? Ora pensi brevemente anche al rapporto con la tua vera madre — 10 secondi — ti ha nutrito e protetto a sufficienza? — — — E più vai avanti, più ti rendi conto delle affinità tra il rapporto che intercorre tra te e tua madre e quello che invece ti lega alla grande Madre Natura — — — e ti sembra improvvisamente di vedere la natura esterna con occhi diversi o forse è realmente cambiata, ma in fondo senti che non ha molta importanza e che la cosa ti è del tutto indifferente — e cominci a capire che anche il rapporto che hai con la tua natura dipende dall'approccio che hai con la natura esterna e, passo dopo passo, mentre passeggi per la natura esterna, comprendi meglio anche la tua natura e all'improvviso incontri un animale sulla tua strada, che in un certo qual modo senti vicino e di cui non hai paura — la cosa strana è che anche questo animale è fiducioso e non ha alcun timore di avvicinarsi a te — forse perché questa natura incontaminata ha fatto sì che agli animali fossero risparmiate brutte esperienze con gli esseri umani, — — — in ogni caso ora l'animale appare davanti a te, se non è già comparso prima, ed il tuo primo pensiero è rivolto a lui — — — accetta il primo animale che vedi oppure cerca di ricordare esattamente qual è stato il primo animale che ti è venuto in mente — — — perché è proprio quest'ultimo che ora si sta avvicinando a te — — — ed anche tu ti avvicini a lui, così che tra poco sarete uno di fronte all'altro — — — sei così vicino da poterlo quasi toccare — e se lo volessi, potresti toccarlo già ora — — — ti sembrerà un po' strano di poter avere una tale confidenza con un animale feroce — ed in un certo senso questo incontro ti tocca da vicino, ti senti legato anche interiormente a questa creatura — e quando si accuccia ai tuoi piedi hai l'impressione che voglia qualcosa da te — — ti senti così stranamente vicino a lui, che all'improvviso hai l'impressione di poter condividere la sua esistenza e di potere immedesimarti in lui per un momento — — ed al solo pensiero senti che ti stai trasformando in lui e con la sola forza dell'immaginazione puoi assumere le sue sembianze. Ma no, l'animale è ancora lì — non sei tutt'uno con lui, hai solo assunto il suo aspetto, ed ora, fianco a fianco, vi mettete in cammino per il vostro mondo — senti che stai muovendoti in modo completamente diverso dal solito, ma lo fai senza alcuna difficoltà, e passo dopo passo capisci cosa ti è sempre piaciuto di questo animale e ti dà un sommo piacere sperimentarlo sulla tua pelle, mentre vi addentrate sempre di più nel vostro mondo, ti senti diverso, ma è una sensazione molto piacevole e condurre questa vita ti riempie di gioia — — — lentamente capisci sempre meglio cosa ti affascinava di questo animale ed ora senti anche in te stesso questa importante qualità — — — la possiedi anche tu o vorresti solo averla? — 15 secondi — quali altre capacità e caratteristiche ha l'animale ed in quale misura corrispondono al tuo carattere? — 15 secondi — Lentamente ti rendi conto che il legame che vi unisce è molto più profondo di quanto tu abbia mai creduto e quindi l'opportunità attuale di partecipare a questa vita e di sentirti tutt'uno con questo mondo ti dà una grande gioia. — 20 secondi — E dal momento che ti sei immedesimato in questo animale, anche il rapporto che hai con la natura, in cui entrambi vivete, si modificherà, se fai attenzione — — — sentirai l'energia dell'animale selvaggio dentro di te — — guardi e percepisci il mondo attraverso i suoi sensi — molto più acuti e precisi dei tuoi e completamente diversi — — — ti sembra di capire il linguaggio di questo animale e quindi anche il linguaggio della natura, tuttavia nel modo in cui questa creatura la interpreta e capisci ciò che più ti piace e ti attira di questo luogo selvaggio — — — e piano piano ti abitui sempre più al legame che ti unisce a questa creatura animale — in un certo senso vi ha sempre accomunato il gusto per la vita e conducendo ora questa vita animalesca, che non ti è più estranea e che è in grado di svelarti qualcosa sulla tua esistenza umana, può darsi che tu senta di avere raggiunto la meta — — — è possibile che emergano alcune caratteristiche che fino ad ora ti erano sembrate strane e che adesso acquistano improvvisamente senso e che appartengono alla creatura animale che c'è in te. — — — E mentre l'animale a cui ti senti così profondamente unito si accuccia per riposarsi, rivivi tramite alcune immagini interiori degli episodi della tua vita che prima avevano qualcosa d'inspiegabile e che ora, dopo aver stabilito un contatto con la creatura animale che c'è in te, diventano invece più comprensibili, come ad esempio alcune tue capacità ed attitudini — 15 secondi —, ma anche i tuoi problemi e le tue difficoltà. — 15 secondi — A poco a poco abbandoni le sembianze di questo animale che ormai conosci bene e ritorni nel tuo corpo umano — — — e per qualche istante anch'esso ti sembrerà strano, ed in fondo lo è, e quindi apprezzi particolarmente il fatto di essere uomo e provi forti emozioni in questo luogo che poco fa hai esplorato con le sembianze di un animale — — e questo elemento animalesco è ancora presente, palpabile, e forse già ora ti rendi conto che anche in futuro potrai entrare in contatto con questo animale, permettergli di aiutarti, magari ti farai guidare sul tuo cammino dai suoi istinti, dai suoi sensi acuti e dal suo modo completamente diverso di percepire le cose, in questo modo potrai migliorare il tuo rapporto con la natura, in cui esso si sente particolarmente a suo agio — ed il tuo mondo ed i tuoi orizzonti si allargheranno e potrai nuovamente avere accesso al regno della natura ed integrarti in questo mondo vivo, di cui hai sempre fatto parte e a cui apparterrai per sempre. — — — Il fatto di avere di nuovo libero accesso a questo mondo che ti è sempre appartenuto, ma che hai perso di vista per un determinato periodo, ti dà una sensazione di gioia — questo mondo infatti non è fatto unicamente per gli indiani o per i primitivi, bensì per tutte le creature sensibili che desiderano accedervi. È quindi possibile che tu percepisca ancora adesso la presenza del tuo animale accanto a te e comunque la sentirai ogni volta che lo vorrai. — — Egli può accompagnarti durante tutti i tuoi viaggi nel mondo interiore e mettere la sua forza e le sue capacità a tua disposizione, ogni qual volta ne avrai bisogno. Se in futuro riconoscerai queste caratteristiche, esse ti apparterranno e ti aiuteranno a collegare nuovamente la tua vita alle fonti naturali. In futuro quindi sarà opportuno prestare più attenzione alla natura esteriore, ma anche alla tua natura interiore e rispettare maggiormente l'animale che ti assomiglia e più in generale tutti gli animali, prima nella tua immaginazione e poi a poco a poco nella realtà, poiché anch'essi hanno il diritto di vivere. In ogni caso noterai da subito la tua tendenza a lasciarti andare a questi moti d'animo istintivi.

APPENDICE: Può essere di notevole aiuto ripetere con una certa assiduità questi viaggi all'interno del proprio animale totemico, per non perdere il contatto con esso e per renderlo più stabile. Dopo qualche tempo è possibile cambiare animale, tuttavia non si dovrebbero forzare i tempi, dal momento che, se così fosse, questa esperienza perderebbe la sua autenticità. Sarà l'animale stesso a farsi avanti spontaneamente ed al momento giusto e ciò potrebbe avvenire sia in sogno che mediante i viaggi all'interno di noi stessi — la cosa migliore per facilitargli il compito è mantenere sempre vivo il contatto con il mondo immaginario interiore.

Il film *La foresta di smeraldo* di John Boorman, oltre ad una scenografia straordinaria, dimostra il potere che le immagini ed i modelli avevano nel mondo arcaico, influsso questo che, in determinati momenti, condiziona ancora oggi il nostro mondo disincantato.

5. Meditazione
Gli elementi aria ad acqua

Sdraiati comodo e rilassato, con le braccia lungo il corpo e le gambe unite, chiudi gli occhi e concediti un po' di tempo per arrivare consapevolmente nel luogo da te prescelto. Sei rilassato, molto rilassato, il tuo corpo ora può distendersi, abbandonati semplicemente a questa sensazione di pace — non devi volere niente e non devi fare niente — devi solo lasciare che accada, ciò che succede da sé è positivo e benvenuto sulla strada che porta alle profondità della tua anima — ed anche ciò che non accade spontaneamente è ben accetto — lasciati andare e cadere — scivoli sempre più in basso — ed il mondo esterno e tutto ciò che ti circonda diventano sempre meno determinanti e indifferentemente dal livello di profondità raggiunto, ogni volta che espiri scendi ancora più in basso e più lontano si aprono già ora impercettibilmente davanti a te i regni interiori o tra poco raggiungerai livelli così profondi che potrai abbandonarti facilmente alle onde del respiro ed a quelle della musica, che ti accompagnano sulla via che porta alle profondità del proprio centro — nel tuo centro — e ti apri sempre più alle onde del respiro ed alle vibrazioni e ti lasci trasportare da esse — lascia che entrino in te, che ti attraversino — e ad ogni onda puoi lasciarti andare un po' di più, scivolare un po' più in basso e confidare nel punto d'appoggio del tuo corpo — e nel flusso della tua respirazione — e ad ogni respiro puoi assorbire consapevolmente energia ed anche i toni musicali sono energia, li respiri, mentre ti abbandoni sempre più al ritmo delle onde e senti che inspirando ti sollevi e che espirando sprofondi sempre più in basso nella valle della distensione — senti che l'inspirazione e l'espirazione confluiscono nel flusso unico dell'energia vitale: il respiro — ti abbandoni a questo flusso, in questo momento lo percepisci con precisione — ogni volta che inspiri ti riempi di nuova energia vitale ed ogni volta che espiri esce delicatamente ed automaticamente l'aria già respirata che ormai non puoi più utilizzare e tutto ciò che è superfluo — — — e questo continuo flusso del respiro, consapevole o incosciente che sia, che è la base della vita stessa, diventa fondamentale e ti rendi conto che è esso che finora ti ha permesso di esistere e che continuerà a farti vivere — — — è il solo legame con l'elemento aria, capisci dalla sua leggerezza e dal suo slancio il profondo legame che lo unisce e che ti unisce al regno dell'aria, con il suo continuo flusso di respiro e pensieri ed onde incessanti — — lentamente senti di diventare tutt'uno con questo flusso — il tuo respiro attraversa ogni cosa e niente e nessuno può e vuole fermarti — tu sei il flusso del respiro e tutto il resto si trova sulla riva di un fiume — il tuo corpo è alla deriva — come del resto i sentimenti ed i pensieri. Ti immedesimi sempre più nel flusso del respiro ed attraversi ogni cosa. Anche se il corpo si muove lentamente, se provi dei sentimenti, se ti sopraggiungono dei pensieri — tutto questo è sulla riva del fiume e tu non sei questo fiume, bensì il flusso del respiro. Osservi tutto ciò, ma fuori da te stesso. Tu sei il flusso del respiro e scorri per la tua strada — — inspiri ogni cosa — e la rimandi fuori. Non c'è nulla che tu non possa inspirare e non c'è neanche niente di cui non possa in seguito liberarti espirando. Indipendentemente da ciò che prova il tuo corpo — comodità o angustia, frescura o calore — puoi respirare tutto questo ed espellerlo poi espirando — ti trasformi nel flusso e puoi affidarti con sempre maggiore serenità ad esso — al flusso del respiro e all'elemento aria. Senti che l'aria ti trapassa — apriti completamente ad essa — lasciala entrare — ed in seguito falla defluire. — — In questo modo comprendi che solo se ti lasci andare del tutto in seguito potrai aprirti di nuovo completamente, in modo da far entrare il largo flusso di nuova energia — così ti abbandoni consapevolmente a questo scambio — alla convergenza dell'inspirazione attiva e dell'espirazione passiva e ti immedesimi sempre di più nell'elemento aria — comprendi le sue qualità, ti appropri sempre più delle sue caratteristiche, della sua leggerezza e della libertà dei movimenti — senti che puoi assumere ogni forma che desideri — diventi sempre più leggero. E nel contempo senti che l'aria attraversa il tuo corpo, immagina che entri nei tuoi polmoni ad ogni respiro si sollevano e si abbassano alternativamente — e tu sei consapevole che con l'aria entra anche energia nei tuoi polmoni e che da qui passa nel sangue, che a sua volta irrora tutti gli organi, fino all'ultima cellula del corpo, con fresca energia vitale — — — senti di essere pervaso dall'aria e che tutto il resto è secondario e accade automaticamente, senza il tuo intervento — mentre diventi sempre più simile all'aria e vieni assorbito dal respiro — ti puoi allargare in esso e diventare più leggero e più libero — puoi librarti nel cielo, fluttuare in esso — puoi immaginare di essere il vento, un alito lieve e sussurrante, che a poco a poco diviene sempre più potente fino a diventare un vento forte, che continua a crescere e ad assorbire energia dall'esteso regno dell'aria — e già ora ti rendi conto dell'enorme forza di quest'elemento, che non conosce confini e che infuria nella libertà del cielo — e che in questo istante si trasforma in una bufera, una forte e violenta tempesta — tu stesso rappresenti il suo soffio, il suo dominio e la sua rumoreggiante forza — ed in lontananza senti arrivare un altro flusso, quello dei tuoi pensieri — percepisci sempre più chiaramente lo scorrere dei pensieri, riconosci il suo potere, praticamente impossibile da contrastare — tu però ti abbandoni consapevolmente al vento del respiro ed al suo potere, che va e viene, si alza e si abbassa in un eterno ritmo che non si esaurirà mai — senti l'aria dentro di te — ora puoi affidare al vento i pensieri che il passare del tempo ha reso inutili, sorpassati — — — ti sovvengono pensieri che ormai da troppo tempo affollano la tua mente, e che ora hanno la possibilità di ritornare nel regno dell'aria, di unirsi nuovamente all'elemento aria da cui provenivano originariamente — — — senti quindi che ora la tua mente è più libera, che c'è spazio per pensieri ed idee nuove, mentre tu — trasportato dall'elemento aria nel suo stesso regno — ti rallegri di questa nuova possibilità ed inizi già ora, o comunque lo farai col tempo, ad apprezzare la libertà ottenuta ed il fatto di essere più leggero, aereo, consapevole, aperto, aleggiare come il vento ti dà un sommo piacere — — fai volteggiare e poi ricadere i primi pensieri che ti passano per la mente — e così ti rendi conto che il vento ed i pensieri sono molto simili — tutto ciò che viene sollevato ricade poi velocemente e gli uragani ed il vortice dei pensieri possono girare in tondo ed arrecare danni — — — improvvisamente sei consapevole della forza dei tuoi pensieri — e forse ti rendi conto che potresti utilizzare meglio ed in modo più consapevole delle forze così potenti — così semplici — né buone né cattive — sei sempre tu che devi e puoi usufruirne e questo significa che ne sei responsabile — — e forse non le hai mai sentite così tue e senti che dovresti impedire di cadere in balia dei tuoi pensieri — — — e mentre hai di questi pensieri ti rendi conto di come tutto cambi in fretta nel regno dell'aria — poco prima ti sentivi leggero come una piuma ed ora ti senti oppresso dalle responsabilità — i pensieri sono come scimmie che si arrampicano sull'albero del tuo cervello — basta che le osservi per un momento — e questo albero delle scimmie si anima — tuttavia questa meditazione ti dà anche la possibilità di riconoscere il pericolo della dispersione e di decidere di concentrarti su pochi temi che ti toccano particolarmente da vicino o comunque di potere sempre ritornare su di essi, come adesso, che ti affidi nuovamente al vento — — e continui a soffiare sul mondo sconfinato, sulla terra e sull'acqua sotto di te — — ti rendi conto dell'illimitatezza dell'elemento aria, che può soffiare su ogni cosa con grande forza, ma contemporaneamente con leggerezza e che si mischia solo raramente con la polvere della terra e con la schiuma dell'acqua, senti che altri elementi all'infuori dell'aria che ora impersoni ti appesantiscono e ti ostacolano, lo stesso fuoco, che ti è più familiare degli altri elementi, è pur sempre legato alla materia, mentre tu sei libero per natura nel tuo mondo — tuttavia ora provi nostalgia dei vincoli e del sentimento, senti di essere qualcosa di più di semplice aria e, mentre aleggi sul mondo, ti avvicini ad esso e scorgi sotto di te un fiume, tocchi lievemente l'acqua in superficie — sei il vento che accarezza le acque del fiume — il respiro della vita e senti che esiste un legame con il fiume, che anche in esso c'è vita, anche se diversa da quella che conosci e lentamente ti lasci cadere nel fiume — nel flusso delle sue acque — ti immergi completamente nell'acqua e prendi confidenza con questo elemento — senti il contatto dell'acqua sulla pelle, mentre ti lasci trasportare dolcemente e lentamente dal fiume — dalle sue calde acque e rammenti di come avevi aperto i tuoi confini all'aria ed allo stesso modo fai ora penetrare l'acqua dentro di te — aprire tutti i pori e le barriere della tua pelle — e senti poi — ora — che il flusso dell'acqua pervade il tuo corpo, ogni tuo organo, ogni singola cellula e percepisci chiaramente che l'acqua esterna e quella all'interno del tuo corpo si incontrano, si mischiano, si compenetrano — ed in effetti ora comprendi ciò che forse sapevi da sempre e cioè che sei fatto prevalentemente d'acqua, che il tuo corpo è composto per più di due terzi da questo elemento femminile — è quindi una strana sensazione quella di sentirsi permeato dall'acqua, di sentirla contemporaneamente dentro di sé ed intorno a sé — e già ora o comunque tra pochi istanti emergeranno dei ricordi del mondo acquatico da cui tutto ha avuto inizio, quel mondo primordiale fatto d'acqua, in cui si è sviluppata la prima forma di vita — di fronte al tuo occhio interiore scorreranno anche le immagini del tuo primo mondo acquatico rappresentato dal grembo materno — l'inizio della vita nel liquido amniotico — — — senti di essere vicino come non mai alla vita, di appartenerle completamente — non sei più solo, appartieni alla vita, in cui tutto è correlato, sei al sicuro e protetto in questo mondo iniziale fatto d'acqua, di sensazioni, di amore e di spiritualità — 10 secondi — dopodiché abbandoni l'unità di questo mondo, con la certezza tuttavia che nessuno ti potrà privare di questa esperienza e di ciò che hai potuto imparare da essa e consapevole che essa ha a suo modo contribuito alla tua indipendenza intellettuale ed alla tua fiducia primordiale, anche se forse lo capirai solo col tempo — — adesso in ogni caso ti senti trascinare dal fiume, sei pervaso dalle sue acque e senti che puoi liberarti degli stati d'animo e dei sentimenti di cui ormai puoi fare a meno, semplicemente lasciando che le acque li portino via — — — esse possono trascinare lontano anche tutte le sedimentazioni e le impurità ed alimentare a loro modo il flusso della vita — — — ti rendi conto che il fiume può portare via anche tutto ciò che non stringi saldamente, lascia che trascini anche te, mentre l'acqua ti purifica fino in fondo — nelle profondità più remote del tuo corpo — — — e della tua anima — — — fai che accada — lasciati andare ed abbandonati alla corrente — tu stesso diventi acqua — divieni questo fiume — i confini del tuo corpo sembrano svanire — sei il fiume — ora senti addirittura la resistenza della sponda — della tua sponda — è strano — sei il fiume ed il suo flusso è la vita — osservi il tuo fondo e senti i tuoi movimenti sui sassi che bagni mentre scorri — senti che le tue correnti solcano i ciottoli e che le tue onde in superficie si increspano per la forza del vento — sei contemporaneamente alla sorgente ed alla foce — in ogni rigagnolo e nell'oceano — — — ti immedesimi in ogni manifestazione dell'acqua ed in ogni luogo che bagna — e poiché ora ti sei trasformato in acqua puoi anche essere in più punti contemporaneamente — il tempo non esiste più. Sei la sorgente e la foce, la rapida ed il ruscello — la goccia ed il flutto — sei l'acqua — al di fuori dello spazio e del tempo — impari avidamente dall'acqua — bevi a grandi sorsi il suo sapere senza tempo, nascosto nel fluire dell'acqua e nel ritmo delle sue onde — il sapere che il tempo non esiste e che non è mai esistito — l'acqua esiste da sempre ed è ovunque e così anche tu — non esiste una meta — e non c'è un tempo in cui sei scorso ed un tempo in cui dovrai ancora scorrere, sei contemporaneamente sorgente e foce, goccia e mare — sei arrivato da sempre ed in armonia perfetta con la tua destinazione — lo scorrere senza una meta precisa — — — ora anche i tuoi sensi sentono che tutto scorre, poiché tutto vive — anche tu sei un flusso — eterno — sconfinato ed infinito — sei in ogni onda ed in ogni gorgoglio, tutto è ugualmente importante ed ugualmente irrilevante — e mentre sei assorbito dal mondo acquatico hai la possibilità di riconoscere anche la tua vita umana e di interrogarti sullo scorrere degli eventi — 10 secondi — se nella vita ti sei arenato, questo mondo spirituale potrebbe aiutarti a rimetterti in moto — 15 secondi — Nella tua esistenza è ancora percettibile il ritmo delle onde? Si alternano ancora momenti in cui sei su di morale ed altri in cui invece hai il morale a terra, periodi in cui sei sulla cresta dell'onda ed istanti in cui invece le cose non vanno come vorresti? — 10 secondi — Quanto ti senti legato a ciò che esiste? — 15 secondi — Hai di questi momenti? — 10 secondi — Dai spazio a questo tipo di esperienze? — 10 secondi —

Lentamente queste domande ti riportano alla realtà, abbandoni il flusso dell'elemento acqua e senti che in te c'è qualcosa di più che non semplicemente aria ed acqua, ed anche se continui a sentire questo flusso dentro di te e a sentirti leggero come l'aria, senti che il tuo corpo prende forma dalla solidità della materia, rientri di nuovo consapevolmente in questa forma e riprendi nuovamente il tuo aspetto normale — senza tuttavia dimenticare le esperienze fatte nel mondo aereo ed in quello acquatico — ora ritorni in possesso del tuo corpo e percepisci chiaramente il punto d'appoggio su cui è adagiato e da cui è iniziato questo tuo viaggio negli elementi, — concentrati sulla respirazione, respira profondamente, in modo da rientrare nella polarità, ora fai dei piccoli movimenti con le dita delle mani e dei piedi e solamente quando senti di essere completamente ritornato in possesso del tuo corpo apri gli occhi ed orientati consapevolmente nello spazio e nel tempo.

6. Meditazione
Gli elementi terra e fuoco

Sdraiati comodo e rilassato, con le gambe unite, i piedi all'infuori e le braccia lungo il corpo, sciolte e rilassate, prenditi il tempo necessario per arrivare nel luogo da te prescelto, dove non c'è altro da fare se non fare accadere ciò che succede da sé, mentre il tuo respiro ti culla dolcemente ed il tuo petto ed il tuo ventre si alzano e si abbassano seguendo il suo ritmo e tu ti lasci andare sempre di più e sprofondi sempre più in basso e la fiducia che riponi in questo istante è la base del tuo benessere e ciò accade naturalmente quando espiri o poco dopo, quando sarai disposto ad abbandonare il superfluo e ad affidarti alla base d'appoggio su cui giace il tuo corpo ed a questa situazione di sicurezza e di fervore in questo momento di calma e di determinazione, dove puoi abbandonare ciò che ti è d'impedimento, dimenticare i pensieri della vita quotidiana, le cose importanti e quelle insignificanti, puoi lasciare andare anche il tuo stesso corpo e col prossimo respiro rilassare le gambe appoggiate sul supporto e sentire che sprofondano nella loro stessa distensione, che contribuisce ad accrescere il tuo senso di generale tranquillità — — — approfitti della successiva espirazione per rilassare anche le braccia e le mani e ti accorgi che soprattutto quest'ultime hanno bisogno di lasciarsi andare e di lasciare andare, non devono più tenere niente e nessuno in pugno ed in questo istante di riposo possono aprirsi senza opporre resistenza — — — gioisci al solo pensiero della prossima espirazione, durante la quale potrai affidare il peso della testa alla base d'appoggio ed anche in questo caso lasciarti andare è più facile di quanto non avessi immaginato, mentre ti prepari alla meditazione — anche il capo è felice di potersi riposare e ti potersi trovare allo stesso livello delle altre parti del corpo — ed alla successiva espirazione il piano d'appoggio sorreggerà anche l'intero peso del busto — senti che la schiena si distende e che sprofonda nel supporto che regge quest'ultima e l'intero tuo corpo, mentre la musica e le parole ti accompagnano e spianano il terreno alla distensione, dove tutto può accadere e dove lo spazio ed il tempo diventano sempre meno importanti ed indipendentemente dal livello di profondità che hai raggiunto, alla prossima espirazione puoi affidare anche il peso dell'addome e del bacino al piano d'appoggio ed in questo modo calarti ancora più in basso nel mondo delle immagini, dei colori, delle oscillazioni e dei suoni, della profondità e della liberazione dall'esteriorità e dalla quotidianità e tuttavia sei aperto alle sensazioni ed ai minimi movimenti del tuo corpo, che, per quanto piccoli possano essere, sono in grado di catturare momentaneamente la tua attenzione — poco dopo sentirai che qualcosa dentro di te inizia a muoversi e ti attira, e già il tuo pensiero è rivolto a questa parte del corpo — e così puoi farti guidare da queste impercettibili sensazioni ovunque tu voglia all'interno del tuo stesso corpo — — — accade sempre qualcosa — lì un sussulto, là una strana reazione — puoi spostarti da un luogo all'altro del corpo senza pensare all'itinerario da seguire, poiché esso è stabilito dall'interno — così puoi farti guidare per il territorio del tuo stesso corpo — — — e tutte queste piccole sensazioni e questi impercettibili movimenti rappresentano un'opportunità per abbandonarti ancora di più alla meditazione e per approdare in te stesso — percepisci la tranquillità di questi remoti luoghi interiori e la sicurezza del suolo che ti regge così ti rendi conto di poggiare sulla terra, che sorregge e tiene in vita te ed ogni altro essere vivente — e con la quale sei unito, che tu lo voglia o no e che tu lo sappia o meno, — a questo punto ti senti attratto dalla Madre Terra, la grande madre della vita — sei pronto a farti trasportare da essa, la senti sulla schiena su cui poggia e sulla quale può riposare, — — — ti sembra di sprofondare sempre più in basso — sempre più giù nella terra, finché non ti sommerge completamente — ma non è una sensazione inquietante, al contrario, ti senti al sicuro nella solida terra, puoi toccarla e farti toccare da essa se lo desideri, senti la terra sulla tua pelle e nella tua immaginazione apri addirittura i pori, le porte d'ingresso della pelle, ad essa, così che le sue forze possano penetrare in te ed unirsi nel profondo all'elemento terra, alle tue ossa, ai tuoi tessuti di sostegno, che ti danno stabilità e ti sorreggono — senti la terra — fuori e dentro — ed avverti che la terra esterna ti dà nuove energie, che ti rafforzano, mentre le parti vecchie e consumate abbandonano i tessuti e si mischiano alla terra per rigenerarsi e per ritornare a far parte del cerchio della vita. Sei contento che avvenga questo scambio, di poterti sbarazzare di ciò che ormai è solo un peso ed in questo modo di rinvigorirti, e così sprofondi sempre più nella terra — diventi tu stesso terra, senti la terra ovunque ed avverti le sue qualità — che in questo momento sono anche le tue — la sconfinata fermezza ed affidabilità, la stabilità e la protezione che dai e la grande tranquillità che infonde la terra. — — — E così senti che nascono un'infinità di cose da te — dal tuo grembo — montagne e valli, rocce e ciottoli, tutta la materia insomma, — — la causa prima della vita è in te, nella Madre Terra, che dà vita ad ogni cosa e che prima o poi se la riprende. Ti immedesimi sempre più nella terra ed assumi quindi le sembianze di una sfera, il simbolo della perfezione — — ed il fatto di sentirti rotondo ti fa provare una meravigliosa sensazione di completezza — — — e ti rendi conto che la forma sferica contiene tutto e che in effetti nei panni della terra sei la dimora di tutte le acque e che, circondato dal cielo, vaghi nello spazio — al tuo interno tuttavia racchiudi il fuoco — ed al solo pensiero di questo elemento senti caldo, senti parte del calore che riscalda il centro della terra e, nello stesso momento, ti rendi conto dell'affinità tra la terra e gli esseri umani, dal momento che anche questi ultimi hanno il fuoco dentro, nel loro centro. E così assumi nuovamente le tue sembianze umane e come all'inizio basta un unico pensiero per entrare in contatto con il cuore — pensi al cuore e sei già lì — nel calore del centro, nella fonte del flusso sanguigno? nel centro della circolazione energetica c'è il fuoco — — e tu lo puoi sentire — come del resto puoi comprendere l'affinità tra il tuo centro ed il centro della terra — il fuoco sta nel centro — anche il sole cocente si trova al centro del sistema solare e senza di esso non riceveremmo energia e non esisterebbe la vita — — — e davanti al tuo occhio interiore fai sorgere il sole e contemporaneamente comprendi simbolicamente l'importanza di quest'ultimo per te e per l'intera creazione. — Osserva il tragitto che percorre per giungere al tuo sguardo dal buio più totale: all'inizio si intravede appena una luce fioca all'orizzonte, mentre il mondo riposa ancora nel buio — — in seguito, sempre all'orizzonte, la luce aumenta d'intensità ed i raggi del sole cambiano il mondo — si scorge una linea ben definita, l'orizzonte appunto, sotto il quale è ancora più buio di prima, ma al di sopra del quale il mondo s'infiamma — e tu percepisci a livello fisico che oltre alla luce anche l'ombra fa la sua comparsa, poiché più la luce è luminosa, più l'ombra che proietta sarà scura. All'alba nasce un nuovo giorno e si sviluppa nuova vita — percepisci l'inarrestabile forza di questo nuovo inizio, che ti ricorda il principio della tua stessa vita e di ogni vita — poiché perché ci sia vita è sempre necessaria anche l'energia del fuoco. Questo nuovo giorno simboleggia ogni nuovo inizio, tutti i tuoi sensi lo percepiscono chiaramente, lo respiri, lo accogli in te, avverti la sua freschezza e le opportunità che ti dà, annusi il mattino ed assapori il nuovo inizio — il sole infuocato illumina il giorno che verrà, in questo istante la sfavillante forza del sole oltrepassa l'orizzonte, e questa palla di fuoco è così luminosa che devi abbassare lo sguardo, è ardente al di là di ogni immaginazione e ad ogni istante aumenta sempre più — è sempre più grande e sempre più potente — la straordinaria forza del fuoco — — — a questo punto ti apri completamente alla luce, essa ti tocca e ti scalda esteriormente e ti fa fremere interiormente e così come si innalza al di sopra dell'orizzonte, fai sì che cresca anche dentro di te — la respiri — la assorbi — hai l'impressione di bruciare e di sentire in te tutta la sua forza ed il suo dinamismo, la sua potenza e la sua magia — — — inspiri il fuoco e vivi la luce — — — apri i pori della tua pelle ed il tuo cuore a quest'ultima e forse già ora, o comunque tra pochi istanti, potrai sentire che la luce esteriore e quella interiore s'incontrano e si uniscono — — — e ti danno una sensazione indescrivibile — dalle porte d'ingresso della pelle entra la calda luce del sole, s'introduce sotto la pelle, penetra negli organi e nei tessuti e si spinge sempre più in basso, fino a raggiungere le profondità più remote della tua essenza — ogni cellula si apre a questa corrente pulsante, nuova energia vitale penetra nel centro di ogni singola cellula e nel tuo centro, ora dentro di te può bruciare ciò che ormai è diventato superfluo e contemporaneamente puoi aprirti alla nuova forza dell'inizio e darle spazio — — — è uno scambio acceso, penetrante, infuocato, che ti dà una sensazione di rinnovamento, di purezza e di ardente entusiasmo ed ora riconosci, come attraverso una tenda di fuoco, l'intera sagoma tonda del sole all'orizzonte ed in cielo brilla l'immagine della perfezione, del mandala — ed in questo momento senti che si stabilisce un contatto tra il sole all'orizzonte ed il sole che c'è in te, il tuo cuore, e che anche qui la luce aumenta d'intensità — così anche il tuo sole interiore comincia a splendere e ad accendere il suo fuoco, che ti riscalda interiormente più di qualsiasi altro fuoco esterno potrebbe mai fare — — — al centro del tuo corpo avverti l'unità tra dentro e fuori — tra microcosmo e macrocosmo — vieni a conoscenza dell'elemento fuoco attraverso i raggi del sole, il pulsare del sangue, il calore del nuovo giorno, il battito ritmico del cuore ed il suo ardere. — — — Le cose vecchie svaniscono, mentre lasci che il fuoco penetri sempre più profondamente in te e che la sua forza ti purifichi — — — forze nuove si diffondono nel tuo corpo e lo riempiono di nuova vita — il fuoco divora energie vecchie e consolidate e rigidi modelli — ed hai l'impressione che ovunque — sul viso e sotto la pelle, nei muscoli e negli organi, questi vecchi resti si sciolgano, mentre contemporaneamente ti senti pervadere dal coraggio del nuovo, che si diffonde nelle ossa ed in ogni tessuto — in questo istante sei fuoco e fiamme — lo avverti con vivo entusiasmo e con il cuore palpitante — in veste di fuoco senti l'unità di tutta l'energia che c'è in te — — — a questo punto ti chiedi: che ruolo ha avuto l'elemento fuoco nella mia vita? — 15 secondi — con quanto entusiasmo ti proponi di raggiungere gli scopi che ti prefiggi? — 15 secondi — Di quanta energia disponi? — 15 secondi — Quanta forza e quanto fuoco diffondi nell'ambiente circostante? — 15 secondi — Quanta della tua energia puoi e vuoi cedere agli altri? e perché? — 20 secondi —

Abbandona lentamente il regno del fuoco, torna nuovamente col pensiero all'elemento terra e poniti alcune domande a riguardo, a cui risponderai anche questa volta con le prime cose che ti vengono in mente. Che ruolo ha per te la stabilità? — 15 secondi — Di quanta forza d'animo disponi? — 10 secondi — Che rapporto hai con la terra in generale e con il pezzo di terra su cui vivi? — 15 secondi —

Lentamente giungi al termine di questo viaggio nel mondo degli elementi e ritorni consapevolmente al punto d'inizio, nel luogo in cui in questo momento sei sdraiato, senti la base d'appoggio su cui giace il tuo corpo — — — fai un respiro profondo e ritorna in questo modo consapevolmente al ritmo del dare e del prendere, dell'espirazione e dell'inspirazione — — — fai dei piccoli movimenti con le dita delle mani e dei piedi e, se lo ritieni necessario, allungali e stirali e solo ora — alla fine della meditazione — apri gli occhi ed orientati di nuovo consapevolmente nello spazio e nel tempo.

7. Meditazione
Il mondo oscuro

Sdraiati comodo e rilassato, con le gambe unite e le braccia lungo il corpo — come se volessi riposarti ed effettivamente si tratta proprio di far sì che il corpo si riposi, quest'ultimo può tranquillamente addormentarsi, mentre tu sei sveglio ed attento e guardi il tuo corpo, sempre più rilassato e tranquillo, come se stesse realmente per entrare nel mondo dei sogni — — — ogni tensione e preoccupazione svanisce — affidi il tuo corpo alla base d'appoggio su cui giace — è gradevole farti supportare da essa e farti cullare dalle dolci oscillazioni del ritmo del tuo respiro — dalle parole e dai suoni della musica — mentre il corpo è sempre più calmo, sprofonda nel regno delle immagini e della fantasia, dei sogni e delle esperienze nel proprio centro — le parole e la musica, le oscillazioni del respiro e del corpo ti trascinano nel mondo dei sogni — non devi fare altro che lasciare che accada ciò che succederebbe comunque, intorno a te e dentro di te si sviluppa da sé il necessario, per fare esperienze profonde e per dimenticare il tempo e lo spazio è facile e piacevole scivolare sempre più giù e sempre più lontano conduce il viaggio nei mondi interiori che appaiono al suono della musica, è estremamente facile scivolare nelle profondità della propria anima, sei affascinato da questo regno di colori e di suoni — di favole e di miti — quel regno che vedi ogni notte, che tu lo sappia o meno, ora sei consapevole, sveglio ed aperto a questo nuovo mondo ed a questa realtà diversa, con leggi e verità differenti — con possibilità diverse — e così davanti al tuo occhio interiore compare l'immagine di un paesaggio, quello che in questo momento si addice di più alle tue emozioni, e tu passeggi per questo luogo, finché non trovi un posto che ti attira e che ti piace particolarmente, su di un prato o una radura magari — o dove preferisci — — e qui ti siedi, senti un piacevole calore sulla tua pelle e lentamente, o forse già da subito, senti che le tue palpebre diventano pesanti e che gli occhi si chiudono, lascia che questo accada, mentre anche il tuo corpo è sempre più pesante e si mette anch'esso in cammino nelle profondità del mondo dei sogni, già ora, o comunque tra pochi istanti, ti senti pervadere dalla stanchezza, ti viene sonno, ma non lo combatti, al contrario gli dai il benvenuto e ti fai condurre da esso nel mondo della distensione e della calma si diffondono automaticamente in questo luogo sorgono visioni oniriche che osservi senza giudicare e senza riflettere troppo su come potresti velocemente riemergere da questi luoghi — — le visioni oniriche si trasformano in un fiume di impressioni, a cui ti puoi semplicemente abbandonare, ti fai trascinare dalla stessa corrente della coscienza che trascina i sogni — è come se fossi realmente immerso in un fiume, nuoti senza la minima fatica, liberamente, seguendo la corrente — la corrente si fa carico del peso e tu puoi abbandonarti completamente ad essa, come accade altrimenti solo in sogno e ciò che stai facendo accadere è in effetti come un sogno per te — o comunque lo sarà presto — e tuttavia sei consapevole di sognare — sogni e lo sai, sogni da sveglio per così dire, da alcune sorgenti che si trovano dentro di te scaturiscono fiumi di pensieri e di immagini — sorgenti che si trovano da qualche parte in fondo alla tua anima — — sapere che stai sognando ti dà una sensazione di sicurezza e profondità e questa volta ti riprometti di concentrarti su di essa e di imprimertela nella memoria, senti anche crescere il coraggio dentro di te, ti senti attratto dalle novità e dalle opportunità che i sogni consapevoli offrono — da una parte protetto, dall'altra libero ed aperto, le visioni oniriche e le impressioni ti appaiono come in un film di cui sei il protagonista — a poco a poco hai l'impressione che il fiume dei pensieri e delle immagini scorra sempre più velocemente e che inizi a girare su se stesso — — più ci pensi e più ti sembra che accada proprio in questo momento, tra poco comincerai anche tu a girare in tondo e ti sembra che questi cerchi siano sempre più stretti e che il moto vorticoso sia sempre più veloce — tutto gira attorno ad un centro invisibile e come in un vortice tutta l'energia parte dal centro, che attira anche ogni cosa a sé — anche tu non fai eccezione, ti lasci andare a questo turbinio e ti lasci trascinare al centro degli eventi, in cui tra poco ti troverai — è addirittura divertente vedere che tutto gira intorno a te — il vortice dei pensieri ed ogni movimento ti girano intorno e tu sei sempre più calmo mano a mano che ti avvicini a questo misterioso centro — ti accosti ad esso senza mai fermarti e la sensazione certa di stare sognando ti dà fiducia e sicurezza, e così ti avvicini sempre più velocemente al centro, e quando lo raggiungi — adesso — ti conduce lontano dalla superficie di questo fiume e d'ora in avanti cadi sempre più giù, a profondità sconosciute — senti di cadere sempre più in basso, avvolto da un'oscurità vellutata — ti lasci cadere deliberatamente negli abissi senza fondo del tuo stesso essere — — — dopodiché, dopo una discesa quasi senza fine — vedi scintillare una luce sul fondo — per ora più che vederla la intravedi, ma piano piano diventa più chiara e luminosa, una luce anomala risplende sul fondo, una luce che non hai mai visto, che però non ti è del tutto estranea, al contrario ti è in un certo qual modo familiare e stranamente conosciuta — una luce magica, che ora comincia ad illuminare il mondo degli abissi, anch'esso sconosciuto e nel contempo familiare. Aleggi soavemente su questo mondo, che è evidente che non ti appartiene, eppure in qualche modo ti sembra stranamente conosciuto — allora ti rendi conto di dove ti trovi: sei giunto nel tuo mondo contrario — nell'ombra che proietta il tuo mondo. È il mondo dimenticato in cui non hai mai voluto o potuto vivere, è pieno di idee che un tempo hai avuto e che per qualche motivo hai accantonato e respinto, finché non sono scomparse in questo mondo oscuro, in cui ora ti trovi — — — un mondo sommerso si apre di fronte ai tuoi occhi — sprofondato negli abissi infiniti del mare sconfinato della tua coscienza. Tutte le idee ed i pensieri che hai escluso dal mondo della tua coscienza diurna — qui giù hanno preso forma ed hanno cominciato ad animarsi — qui c'è ancora spazio per loro — tutti i progetti non portati a termine qui si sono realizzati — tutto ciò che non hai voluto vedere qui è diventato visibile — tutto ciò che non volevi sentire qui si è trasformato in sentimento — tutte le occasioni perse qui hanno avuto una possibilità — tutte le strade non percorse qui sono state intraprese — tutte le opportunità che ti sei lasciato scappare e tutti i sogni sognati invano qui si sono avverati. È una perfetta riproduzione multidimensionale del tuo presente — uno specchio dell'ambiente circostante che ti è familiare — e ti avvicini sempre più a questo mondo — scorgi alcune persone, che non ti assomigliano neanche lontanamente — e là c'è un individuo così diverso da te, che non avresti neanche mai potuto sognare che esistesse una creatura del genere — questa persona ha così poco in comune con te che in un certo senso ti è familiare, nonostante si differenzi in tutto e per tutto da te. Non hai mai incontrato qualcuno di così estraneo e tuttavia di così vicino a te, ti avvicini sempre più ad esso e senti che tutto in lui ti respinge e nel contempo ti attira irrefrenabilmente — a questo punto è bene sapere che questo non è che un sogno — il tuo sogno — la persona che hai visto fa cose impossibili — l'esatto contrario di ciò che tu ritieni sensato — dove tu gireresti a destra, egli va a sinistra — e ti accorgi che inizia ad innervosirti, ti senti quasi minacciato dalla sua esistenza — vorresti vederlo distrutto — poiché è la somma di tutte le caratteristiche che ritieni più ripugnanti — egli vive per ciò che tu hai sempre combattuto — mentre tu ti sforzi di non avere difetti, egli commette apposta e divertendosi tutti gli errori che tu hai sempre evitato, — — — mentre tu ti impegni, egli se ne sta con le mani in mano, — — mentre tu sei diligente, egli è estremamente pigro — — — tuttavia ti senti sempre più attratto dal tuo polo contrario, dalla persona terribile che sei qui giù, in questo mondo oscuro ed in cui ora ti stai trasformando, non c'è dubbio — qui hai trovato il tuo antagonista — sei diventato tu stesso — adesso, in questo preciso istante, questa creatura spaventosa — potrà forse sembrare strano vivere la sua vita, ma proprio ora — colui che impersona i lati oscuri del tuo carattere vive consapevolmente in te — fa tutto ciò che tu non fai mai, ma a cui pensi spesso — — — ed in qualche modo ti affascina poter fare anche tu per una volta queste cose e lasciarti andare in questo modo — prenditi quindi il tempo necessario per condurre la tua esistenza oscura — 1 minuto —

Col tempo sarà più facile e divertente vivere in questo modo e fare tranquillamente tutto ciò da cui normalmente avevi mantenuto le distanze, contravvenire per una volta al tuo abituale contegno — e chi potrebbe farlo meglio di te — smetterla intenzionalmente una volta tanto di essere giudizioso e fare follie, a cui di nascosto hai sempre pensato — 30 secondi — tutte le capacità che hai sempre sognato di avere — qui improvvisamente le possiedi e te ne puoi servire — 1 minuto — in questo modo ti rendi conto di quante altre opportunità esistono in questo luogo e che in questo tempo interiore riesci a fare cose che normalmente richiederebbero molto più tempo — qui al contrario succedono in un batter d'occhio —

È un'esperienza piacevole vedere che il tuo lato oscuro arriva con gioia a capo di ciò che tu invece fai di malumore e controvoglia. — 30 secondi — Quello su cui tu temporeggi, egli lo porta a termine con estrema risolutezza, ciò che tu non fai, egli lo esegue in tua vece. — 30 secondi — Lentamente ti rendi conto che questo individuo impossibile che tu non hai mai voluto essere, è una persona tutta d'un pezzo, più precisamente la metà di un uomo, cioè la tua metà. — — — Inizi a sentire i suoi sentimenti ed a condividere le sue sensazioni — guardi il mondo con i suoi occhi ed ascolti con le sue orecchie — 30 secondi — di conseguenza vedi molte cose da un punto di vista del tutto diverso, addirittura contrario a quello a cui finora sei stato abituato e ti rendi conto che effettivamente è possibile che le cose stiano anche in questo modo — — — così prosegui la tua esistenza oscura e rivivi momenti della tua — della vostra vita, in modo totalmente diverso — in un modo che prima non ritenevi assolutamente possibile, ma che ora, grazie al tuo polo contrario, ti si addice più di ogni altro — davanti al tuo occhio interiore scorrono varie situazioni e tu siedi in prima fila e vedi questo film della tua vita al contrario. — 90 secondi — Se la situazione dovesse diventare insostenibile, basta ricordare che si tratta solo di un sogno, il sogno dell'altra tua vita, ma pur sempre di un sogno. Questo ti dà il coraggio di andare avanti a sognare, di continuare questo tuo sogno, che contribuisce a rendere la tua esistenza più completa, proprio perché è così diverso e provocatorio. — 30 secondi — In questo modo rivivi momenti lontani, che avevi ormai dimenticato da tempo, che però riconosci subito, non appena si ripresentano da questa prospettiva diversa — 1 minuto — e quando credi di non poter ricordare più nulla, inaspettatamente ti sovviene un pensiero importante, che la coscienza ti aiuterà a capire meglio — 30 secondi —

E così già ora, e ancor di più in occasione del prossimo viaggio in questo luogo, ti accorgi di sentirti a tuo agio anche qui, nel mondo dei tuoi nemici, avversari ed antagonisti — — e di appartenere anche ad esso. Ti rendi conto, se non lo hai già fatto prima, che anche tutte le cose che non fai mai hanno a che fare con te e che questo mondo non è solo degli altri, ma è anche il tuo — il tuo personale mondo oscuro. — — — Dopo questo viaggio, le cognizioni che custodisci dentro di te saliranno fino alla tua coscienza e ti aiuteranno a capire che la tua anima nasconde profondità sconosciute che aspettano solo di essere scoperte. — — Prima o poi riemergerai e farai luce sui lati oscuri di te stesso — e poiché lo farai di tua spontanea volontà, non sarà penoso, bensì liberatorio ed utile, poiché ora potrai riconoscere che anche l'altra parte di te ha diritto di esistere. Ricorderai nei minimi dettagli il sogno ormai svanito, che se credi puoi anche definire un incubo, le immagini ti rimarranno impresse nella memoria, così che tu possa averle sempre sotto controllo e che non siano loro a controllare te. E mentre ti rendi perfettamente conto di stare sognando, ritorni lentamente al punto di partenza di questo sogno, ti ritrovi nel paesaggio, nel luogo piacevole che hai scelto all'inizio del viaggio e ti accorgi di trovarti nel bel mezzo di un altro sogno, cerchi quindi di orientarti nuovamente e di sentire la base d'appoggio sotto al tuo corpo che ti ha sorretto per tutta la meditazione — a questo punto respira profondamente — muovi lentamente le dita delle mani e dei piedi, allungale e stendile, solo ora apri gli occhi ed orientali consapevolmente nello spazio e nel tempo, fissando un punto della stanza e controllando sull'orologio quanto tempo è trascorso.

8. Meditazione
Il velo del tempo

Sdraiati comodo e rilassato, allunga le gambe e distendi le braccia lungo il corpo, ora chiudi gli occhi e dimentica intenzionalmente il mondo delle immagini esteriori — tutto ciò che è all'esterno diventa sempre meno rilevante e, indipendentemente dal livello di distensione raggiunto, tra poco potrai lasciarti andare ancora di più, ogni volta che espiri questo viaggio ti conduce un po' più giù ed un po' più lontano nelle profondità della tua anima si spalancheranno automaticamente e ti faranno entrare in un mondo di immagini e fantasie, sogni e suoni ti accompagneranno dolcemente scivoli in questi luoghi ed apprezzi già ora il semplice fatto di essere lì, l'ozio è naturale in questo posto in cui tutto accade spontaneamente ed in cui il tempo e lo spazio sono sempre più irrilevanti e nel contempo più aperti e spaziosi — la cosa strana è che anche se le tue palpebre sono chiuse, non è completamente buio dietro di esse, ed allo stesso modo possono verificarsi anche altre cose anomale, mentre tu ti fai trascinare e non ti devi preoccupare di nulla — è così facile essere semplicemente aperto a tutto ed allo stesso tempo appagato in ogni istante le parole arrivano senza difficoltà al tuo orecchio ed i suoni della musica riempiono il luogo in cui ti trovi ed i luoghi della tua anima — ci sono ovunque vibrazioni, tu stesso vibri consapevolmente al suono della musica — è come se ogni suono all'inizio toccasse superficialmente la tua pelle — ed in effetti, se fai attenzione, puoi percepire i suoni anche con la pelle — — essi diventano a poco a poco più soavi e penetrano più in profondità nella tua pelle — fanno leva sulla sensibilità della tua coscienza e tu non opponi la minima resistenza — ti lasci trasportare nelle profondità della tua anima dai suoni — sempre più lontano al centro di te stesso — intraprendi il viaggio accompagnato dalle parole e dai toni musicali — aperto ad ogni esperienza, ad ogni immagine, pensiero e visione — sempre più in profondità nel regno della coscienza — e così ti avvicini lentamente al luogo in cui tutto si unisce — i suoni provenienti dall'esterno con quelli interiori — le vibrazioni esterne con quelle interne — tu stesso vibri, mentre spazio e tempo si fondono e non hanno più alcun valore negli spazi dell'esperienza dentro di te — non ti è chiaro se le vibrazioni provengono dall'esterno verso l'interno o se al contrario si disperdono dall'interno all'esterno — lo stesso accade con le idee e le immagini — non sai se arrivano dall'esterno o dall'interno, ma è indifferente da dove proviene ogni cosa e dove va a finire, mentre ti fai trascinare e le vastità degli spazi interiori si aprono automaticamente alle tue esperienze e singoli pensieri ed immagini convergono — e le immagini interiori possono diventare ancora più vive, profonde e chiare di quelle esterne — anche le immagini confluiscono e formano dei modelli, così che presto di fronte al tuo occhio interiore potranno scorrere immagini incredibili come questa ad esempio: — ti trovi in un vecchio tempio o in un'antica cattedrale — sei immerso nell'atmosfera di quel tempo remoto, respiri l'aria pregna di essenze e percepisci le oscillazioni provenienti da questi vecchi muri venerabili — — — ti riesce facile sentirti completamente a tuo agio in questo luogo, prendere il tuo posto in quest'antico modello e lasciarti trasportare dai suoni — — — sei perfettamente lucido e questo grande luogo sacrale ti affascina — sei commosso ed impressionato e non sai se queste tue sensazioni siano da attribuire ai suoni, alle parole o all'atmosfera — in ogni caso ora abbandoni il tuo posto e ti incammini con incredibile sicurezza per questo luogo sacro — i tuoi passi sono guidati dalla musica o da uno strano sentimento che sembra abbia assunto il comando — ad un certo punto la strada finisce e ti trovi di fronte ad un'antichissima e lunghissima scala in pietra; segui i suoi gradini consumati con sicurezza da sonnambulo — gradino dopo gradino — lentamente e senza esitazione — quasi come se fossi già sceso altre volte da questa scala — — — continui a scendere — da solo e senza alcun timore — accompagnato dai suoni e dalle parole e soprattutto guidato da una sensazione di sicurezza — — — questi secolari gradini consumati non ti conducono in basso solo in rapporto allo spazio, ma sembra quasi che ti portino anche indietro nel tempo. E così arrivi giù, molto al di sotto dell'antico santuario — in una sorta di cripta. — — — Senti quasi a livello fisico la presenza di innumerevoli generazioni di servi di Dio, i cui piedi hanno calpestato per anni la dura pietra — sembra che siano tutti riuniti in questo luogo — qui l'aria è completamente diversa, ma piacevole — le spesse mura sotterranee diffondono un'atmosfera di profondità e sicurezza — una luce fioca proviene dagli angoli della stanza — non è né buio né luminoso quaggiù — non fa né caldo né freddo — è come se questo ambiente si trovasse tra due mondi ed è come se fosse senza tempo — dovrebbe trovarsi esattamente sotto al luogo in cui ti trovavi prima, trovi senza alcuna difficoltà la strada che conduce al suo centro — — — quando guardi nuovamente il pavimento, quest'ultimo ti appare strano, irreale, come se fosse ricoperto da un velo, oppure è il tuo sguardo ad essere velato? — — Dopodiché il pavimento si confonde in una sorta di nebbia, che sembra scaturire dal terreno e che conferisce all'intera scena un aspetto ancora più irreale — i lembi di nebbia si addensano e cominciano a scorrere come nuvole sopra il pavimento — — — ti abitui molto rapidamente alla nebbia ed i suoi lembi diventano più trasparenti e luminosi — hai l'impressione di riuscire a vedere attraverso la nebbia — di scorgere sotto di essa un altro livello della realtà — in mezzo alla realtà reale, il livello che sta dietro alle cose — — — questi veli che hanno sempre offuscato il tuo sguardo, in questo momento si sollevano per te, sventolano ancora intorno a te, sempre pronti a coprire di nuovo la realtà con l'illusorio mantello del tempo, nascondendo in questo modo l'essenziale. — — — Sono le nebbie del tempo, che si spingono tra noi e la realtà — in questo istante puoi guardare attraverso di esse — ora ti rendi perfettamente conto di come il tempo offuschi ogni cosa e ti chiedi come hai fatto a non accorgertene fino a questo momento — in questo luogo dove sono riuniti tutti i tempi, il tempo diventa così denso da essere visibile — visibile come quel velo che in realtà è. Ora, davanti al tuo occhio interiore, questo sipario che ti separa dalla realtà è strappato. Guardi attraverso di esso, vai oltre le apparenze e ti trovi al di là del velo — — — ed improvvisamente non sei più solo — una donna molto anziana ti sta di fronte, come se fosse spuntata dal pavimento o sbucata da dietro i veli del tempo. La sua figura è illuminata da una luce bluastra a te sconosciuta e sembra che ti sorrida — tuttavia ha nel contempo un'aria estremamente seria ed un momento dopo sorride di nuovo amichevolmente e cordialmente. Il suo sguardo serio e quello sorridente sembrano coesistere nello stesso preciso momento — improvvisamente non è più neanche vecchia — al contrario è giovane — all'improvviso non è nemmeno più una donna, bensì un giovane dai lineamenti delicati — ma dopo poco è nuovamente una donna venerabile — ed un uomo anziano e saggio ed in un certo senso tutto questo accade contemporaneamente — riconosci che si tratta di una creatura al di là del tempo, o forse è proprio la Signora Tempo, la grande bugiarda, che in questo momento ti dà un assaggio delle sue capacità e sul cui volto si rispecchiano tutti i tempi — e nei cui lineamenti traspaiono tutti i tuoi tratti oltre ogni spazio e tempo. — — — Nonostante ciò, e nonostante tutti i suoi imbrogli, è in un certo senso simile a tutte le persone che hai incontrato fino ad ora — e ti senti legata ad essa, senza sapere esattamente chi sia — — percepisci quasi a livello fisico la sua vicinanza e la sua saggezza — perché è proprio la saggezza ciò che colpisce di più in lei — una saggezza al di là di ogni giudizio, non è né una sacerdotessa di questo tempio, né una sciamana, né una druida, né tanto meno una maga di popoli antichi, ma nel contempo è sacerdotessa e sciamana, druida e maga — ha anche molti altri ruoli — non ne è nessuno, ma allo stesso tempo li rappresenta tutti — la chiami tra te e te «la Donna Saggia» e la preghi di poterle restare ancora un momento accanto. Lei sorride dolcemente, dal momento che capisce l'illusione del tempo — un momento quaggiù può significare qualsiasi tempo lassù. Te lo spiega quasi senza parole ed acconsente volentieri a tenerti con sé finché resisterai ed a svelarti ciò che realmente vuoi scoprire — a rispondere alle domande che ti toccano nel profondo e a cui cerchi veramente di dare una risposta — ma c'è di più, è pronta a starti vicino — al di là di ogni illusione e domanda — a vivere con te nel suo momento. — — — Così stai assieme a lei ed hai tutto il tempo che vuoi, poiché qui esso non esiste — 1 minuto — la donna risponde a tutte le tue domande senza parlare — i tuoi pensieri sono le sue risposte, è sufficiente pensare ad una domanda, che già ti dai da solo la risposta — 2 minuti —

A poco a poco senti che ti attira ancora qualcosa dell'altro mondo e che non vuoi perdere quest'occasione per nessuna ragione e senti anche che puoi tornare indietro non appena ne sarai convinto interiormente — a questo punto però vedi nuovamente i veli sollevarsi o forse sei proprio tu che li alimenti pensando e credendo nel tempo? — — — I veli hanno cominciato a ricoprire il terreno e ad avvolgere la donna saggia, ora capisci perché si parla di velo di Iside, — — lo vedi di fronte a te, il velo della dea, che noi uomini tessiamo, per non essere costretti a vederla di continuo — le nebbie del tempo ricoprono nuovamente ogni cosa del passato e del futuro — e già ora senti che è giusto che sia così, così come è giusto che tu ora te ne vada, poiché sai che non si tratta di un addio, ma di un arrivederci, potrai infatti tornare in questo luogo ogni volta che ti sentirai pronto a farlo. Così torni indietro nella cripta sotto al santuario e poi su fino al tempio e da qui al luogo in cui hai iniziato questa meditazione — con un respiro profondo ritorni nel tuo corpo rilassato e riprendi il controllo su di esso muovendo lentamente le dita delle mani e dei piedi, solo adesso, alla fine della meditazione, apri gli occhi ed orientati di nuovo consapevolmente nella stanza in cui ti trovi, guarda che ora è e quanto tempo è trascorso, in base alla nostra concezione del tempo polare.

9. Meditazione
Mandala a colori

Sdraiati comodamente in posizione supina, allunga le gambe e lascia che i piedi cadano rilassati verso l'esterno — — tieni le braccia distese lungo il corpo, chiudi gli occhi, distogli quindi lo sguardo dal mondo esterno e rivolgilo dentro di te — prenditi il tempo necessario per arrivare nel luogo prescelto, sorretto dalla base d'appoggio su cui giace il tuo corpo ed a cui ora puoi affidare consapevolmente il tuo peso — al prossimo respiro lasciati semplicemente andare — mentalmente e fisicamente — allarga le gambe e le braccia — apri le mani e tienile con i palmi rivolti in su — così che il tuo corpo prenda le sembianze di una stella a cinque punte — un mandala, che sopra rimane aperto — — in effetti ti senti stranamente aperto e ti concentri su questa tua apertura — lasci che gli eventi succedano da sé, senza il tuo intervento — lasci che tutto accada spontaneamente — percepisci la tua ricettività — senti anche che la musica e le parole penetrano dentro di te e si diffondono in te — ti apri consapevolmente a loro — cominci a respirarli ed a sentirli nel tuo corpo — lasci che la musica si propaghi dentro di te e vibrare con lei è così facile e piacevole — così prosegui verso il tuo centro e le tue profondità — e ti senti perfettamente al centro della stella a cinque punte, che il tuo corpo in questo momento rappresenta — e percepisci anche sempre più chiaramente la sensazione che questa musica ti dà — mentre respiri l'apertura ed assapori la vibrazione che ti pervade internamente e che ti circonda esternamente — dove i pensieri sono vibrazioni e dove queste ultime avvolgono ogni cosa — le idee vanno e vengono e tu ti lasci andare — nel mondo interiore di fantasie e sogni, immagini e colori compariranno in questo momento, o tra pochi istanti, e ti accompagneranno durante il tragitto che porta alle profondità delle tue esperienze interiori, e nel frattempo osservi cosa accade dietro alle tue palpebre chiuse e sul fondo del tuo occhio interiore — osservi tutti i movimenti che si verificano — veli e nuvole passano veloci e ti attraversano — strutture colorate si configurano nel buio — si formano e scompaiono alternativamente — vedi distintamente che il buio è animato — da un flusso interminabile — il flusso delle immagini interiori scorre davanti a te, mentre, senza accorgertene, sprofondi ancora di più ed il tuo occhio interiore percepisce movimenti continui — immagini, pensieri, colori e sensazioni appaiono e scompaiono in continuazione — da dove provengono e dove vanno a finire? — Da qualche parte più in profondità — deve esserci una sorgente da cui scaturisce ogni cosa ed in cui poi sprofonda nuovamente — una sorgente nel centro di te stesso — che evidentemente è inesauribile e che alimenta ogni cosa — anche il respiro ora sembra nascere da questa sorgente, l'inspirazione scaturisce da essa e l'espirazione ritorna ad essa — come del resto il flusso dell'energia vitale — e tutti i flussi interiori — il flusso dei pensieri, delle immagini e dei colori e tu scorri consapevolmente con esso e ti lasci trascinare — restando tuttavia molto vicino alla sorgente interiore. — Senti che anche i colori scaturiscono da questa fonte, diventano sempre più definiti e chiari — si compenetrano e poi si separano nuovamente — — adesso si riavvicinano e sembrano disporsi ordinatamente ed in effetti inizi a vedere un arco colorato che a poco a poco colma l'intero campo visivo e diventa un arcobaleno che occupa tutto il cielo — — — dall'unione dell'acqua e del fuoco della luce del sole si forma un vero e proprio arcobaleno — guardi attentamente questo spettacolo della natura che si sta svolgendo dentro di te — osservi le oscillazioni dei colori, che prima sono puri e luminosi e poi si mischiano, per formare il successivo colore dell'arcobaleno, e intanto non ti accorgi di andare sempre più giù, poiché l'arcobaleno ti incanta e ti fa percepire i colori più vivi che mai — ti sembra quasi di sentirli a livello fisico — ti abbandoni completamente a questo spettacolo interiore e sei testimone di come un giallo chiaro e brillante diventi un caldo arancione, che a sua volta si trasforma in un rosso fuoco, che al suo culmine si tramuta in viola e gradualmente in un blu scuro e rilassante. — — — Accogli i colori in te — li respiri e ti abbandoni ad essi — così che ti si avvicinino sempre più e ti avvolgano, mentre all'improvviso un colore prende il sopravvento sugli altri e diventa sempre più intenso e potente — il tuo colore, quello che ti si addice di più in questo momento e di cui ora hai più bisogno — comincia ad avvolgerti e tu lasci che accada — lasci anzi che questo colore penetri dentro di te, inizi a respirarlo e lasci che con l'espirazione scenda in profondità, così che riempia alcune zone del tuo corpo e tu stai a guardare di quali si tratta — quelle dove questo colore è più necessario — così già ora, o tra pochi istanti, potrai constatare che alcuni organi e tessuti ne assorbono grandi quantità, necessarie ai loro processi vitali — mentre altri si colorano solo superficialmente — ed il respiro fa la sua parte, è infatti attraverso di lui che entrano queste vibrazioni — in effetti anche i colori sono vibrazioni e puoi sentire chiaramente che il colore da te prescelto vibra in te e fa vibrare le tue strutture interne con la sua tonalità, ti sembra realmente che si tratti di un tono vibrante, che ha risonanza in te e che fa vibrare intensamente alcune parti del tuo corpo. Di conseguenza prendi quanto basta di questo colore e solo quando sei saturo e quando tutti gli organi che ne hanno bisogno ne hanno abbastanza di questa oscillazione di colori, l'afflusso cessa ed anche all'esterno ciò che resta di questa tonalità abbandona il tuo corpo e ritorna nell'arcobaleno — oppure si trasforma in un'altra tonalità? — O è quest'ultima ad arrivare fino a te dall'arcobaleno? — In ogni modo ora anche questo secondo colore diventa più intenso e ti si avvicina — la tua pelle lo assorbe e così ti rendi conto che anche la pelle può realmente respirare, ora lo percepisci distintamente — anche i lobi polmonari si dilatano e fanno penetrare il nuovo colore — che, come il primo, riempie il tuo corpo — e ti avvolge dentro e fuori — nuvole e colori penetrano dentro di te ed ancora una volta osservi dove si concentrano maggiormente — quali organi ne hanno più bisogno ed approfittano di questa occasione per dilatarsi ed assorbirli — ed attingere da questo leggero flusso energetico — ti accorgi che il colore è energia ed ora senti di assorbire energia e luce — poiché il colore è luce, proprio quella luce di cui tu ed i tuoi organi in questo momento avete necessariamente bisogno — sei avvolto da nuvole di questa luce colorata, finché non ti rendi conto che il tuo organismo ne ha abbastanza anche di questa tonalità e nello stesso tempo queste nuvole colorate ora superflue si ritirano e ritornano al loro posto nell'arcobaleno, ma già ora un'altra tonalità si stacca da esso e ti si avvicina, prima lentamente, poi sempre più in fretta — scorre dall'arcobaleno fino a te e ti avvolge ed automaticamente i pori della tua pelle si dilatano e lasciano che anche questa qualità di luce ti attraversi, sei di nuovo immerso nell'oscillazione — inspiri la luce e sei immerso in questo colore ed il tuo corpo ne assorbe la quantità di cui ha bisogno e riempie anche con questa gradazione di colore il suo serbatoio di energia. — 30 secondi — Dopodiché ne avrai abbastanza anche di questo colore, ed esso si ritirerà immediatamente nell'arcobaleno — infine un ultimo colore si stacca da esso — quello che ora ti manca più di tutti e non appena pensi ad esso inizia ad avvolgerti — ancora una volta vedi con piacere che respirando anche quest'ultima luce si fa strada dentro di te ed arriva e si espande esattamente dove manca — alcune zone del corpo che più ne hanno bisogno attirano queste tonalità e le assorbono ed esse a loro volta si sentono attratte da queste zone bisognose. — — — Senti che con tutte queste gradazioni di colore dentro te sei più completo che mai e che ora ne hai abbastanza anche di questo colore, che comincia a ritirarsi nel grande arcobaleno — — — stabilisci se il tuo corpo ha bisogno di altri colori dell'arcobaleno e se così fosse non fai che prepararti interiormente ai colori prescelti ed aprirti ad essi col respiro e già essi scorreranno dentro di te e giungeranno nei luoghi in cui ce n'è bisogno — — — sei aperto ad essi e ti rendi conto che riempiono il tuo corpo e gli giovano e magari si mischiano nelle giuste proporzioni, formando le tonalità di cui il tuo organismo ha più bisogno in questo momento, che accoglie quindi prontamente in sé. Ed ogni tanto compare l'intero arcobaleno, così che tu possa vedere se ti manca qualche altra gradazione pura o una combinazione di colori, per accoglierla eventualmente dentro te — adesso — in questo momento di apertura e di disponibilità interiore — e nel frattempo sei sempre più completo e soddisfatto, ricevi tutto ciò che ti serve da questo viaggio attraverso l'arcobaleno, le cui gradazioni di colore ora ti avvolgono nuovamente e, quasi come all'inizio, cominciano a ballare intorno a te — ed anche dentro te percepisci ciò che accade all'esterno — un balletto di toni e di luce colorata — — — e nonostante si verifichi sia fuori che dentro te, sei soprattutto uno spettatore ed osservi in quali zone del corpo si sono accumulati i diversi colori — vedi che le mani, le braccia, i piedi e le gambe hanno colori diversi e che la testa è a sua volta di un altro colore, percepisci tutto questo dal centro della stella che il tuo corpo forma in questo momento e qui c'è una profonda tranquillità — la profondità del centro — la fonte di ogni cosa — da qui sgorga unicamente una luce bianca, che ora ti sembra di vedere — l'energia che sta alla base di ogni cosa — senti che pulsa, che scorre — uniforme e possente — dal centro e nel centro — a forma di stella o come un vortice che si sviluppa all'esterno, nella molteplicità di colori, toni e vibrazioni di cui la vita è composta — — — e ti rendi conto che tutti i meravigliosi colori e l'intero mondo colorato nascono da una mancanza di luce. — — — Ora vedi con il tuo occhio interiore che anche l'arcobaleno non è che una variazione di luce bianca e che la natura e le sue piante sembrano verdi, solo perché manca loro la luce rossa, che essa trattiene per sé — la restante luce viene riflessa ed arriva ai nostri occhi, che per questo motivo la vedono verde. Riconosci attorno a te un mondo deficitario — il nostro colorato mondo delle forme e del vortice — — — e contemporaneamente riconosci il tuo centro — in cui regna la tranquillità ed in cui risplende costantemente luce bianca — — — osservi che dentro te diventa sempre più chiara e pura, mentre all'esterno diventa sempre più fioca ed illumina tutti i contrasti — — e ti accorgi anche che nel mezzo — nella luce bianca, regna l'unità e la completezza — e che solo all'esterno nascono i contrasti, che sorgono dalla mancanza — così come al rosso manca il verde per essere completo, al blu manca il giallo, al freddo il caldo, all'angustia la larghezza, alla forza la debolezza, a tutto manca qualcosa — tu stesso sei là fuori, sei una combinazione di opposti e di contraddizioni — la somma della tua felicità e della tua tristezza, di odio e di amore — — — e non appena ti rivolgi nuovamente al centro vedi che in esso gli opposti non sono definitivi, bensì aspettano di completarsi — così come ogni colore aspetta il suo colore contrario per ritornare bianco — l'unica luce del centro. — A questo punto sei cosciente che il tuo corpo rappresenta un mandala, lo osservi dal tuo centro — questo microcosmo — che assomiglia in tutto e per tutto al macrocosmo terra — intuisci il suo influsso ed il suo campo — e ti abbandoni alla vitalità di quest'esperienza — sei testimone di come l'intero cosmo colorato nasca in ogni istante dal centro — si formi spontaneamente e ritorni al centro — nel tuo centro ed in ogni centro — — — da questo centro — in cui regna il nulla, nasce ogni cosa e si propaga all'esterno — per poi ritirarsi e ritornare nuovamente nel centro — — — sai che non si potrà mai capire — come sia possibile che tutto ciò accada contemporaneamente — si può solo intuirlo — e tu effettivamente senti che il flusso d'energia scorre nello stesso tempo in entrambe le direzioni — e che tutto contiene già il suo contrario — che in quest'unico centro c'è tutto — e che nel tutto c'è anche il singolo. Anche tu sei tutto e contieni tutto — — — e questa esperienza resta impressa nella tua mente, anche se i colori, le immagini e le idee svaniscono nuovamente — nel centro da cui inizialmente erano scaturiti — il centro ingloba nuovamente ogni cosa e tu riprendi consapevolmente il controllo sul tuo corpo facendo un respiro profondo e ritorni in questo mondo di contraddizioni, senza però dimenticare questa esperienza, ti senti rinvigorito ed arricchito dai colori e dalle esperienze che continuano a vivere dentro di te e che aspettano all'occasione di venire rinfrescate. Muovi lentamente le dita delle mani e dei piedi, così che il tuo corpo abbandoni la posizione della stella a cinque punte, solo ora apri i tuoi occhi ed orientati consapevolmente nello spazio e nel tempo.

10. Meditazione
La cassa di risonanza

Sdraiati comodo e rilassato con le gambe unite e le braccia lungo il corpo, chiudi gli occhi. Abbandonati completamente ad una sensazione di tranquillità ed alla base d'appoggio su cui giaci con assoluta fiducia è la base del rilassamento, accade automaticamente e tu ti lasci piacevolmente sorreggere dal supporto e guidare dalla musica. Sei protetto ed al sicuro, senza bisogno che tu faccia niente. Il tuo corpo sprofonda sempre più nella base d'appoggio che lo sorregge, è sempre più rilassato, i suoni della musica lo accompagnano, mentre lo spazio ed il tempo hanno sempre meno valore, sono sempre più insignificanti. Ieri diventa oggi ed il domani diventa ieri, oggi tuttavia è contemporaneamente domani e ieri ed il passato non è più alla tua sinistra, ma non è ancora nemmeno alla tua destra. È ora e il sopra corrisponde al sotto e la sinistra non viene prima della destra, poiché il domani non viene dopo ieri, bensì è tra la sinistra e la destra, sopra e sotto, nel mezzo — e questo centro si dilata; il tempo diventa il centro, ieri e domani diventano il centro, ed il centro è oggi, tra sopra e sotto, qui — e qui è anch'esso nel mezzo. Il centro è spazio e tempo contemporaneamente ed è come un punto che si dilata e diventa fluttuante. Ieri, oggi e domani sono come sinistra e sopra, sotto e destra, sono nel centro e quest'ultimo è un punto e quindi non è un'idea, o forse lo è, e l'idea è priva di ieri e domani, destra e oggi, sopra e sinistra. Anche sui lati e sotto non è nient'altro che idea — niente — come un punto. Punti che danzano davanti al tuo occhio interiore ed intorno al centro, suoni che lo centrano, che sprofondano nel centro e scompaiono. Il centro risucchia ogni cosa, i suoni, i pensieri e le immagini provengono, si dirigono e terminano nel centro. Oppure i suoni provengono dal centro e ritornano solo ad esso? Ed i pensieri — anch'essi scaturiscono dal centro, diventano essi stessi il punto centrale, e primo o poi scompaiono nuovamente nel centro. Il centro ha posto per tutti e per tutto — eppure non è né grande né ampio, né piccolo né minuscolo, né sopra né sotto, né ieri né domani. Il centro si trova dove sei tu — il centro dei pensieri, il centro dei suoni ed il centro del mondo sono tutt'uno. I pensieri ed i suoni sono una cosa sola — oscillazioni intorno al centro senza tempo ed in ogni tempo — da qui a qui e da ora ad ora. I toni risuonano in questo preciso istante, provengono solo raramente dal passato per risuonare nel futuro — ed altrettanto frequentemente echeggiano dal futuro al passato — da sotto a sopra e da sopra a sotto, da ogni lato nel centro e dal centro si diffondono da ogni parte. I suoni si propagano in avanti e nel contempo all'indietro — nel centro termina la «realtà» ed inizia la realtà — la tua realtà — inizia in mezzo al petto, nel cuore. Immagini e subito dopo senti sempre più chiaramente che il tuo cuore si allarga — come un fiore che al mattino si schiude al sole, petalo dopo petalo — e tu ti apri completamente — a tutto ciò che ora vuole entrare in te, così i suoni penetrano direttamente nel tuo cuore, per poi uscire nuovamente da esso — anche il respiro scorre nel cuore — dolcemente e delicatamente — ogni volta che inspiri ti apri un po' di più — il tuo cuore e l'intero torace si aprono — il respiro ti allarga e ti allunga ed apre a poco a poco anche il tuo ventre, il tuo bacino ed infine tutto il tuo corpo — diventi un calice ampio ed aperto — ricettivo e sensibile. Ed ogni volta che inspiri delicatamente diventi ancora più largo — più aperto. Ogni volta che espiri invece sprofondi ancora più in basso dentro di te — ti lasci completamente andare. Espelli tutto ciò che è faticoso e penoso — ti scrolli di dosso i brutti pensieri come se fossero vestiti vecchi o una coperta consumata. Quando espiri oltre all'aria ti liberi anche delle preoccupazioni — i tuoi dubbi svaniscono come gocce d'acqua che colano da un petalo, affidi ogni ostacolo al dolce respiro — quando espiri ogni volontà ti abbandona e sei contento che accada, fai succedere ciò che accadrebbe comunque. Il tuo respiro diventa ancora più debole, così debole che il tuo petto si solleva appena. Il tuo corpo è così rilassato che il respiro lo attraversa come un vento fresco e leggero — come il vento che soffia tra gli alberi o su di un campo di grano — come il respiro che vibra attraverso un flauto di bambù — il flauto è immobile — eppure trasforma il respiro — e da esso scaturiscono dei suoni — ed il respiro fa sì che anche dentro di te i suoni prendano vita. Senti che alcune parti del tuo corpo vibrano lievemente con i suoni che stai ascoltando in questo momento. Ora, o tra pochi istanti, cominci a sentire questi suoni dentro di te — prima sulla pelle — e a poco a poco con tutto il corpo — con ogni sua parte ed ogni suo organo. — Ogni zona del corpo reagisce in modo leggermente diverso ed ogni suono ha la sua zona preferita — i toni molto acuti e quelli bassi, ad esempio, non vengono percepiti dalle stesse zone del corpo — ogni singolo tessuto vibra solo a determinati suoni, quelli che più gli si addicono ed ora senti quindi soprattutto questi toni. E così come i suoni si accumulano e si compenetrano, anche le vibrazioni si depositano nel corpo. Ogni cosa oscilla per sé, ma anche nell'insieme. Anche dentro di te ogni cosa oscilla seguendo un solo ritmo e dipende l'una dall'altra. Anche ogni parte del tuo corpo è collegata a tutte le altre — senza che tu faccia nulla — come il flauto sei completamente passivo e ti abbandoni all'attimo. Tutto ha luogo dentro di te — senza tuttavia che tu faccia nulla — eppure senza di te non accadrebbe niente — senza il flauto non esisterebbero suoni — eppure il flauto è passivo. Esso si trova — come del resto anche tu in questo momento — in un campo di vibrazioni — tu stesso sei questo campo — senza di te i suoni non potrebbero essere sentiti — ascoltati — avvertiti. Tu sei, e così anche i toni. Suoni e campi nuovi ti fanno vibrare. Non è solo il corpo a vibrare con i suoni, ma anche i sentimenti e le sensazioni vibrano con esso a determinati toni — questi ultimi echeggiano dal centro e si perdono di nuovo in esso. Immagini e pensieri vengono stimolati dai suoni — scaturiscono dal profondo e scompaiono nuovamente in esso. E così come i toni confluiscono e si compenetrano fino a formare un unico suono, anche le singole parti del corpo si fondono — e si uniscono ai sentimenti ed alle immagini — diventano tutt'uno con essi — l'intero corpo vibra — e la tua anima vibra con esso. Ti immedesimi in uno strumento musicale e, come ogni strumento, anche tutte le diverse parti del tuo corpo hanno — i loro differenti sovratoni — nessuno è migliore o peggiore degli altri, sono tutti collegati. L'intero strumento vibra ad ogni singolo tono — ed anche tutto il tuo corpo vibra — e diventa una cassa di risonanza. — 1 minuto — Sei lo strumento musicale e nello stesso tempo sei anche corpo — e le diverse parti di esso, i sentimenti, le immagini ed i pensieri sono in perfetta armonia ed ogni tono la accresce, tu stesso sei armonico, ti stacchi mano a mano dal corpo — quindi anche dallo strumento musicale. Il corpo e lo strumento diventano sempre più irrilevanti ed indifferentemente dal livello di distensione raggiunto finora, adesso hai la possibilità di sprofondare ancora di più nei toni — ti trasformi tu stesso in diversi toni — diventi musica — ti immedesimi in essa — nella pura vibrazione — sei ovunque nello stesso momento — superi i limiti e fai vibrare anche questi ultimi. Tu sei la musica e fai che tutto vibri insieme a te — anche il corpo — il corpo della persona sdraiata comodamente che eri un tempo e che in qualche modo sei tuttora — tu sei la vibrazione — vibrazione da qui a qui — da ora a ora —. 1 minuto — Anche se presto questo viaggio finirà, continuerai a vibrare — per sempre — ed anche tutto ciò che è intorno a te continuerà a farlo. E non esiste nulla che non vibrerebbe — che non vibra. — — — Secondo il tuo personale tempo poni fine a questa esperienza. Così come in ogni momento puoi ritornare nei limiti del tuo corpo, puoi anche ripetere questa esperienza ogni volta che lo vorrai.

11. Meditazione
Corpo, chakra e meditazione

Sdraiati comodo e rilassato, con le gambe unite e le braccia lungo il corpo, ascolta la tua voce interiore, rivolgi il tuo sguardo all'interno — fai attenzione a ciò che succede dentro di te in questo momento ed a quello che senti e lascia che accada, inizia ad inspirare i toni della musica — lascia che ogni volta che inspiri entrino in te — immagina che dal petto salgano fino al capo — fino in cima alla testa — e che quando espiri la musica scenda nel resto del corpo. Inspiri i suoni ed espirando fai sì che si diffondano per tutto il corpo — nel contempo lasci che svaniscano nel corpo e mentre si smorzano ti rilassi ulteriormente. E così ti riempi sempre più di musica e di aria — il respiro e la musica riempiono il tuo corpo — hai l'impressione di dilatarti. Inspiri i suoni, li lasci penetrare dentro di te — ti apri completamente a loro — ad ogni respiro i suoni ti riempiono sempre più. Già ora, o comunque tra poco, sarai pieno di toni, i toni vibrano in te — li inspiri attivamente — ed espirando li lasci andare — e ti lasci andare — lasci andare tutto ciò a cui sei attaccato e tutto ciò che è ancora in sospeso, che ti opprime e che ti è di peso — lasci andare tutto — ti lasci andare — e diventi così più leggero e libero. Ogni volta che espiri ti liberi con gioia di qualcosa — lasci che penetrino solo suoni e lasci che tutto il resto succeda passivamente —. Ti liberi di ogni pesantezza, cupezza, fatica ed ostacolo, ti lasci guidare solo dal tuo lieve respiro — ti lasci trasportare — ti riempi sempre di più di toni e musica e poi te ne liberi nuovamente espirando, diventando così più leggero e libero. I suoni vibrano dentro di te ed anche tu cominci a vibrare — ti senti sorretto da un cuscinó d'aria fatto di suoni e di musica — tu stesso vibri e ti trasformi in una vibrazione — il respiro e la musica diventano una cosa sola, diventano tutt'uno — tu stesso sei quest'unità — ti allarghi sempre più — percepisci il tuo corpo dal centro del tuo respiro — ed ora senti che questo centro del respiro è in mezzo al tuo torace — la tua coscienza è qui ed è come se il tuo petto o qualcos'altro in te si aprisse — il respiro scorre dolcemente e consapevolmente attraverso quest'apertura — e tu percepisci te stesso ed il mondo dal centro della tua apertura — dal tuo petto, percepisci improvvisamente ogni cosa da questo centro delle emozioni — sei tu stesso questo centro e vedi quindi tutto in quest'ottica, le preoccupazioni quotidiane cambiano aspetto. I problemi centrali della tua vita appaiono stranamente mutati e tu li analizzi da quest'altro punto di vista. Tutta la vita cambia aspetto da qui. — Tutto appare sotto una luce diversa. Queste esperienze ti si imprimono nella memoria — e restano nella tua coscienza. Lentamente la coscienza dilaga per tutto il corpo, senti il flusso di energia e del respiro e avverti nuovamente in tutta chiarezza il centro nel petto — ora la tua attenzione si sposta più in basso — ogni volta che espiri va sempre più giù, nel ventre, e poi ancora più in basso sotto all'ombelico ed esattamente nel punto in cui il ventre e l'addome si uniscono senti un altro centro di energia. Il flusso respiratorio arriva fin quaggiù ed anche tu vai sempre più in profondità nel ventre ed osservi da qui te stesso ed il mondo rappresentato dal tuo corpo — osservi i tuoi pensieri e le tue sensazioni dal centro del tuo ventre — ascolti l'energia che vi scorre — analizzi le preoccupazioni ed i problemi della tua vita da questa prospettiva — 1 minuto — sei dentro al tuo ventre — e ti sembra di sentire una voce provenire da questo centro. Dal fondo del corpo risuona la voce del tuo ventre, che ti racconta del suo mondo, il mondo del ventre, ti fornisce immagini e ti dà delle sensazioni del tuo mondo del ventre — — — ora gli poni una domanda particolarmente importante per te — ed in effetti ricevi una risposta — una risposta dal fondo delle tue stesse intuizioni — e così inizi a discutere con la voce delle tue intuizioni. — 1 minuto — L'intera situazione diventa a poco a poco più chiara — tu stesso sei laggiù — sei l'energia proveniente dal ventre — e parli con la voce dell'intuizione — essa proviene da te e contemporaneamente tu stesso sei questa voce — tutte le domande provengono da sopra, dall'altro centro di energia che è la testa — ed alcune domande giungono anche dal centro dei sentimenti — dal centro del petto. Ma la maggior parte di esse sono dettate dal cervello — ed in questo momento percepisci distintamente questo scambio tra energia della mente e del ventre — senti che tra i due centri scorre energia — tu stesso ti trasformi in questo flusso energetico. — — — Nei tre centri c'è energia e da qui essa si diffonde in tutto il corpo — è anche al centro di entrambi i palmi della tua mano — il respiro impercettibile ed i suoni attraversano ogni cosa — tu respiri in tutti i tuoi centri ed attraverso di loro — ed il campo energetico diventa sempre più grande — più esteso — riempie tutto il corpo — dalla testa ai piedi fino alla punta delle dita — fino al tuo limite esterno — la pelle — ora senti che la tua pelle si carica — l'energia l'attraversa, penetra attraverso di essa — tutto scorre — diventa un ampio, grande campo energetico — ogni respiro è parte di quest'energia — ogni pensiero fa parte dell'energia — come del resto ogni dolore — ogni gioia — le lacrime di gioia e di dolore — tutte le preoccupazioni ed i desideri sono composti di quest'energia — tutti i giudizi ed i pregiudizi — ogni entusiasmo — ed ogni sensazione fanno parte di quest'unica energia — — — ti accorgi sempre più della grandezza e dell'ampiezza di questo campo — ti rendi conto che tutto ciò che hai sempre pensato, provato, vissuto proviene da quest'unica fonte — sai di essere tu stesso questa fonte — percepisci il respiro che scorre in questa fonte, nel tuo centro, che lo alimenta e lo ravviva — che collega l'esterno all'interno. Il campo energetico che tu stesso rappresenti e quello che c'è all'esterno sono uniti da un comune flusso respiratorio — l'aria che c'è in te è la stessa che c'è fuori — prana — l'energia vitale — ora sai che esiste una sola energia — un'unica energia — quella che respiri appunto — che sperimenti, che vivi — e che sei. — 1 minuto — Percepisci di nuovo i limiti della pelle e senti che anch'essa respira, che il medesimo respiro affluisce e defluisce attraverso la pelle — l'energia scorre liberamente in entrambe le direzioni — e tu la assimili e poi la elimini — improvvisamente riconosci che la pelle è solo in apparenza un limite — tutti i confini sono in fondo solo apparenti — intanto la tua energia può defluire liberamente nella stanza in cui ti trovi e tu ti dilati con lei — diventi più ricettivo — ti espandi sempre più — senti che il campo energetico che tu stesso rappresenti cresce e si dilata — oltrepassa e ingloba limiti apparenti — racchiude ogni cosa e non esclude più nulla — i tuoi vestiti, il supporto su cui sei sdraiato, le mura della stanza — tutta la tua energia — tu stesso — tu sei tutte queste cose ed altre ancora — ti sembra di imbatterti in pelle in apparenza estranea, in altre teste e nella mia voce — e tu stesso sei tutto questo — sei anche quella pelle, quelle teste e questa voce, che senti dentro di te ed all'esterno — ma dov'è l'esterno? — Tu sei ovunque — sei anche la voce che ti guida, sei le sue vibrazioni e quelle dei suoni, sei ogni vibrazione. La tua energia vibra liberamente attraverso lo spazio ed il tempo ed incontra fiori, alberi, altre teste, altri cuori ed altri addomi — ed ovunque vada la tua energia trova solo se stessa: energia — così come tu stesso trovi ovunque e sempre solo te stesso — senza limiti sei illimitato — senza fine sei infinito — senza tempo sei eterno — atemporale — l'unica energia esistente. — 1 minuto — Ora sei così vasto ed esteso che non trovi più alcuna resistenza ed anche tu non fai più resistenza. — Puoi penetrare ogni cosa ed ogni cosa può attraversarti — non puoi più ferire nessuno e nessuno può più ferirti a questa distanza — eppure gli incontri sono frequenti — compenetrazione ed unità — sei tutt'uno col mondo, sei unito a tutto — un'unica infinita rete — un pensiero — sei un pensiero — sei il mondo — ed il mondo è te — un'energia — unità. — 1 minuto — Non è facile e nemmeno necessario rientrare nei limiti del tuo corpo — puoi rimanere aperto quanto vuoi — e come in realtà sei — qualsiasi decisione tu prenda scoprirai che la tua energia oltrepassa di gran lunga i limiti apparenti del corpo — quest'ultimo è troppo stretto per contenere tutta la tua energia — e così scoprirai anche che in realtà sei molto più vicino alle cose ed alle persone di quanto hai sempre creduto.

12. Meditazione
Dopo il lavoro

Prenditi un attimo di tempo per dimenticare le ore passate ed il lavoro svolto e per arrivare nel posto in cui ti riesce più facile rilassarti in questo momento in cui ne hai tutto il diritto, non pensare più al lavoro, poiché ora non hai nient'altro da fare se non dedicare il tuo tempo a te stesso e fare defluire espirando ciò che adesso non ti serve più, semplicemente rilassandoti — puoi stare in pace con te stesso dopo tutti gli impegni ora è sufficiente prestare attenzione alle percezioni del corpo ed al respiro, quando entra nelle narici raffreddandole, in questo momento sei vigile ed attento e lasci che succeda ciò che in questo istante accade da sé è positivo e ben accetto in questa sfera dove regna la calma e la distensione è piacevole dopo tutte le attività esteriori il mondo interiore ti può ricompensare con esperienze semplici e rigeneranti e già ora senti le dolci onde del respiro farsi strada dentro di te, quando espiri entra infatti aria fresca ed energia, mentre quando espiri puoi far defluire l'aria viziata e tutto il superfluo, mentre ti concentri completamente su te stesso e sul tuo respiro in questo momento succedono così tante cose e ne accadranno ancora di più tra poco, quando ti lascerai andare e ti scrollerai di dosso la tensione, mentre il respiro spazza via tutte le preoccupazioni che potrebbero ancora affliggerti, senti quindi chiaramente che l'espirazione allevia le tue sofferenze e che inspirando puoi accogliere nuova energia dentro di te — ogni volta che espiri ti svuoti e fai spazio a nuova energia, segui solo col pensiero l'espirazione, ma gli affidi realmente ciò che non ti serve più — in questo momento percepisci chiaramente tutte le tensioni del giorno visibili sul tuo viso, come le rughe sulla fronte ad esempio, aggrottala intenzionalmente e liberati con la prossima espirazione — ora — di tutta la tensione — l'espirazione fa scomparire la tensione in men che non si dica e la porta via con sé — — — (inspirare profondamente) — — — e con l'inspirazione incameri aria fresca ed energia e permetti a quest'ultima di arrivare sino alla fronte e di espandersi in questa zona. — Ora rivolgi la tua attenzione alle contrazioni intorno alla bocca, storcendola anche questa volta consapevolmente ed avvertendo in questo modo distintamente la tensione sulle labbra e sulla lingua, ora è sufficiente affidare ogni contrazione all'espirazione e la fiducia è in effetti la base della distensione si propaga, mentre tu ti servi del respiro per ripulirti dalle immondizie accumulate durante il giorno, che rimpiazzi inspirando energia fresca. — — — Dopodiché ti liberi espirando della tensione del mento e della mascella, la tensione accumulata in queste zone del corpo defluisce con il flusso respiratorio — e scompare in esso — prima che inspirando entri nuova energia e vento fresco — — — e forse in questo momento puoi apprezzare ancora di più il respiro, il vento fresco che fa soffiare e l'effetto rilassante dell'espirazione, che ti libera di tutto ciò che ti opprime e che subito dopo ti apre a nuove esperienze... e già ora, o tra pochi istanti, senti che il tuo viso è leggermente cambiato o forse è solo la tua immaginazione, a questo punto immagini anche altre situazioni piacevoli, in cui lasci andare le cose vecchie e fai entrare quelle nuove e senti che non è solo il tuo viso a cambiare, ma che anche altre parti del corpo subiscono il processo di trasformazione del respiro, la nuca ad esempio, su cui ora ti concentri, si sta anch'essa rilassando, — — — mentre l'espirazione continua a svolgere automaticamente il suo compito — quando inspiri entra nuovamente energia fresca ed i muscoli della nuca si distendono e si rilassano ed è naturale che ciò accada coscientemente — — — ora anche le spalle si rilassano, senti già ora, o comunque lo farai tra pochi istanti, che si abbassano leggermente ed anche per te è facile sprofondare sempre più in basso e lasciarti andare senza il minimo sforzo — — — l'inspirazione sostituisce l'energia consumata, ora anche le tensioni nella zona toracica defluiscono con il flusso espiratorio ed il petto si abbassa e si distende, mentre quando inspiri si allarga nuovamente e si riempie di energia fresca e di forza — — — ora è la schiena a distendere tutti i suoi muscoli contratti nelle ore precedenti e mentre prima si era irrigidita per reazione alle difficoltà della giornata, adesso espirando puoi rilassare i muscoli della schiena e far scorrere la fresca energia penetrata con l'inspirazione nei suoi lunghi muscoli e sulla sua vasta superficie cutanea — — — ora ti sposti nel ventre ed osservi che anche le pareti addominali possono distendersi, scacciare il superfluo espirando ed accogliere il nuovo flusso di energia fresca allargandosi ed inspirando. — — — Ora anche il bacino inizia a distendersi consapevolmente ed a rilasciare ciò che negli ultimi periodi si è teso, una sensazione di sollievo si fa largo ed inspirando giunge fino in fondo al bacino — — — ora anche le gambe imitano le altre parti del corpo e colgono l'occasione per riposarsi, per sciogliere i loro grandi e forti muscoli e per liberarsi dei crampi e delle contrazioni tramite l'espirazione... I piedi sono gli ultimi a rilassarsi consapevolmente — magari aiutati da piccoli movimenti, mentre il flusso respiratorio trascina via il superfluo e porta con sé energia e nuove forze, che potrebbero servire in futuro... e mentre tutte le parti del corpo si sono rilassate e distese, anche l'anima si è contemporaneamente liberata di ciò che la affliggeva, poiché l'anima e il corpo sono così strettamente collegati, che anche se spesso non ce ne rendiamo conto, essi dipendono l'una dall'altro in tutto e per tutto — — — ora però l'anima fa un passo avanti e mentre sospirerai profondamente e butterai fuori l'aria, lasciandoti andare in questo modo ancora di più, essa porterà il corpo con sé — fai un sospiro come quelli che si fanno dopo un esame o dopo una giornata faticosa — poiché oltre dell'aria in questo modo ti libererai anche delle pene dell'anima — — — con la prossima inspirazione vedrai che il corpo e l'anima si incontreranno e si stimoleranno reciprocamente... Ora lentamente torni indietro da questo viaggio nel mondo della distensione, ti sentirai subito meglio e comunque in futuro gli effetti benefici del rilassamento si intensificheranno ancora di più, se ricorderai come è stato facile per il corpo rilassarsi e come accade in fretta — — — ora però respira profondamente, apri gli occhi e ti sentirai rinato, soprattutto quando ti sarai di nuovo orientato consapevolmente nello spazio e nel tempo, sapendo tuttavia che puoi ritornare nelle sfere della distensione e del rilassamento ogni volta che lo vorrai...

13. Meditazione
Prima di un impegno e di un lavoro

Concediti un po' di tempo, ovunque tu sia seduto o sdraiato, per ascoltare la tua voce interiore, chiudi gli occhi e concentrati su te stesso in questo momento è facile essere passivo e lasciare che la base d'appoggio supporti l'intero peso del tuo corpo, mentre tu ti prendi il tempo necessario per prepararti agli impegni futuri. Generalmente ogni volta che inspiri incameri aria fresca inconsciamente, ora invece ti concentri e cerchi di farlo consapevolmente e di occuparti anche degli impegni e dei doveri futuri. — — — Ogni volta che inspiri nuova energia il torace ed i polmoni si dilatano — — — accade proprio in questo momento o succederà entro breve —

e questa energia potrà essere utilizzata dove più ce n'è bisogno, mentre espirando puoi liberarti di ciò che hai già sistemato e di ciò che non ti serve più, in modo da concentrarti unicamente sul presente, sui doveri che esso impone, ma anche sulle opportunità che offre... e così lasci che ora il respiro scorra nei lobi polmonari, già adesso, o comunque entro breve, senti che essi si dilatano e che occupano lo spazio che gli spetta, così come anche tu occuperai il posto che ti compete al momento giusto e mentre ogni cosa si allarga e si amplia, anche tu senti di aprirti sempre più e di divenire sempre meno vulnerabile — — — nulla può toccarti, dal momento che non opponi resistenza — respirando ti accorgi che la resistenza vive della limitatezza e quest'ultima scompare ogni volta che inspiri — si dissolve nell'aria che respiri, la quale contiene tutto ciò di cui hai bisogno in questo momento e forse già in questo istante ti accorgi che l'aria che respiri può essere strettamente collegata con il desiderio che hai di respirare, adesso, dove tutto può accadere da sé, — — — se lo desideri puoi semplicemente abbandonarti a quest'istante è un fatto naturale ed altrettanto naturalmente e facilmente puoi prepararti ad affrontare i compiti futuri — — — per svuotarti e potere accogliere quindi nuove esperienze dentro di te devi prima paradossalmente riempirti del tutto e la maniera più facile per farlo è inspirare quanta più aria ed energia possibile — — — (inspirare profondamente!) — — — ora la conseguenza naturale è espirare altrettanto profondamente, in modo da svuotarti completamente e da essere aperto ad ogni novità riconosci che ogni cosa determina il suo contrario, che il vuoto è una conseguenza del pieno, che il rilassamento è una conseguenza della tensione — — — approfitta della pienezza dell'inspirazione e della massima tensione possibile, tendi e contrai più che puoi i muscoli e mantieni per un attimo questa posizione, stai col fiato sospeso e contrai i muscoli facciali, finché sei costretto a fare una smorfia — — — stringi i denti e corruga più che puoi la fronte — — — quando non ce la fai più, rilassa ogni parte del corpo e sentirai che il flusso espiratorio ti condurrà nella dolce e profonda valle della distensione, che i muscoli del volto si rilasseranno e che le parti contratte si distenderanno e che il tuo viso avrà un'espressione più penetrante che mai. — — — Ora lascia che anche le braccia facciano lo stesso, che si contraggano dalle spalle fino alle mani — — — ora! — — — che la tensione scorra lungo tutto il braccio, dalla cintura scapolare al braccio e all'avambraccio fin giù nelle dita delle mani, chiuse a pugno, ora, finché resisti, cerca di mantenere questa posizione contratta ed il fiato sospeso — — — a questo punto, adesso — rilassati e stendi le braccia, le spalle, le mani e le dita — — — senti di sprofondare nuovamente ed ancora più profondamente nella valle della distensione — diventi però anche più cosciente ed aperto alle due possibilità estreme dell'esistenza — la pienezza ed il vuoto — la tensione e la distensione — dopodiché lascia che con la prossima inspirazione — — — ora o tra pochi istanti — — — tutto il corpo, il tronco soprattutto, si contragga, tieni il fiato sospeso e sentirai la forza e l'energia represse che si accumulano nel petto e nel bacino, se vuoi puoi trasformarti in un vero e proprio fascio energetico, come in questo momento — — — in cui trattieni il respiro ed in cui la tensione aumenta — — — una volta raggiunto l'apice della tensione rilassa nuovamente ogni parte del corpo e lascia semplicemente che quest'ultimo cada nella profonda valle della distensione, aiutandoti con l'espirazione, che porta via ogni tensione come una grossa onda e che ti fa calare ancora più profondamente nel regno della distensione — — — oltre a questa sensazione di rilassatezza rigenerante e di calma, senti che tutta la zona del busto è particolarmente sensibile — avverti forse un prurito — una sensazione fisica più viva che mai — e l'evidente disponibilità del corpo a vivere ed a partecipare ad ogni cosa. — — — Il respiro e la tua attenzione si spostano ora verso il basso, verso il bacino e le gambe, la prossima volta che inspiri contraili più che puoi — senti che i muscoli delle natiche e delle cosce si induriscono — la tensione aumenta anche nei polpacci, nei piedi e nelle loro dita e più trattieni il respiro più essi si contraggono e più cresce la forza. Lo avverti chiaramente — — — finché non ce la fai più e lasci che anche questo blocco di energia defluisca con l'espirazione, così che la tensione ceda il posto alla rilassatezza ed al benessere e in modo che tu possa essere ancora più vigile e sensibile — aperto e completamente rilassato, capace di esistere fra gli opposti, ciò che ti accadrà è positivo e benvenuto — in ogni momento — devi essere consapevole di ciò e pronto ad accettarlo in qualunque istante, — — — devi attendere con gioia e disponibilità quello che l'attimo ti offre — riconoscere che l'alternanza dei poli della tensione e della distensione non è che un gioco della vita è piacevole e tranquillizzante nello stesso tempo sei cosciente e rilassato e sai che potrai affrontare ciò che verrà in tutta calma, poiché sai che nel momento cruciale puoi sempre contare sulla tua energia e che la tensione non è che il passo che precede un rilassamento ancora più profondo — — — questa consapevolezza è la tua forza, che in qualche modo esiste grazie al respiro e che risiede dentro di te, così che tu te ne possa servire in ogni momento, ogni volta che lavori ad esempio — e non devi fare nessuno sforzo — basta la tua presenza in ogni istante del presente e con questa consapevolezza è facile terminare questo piccolo esercizio — sapendo che i risultati conseguiti attraverso di esso, cioè una notevole apertura mentale ed una coraggiosa disponibilità, potranno aiutarti ad affrontare meglio i tuoi impegni, fai ora un respiro profondo ed apri consapevolmente gli occhi su quest'attimo e sulle sue possibilità.

Meditazioni per bambini

Introduzione

I bambini sono più vicini degli adulti alla meditazione, dal momento che vivono ancora in un mondo di immagini e di favole, di miti e di storie. Un ulteriore vantaggio sta nella loro alta considerazione per le esperienze interiori sul piano delle immagini. Mentre gli adulti utilizzano per questo genere di esperienze espressioni come «era solo un sogno», «niente altro che fantasie» o «solo immaginato», i bambini sono ancora capaci di piangere se la trama della fiaba sta diventando pericolosa per i protagonisti o se per questi ultimi si mette male. Talvolta per i bambini i simboli e le immagini sono l'unico sostegno ed attraverso di loro essi si esprimono con sorprendente sincerità. Se si vuole conoscere meglio il mondo infantile è sufficiente dare un foglio di carta ad un bambino e pregarlo di disegnare se stesso ed i membri della sua famiglia sotto forma di animali. Se una simile richiesta fosse rivolta ad un adulto, esso ricorrerebbe immediatamente all'aiuto dell'intelletto, mentre i bambini disegnano in tutta onestà. Se il bambino in questione rappresentasse se stesso in mezzo al foglio come una pantera, la madre ai margini come una timida cerbiatta ed il padre come un coniglio, non è necessaria un'approfondita conoscenza psicologica dei simboli per interpretare la dinamica familiare, bensì sommarie informazioni sulla zoologia. Una bambina una volta ha disegnato se stessa ai margini del foglio con le sembianze di un riccio appartato dai restanti membri della famiglia: suo padre come un elefante, sua madre come un uccellino ed i suoi fratelli con le sembianze di differenti animali predatori. Anche se si legge ai bambini una fiaba o una qualsiasi storia illustrata e dopo un po' si chiede loro se erano anch'essi presenti nella storia, nascono disegni estremamente significativi. Generalmente si identificano immediatamente con uno dei protagonisti e lo modellano a loro piacimento. Se si prosegue con la storia, l'immagine che i bambini se ne fanno diventa più precisa e viva del disegno e la possibilità di esercitare un certo influsso sugli avvenimenti aumenta.

I bambini inoltre hanno mantenuto intatta la capacità di trattare magicamente le immagini, il che significa che queste ultime hanno delle ripercussioni sulla realtà, in cui le immagini sono comunque di primaria importanza. Se riescono a modificare la loro situazione sul piano immaginario, ben presto questi cambiamenti si rifletteranno anche sulla loro vita reale. Una volta una psicoterapeuta spronò un bambino con problemi di socializzazione a costruire una funicolare tra due case. Una volta realizzato il progetto, il ragazzo migliorò notevolmente i suoi problemi interpersonali. Anche gli adulti potrebbero nuovamente stabilire un contatto magico con le immagini, se solo si dedicassero di più al loro mondo interiore. Milton Erickson riuscì ad ottenere dei miglioramenti in una paziente frigida, facendole sbrinare il frigorifero. Lo scetticismo degli adulti che non credono a queste testimonianze si riflette spesso anche sulle loro immagini: essi non riescono cioè a stabilire un contatto vero con queste ultime.

Ciò che per gli adulti è un'eccezione per i bambini è invece la regola. Per questi ultimi le immagini sono naturali e potenti, il che può provocare anche degli stati d'ansia. Se hanno vissuto delle situazioni poco chiare, è facile che pensino che sotto al loro letto si nasconda un mostro, che evitino le cantine buie, che abbiano paura dell'uomo nero e che non andrebbero mai in un cimitero di notte. La ragione e la logica degli adulti servono a ben poco in queste situazioni, dal momento che la forza dell'immaginazione è intatta e molto più potente di quella dell'intelletto. Questi esempi dimostrano inoltre che le immagini sopracitate condizionano spesso anche gli adulti, più di quanto non vogliano o siano disposti ad ammettere. Ma scoprire di avere anche da grande di queste paure o di queste fantasie superstiziose, non è unicamente uno svantaggio; significa che si ha ancora accesso alle immagini ed ai simboli interiori e da un punto di vista terapeutico ciò è sicuramente positivo.

I bambini hanno bisogno — come del resto gli adulti — di immagini simboliche; probabilmente i primi ne hanno ancora più bisogno dei secondi, per lo sviluppo delle loro facoltà spirituali. Oggigiorno, tuttavia, essi non pensano che questo nutrimento per l'anima possa provenire dalle favole. Come noi adulti, vivono nell'era dei surrogati e ricevono quantità più che qualità. Videocassette e giochi computerizzati sostituiscono le storie della buona notte e l'affetto dei genitori. Anche noi adulti non ci trattiamo certo meglio; il cibo vero e proprio è sempre più scadente e serve giusto a sopravvivere, ma non certo a vivere bene. Abbiamo molta più cura della nostra macchina che del nostro corpo. Nessuno infatti farebbe un pieno di benzina diesel ad un motore che richiede benzina super, solo perché la prima è più economica o perché il distributore è più vicino a casa. Per ciò che riguarda il cibo invece, non ci facciamo scrupoli ad ingerire prodotti scadenti e generi voluttuari che rovinano per certo la salute. Cerchiamo di recuperare con la quantità ciò che perdiamo in qualità ed i risultati di questa sostituzione sono più che evidenti, viviamo cioè in una società in sovrappeso, il cui stato di salute è seriamente compromesso e che tuttavia soffre di eclatanti fenomeni di carenza.

A livello psichico e spirituale la situazione è analoga: anche da questo punto di vista prediligiamo la quantità piuttosto che la qualità e facciamo indigestione di informazioni di secondo ordine, film di terzo ordine e svaghi di quarto ordine. Il nutrimento per l'anima praticamente non è più soggetto ad alcun tipo di controllo della qualità, da che il commercio ed il consumo sfrenato dominano il mercato, a scapito della qualità. Questo sistema basta forse a sopravvivere, ma vivere bene è tutt'altra cosa.

Una volta Konrad Lorenz ha affermato di ritenere dannoso che un bambino potesse venire solo saltuariamente a contatto con la natura e con le sue svariate ed armoniose forme e che potesse crescere in un mondo di angoli retti. Oggigiorno i lungimiranti moniti di Lorenz purtroppo si sono avverati. Viviamo in enormi condomini innaturalmente segregati in mini appartamenti, che assomigliano a piccole gabbie rettangolari. I bambini che vivono nelle grandi città crescono in luccicanti buchi di metallo davanti al televisore. Solo i nostri occhi ancora rotondi contrastano col *trend* quadrangolare.

Le favole ed i simboli primordiali rappresentano, soprattutto oggi, una fondamentale compensazione ed offrono la possibilità di costituire una solida base, sulla quale hanno il diritto di proliferare anche le nuove conquiste del nostro tempo, senza però arrecare danni. Così come i computer e gli apparecchi video fanno parte del nostro tempo, la natura e le favole sono insostituibili. Nulla è più bello per un bambino che un'esperienza, sia esteriore che interiore, vissuta assieme ai genitori, esattamente come dal punto di vista della qualità, non c'è paragone tra cibo fresco e cibo in scatola, anche se per sopravvivere, ad esempio in un ipotetico periodo di carestia, è sempre meglio quest'ultimo di niente. Oggigiorno, in cui l'evoluzione dell'anima ed il suo bisogno di simboli e di modelli è totalmente in secondo piano, talvolta bisogna accontentarsi di favole in audio e videocassetta al posto di vere avventure. Il problema degli adulti è la mancanza di fantasia, ma in qualunque libro di fiabe si possono trovare degli ottimi spunti per i viaggi all'interno di noi stessi. In fondo il passo tra chi racconta la favola e chi la vive è breve. È sufficiente esortare i bambini a chiudere gli occhi dopo le prime parole e tutto il resto si svolgerà da sé dentro di loro.

L'ideale sarebbe interpretare i mondi empirici interiori come completamento di quelli esterni, per avere accesso ai simboli ed agli archetipi, agli elementi ed alla natura da entrambi i punti di vista. Alcune storie si ricollegano direttamente alla polarità e quindi ad archetipi ambigui; di conseguenza occorre prestare maggiore attenzione. Tuttavia è giusto che vengano trattati sia temi positivi che negativi, perché anche l'anima di un bambino necessita di completezza. Il maggior difetto delle favole del movimento anti-autoritario, da un certo punto di vista più innocue, era proprio la mancanza di questi temi, che le rendeva quindi molto poco interessanti agli occhi di un bambino. Nelle fiabe non ci sono solo principesse e fate buone, figli di re e radiosi eroi, ma anche streghe e spiriti maligni, furfanti ed assassini. È proprio il confronto tra il bene ed il male e l'accettazione dei propri lati negativi che ci fa avere fiducia nelle nostre capacità e che costituisce quindi la base della fiducia rimordiale.

L'«intromissione» dei bambini ha luogo soprattutto quando non è espressamente voluta, poiché essi si identificano con un personaggio e vivono l'intera storia dalla sua prospettiva. Può darsi che avvenga un'identificazione positiva anche con le restanti figure, che rappresentano ulteriori aspetti della propria anima, ma può anche accadere che vengano rifiutate sul piano emozionale. Per ciò che concerne i viaggi guidati, si consiglia di approfittare sin dall'inizio di questa interferenza e di spronare il bambino a servirsi quanto più possibile della forza dell'immaginazione.

Occorre utilizzare un linguaggio estremamente semplice, adeguato ai bambini, poiché contrariamente la meditazione perderebbe la sua efficacia. In caso di dubbio si consiglia di semplificare ulteriormente i seguenti testi ed adattarli a seconda della fantasia più o meno sviluppata del bambino. Il livello di astrazione, già molto basso in ogni tipo di meditazione, dovrebbe essere ulteriormente ridotto se quest'ultima è rivolta ad un bambino molto piccolo. Più i concetti sono semplici e vivi, più sono efficaci.

1. Meditazione
Famiglia animale

Facciamo un gioco — un gioco speciale però, che si svolgerà dentro di noi. Non ti servono giocattoli, in realtà non ti serve niente — poiché abbiamo già tutto quello che ci serve in noi stessi ed è ancora più bello di quanto immaginassimo. Trova un posto in cui sdraiarti o sederti indisturbato ed ascoltami, io sono la voce che ora gioca con te. — — — Bene, ora trovati un bel posticino e mettiti comodo. Chiudi gli occhi e non aprirli fino alla fine, qualsiasi cosa succeda — troverai tutto il necessario dentro di te. Nonostante i tuoi occhi esteriori siano chiusi, vedrai molte cose. Infatti anche così puoi guardarti intorno, può farlo chiunque, ma ora vediamo cosa vedi di bello? — Riuscire a vedere con gli occhi chiusi è ancora più emozionante — tra poco te ne accorgerai, se terrai gli occhi ben chiusi, anzi dimenticali del tutto. Bene — ora stai attento ed ascolta bene quello che ti dirò: pensa ad un gattino bianco e nero — — — e hop, ecco che appare il gattino — è stato facilissimo — non appena dico «gatto» riesci ad immaginarlo — e più è nitido e vivo, meglio è. E se ora ti dico di pensare ad un piccolo maiale rosa, il maialino compare subito, anche se hai gli occhi chiusi. Anche se dico: elefante — ne appare immediatamente uno. — — — Ed anche se ti dicessi di pensare ad una scimmia con gli occhiali, riusciresti ad immaginare una simile ridicola scimmietta, anche se sai perfettamente che le scimmie non portano gli occhiali — ma qui dentro di te riesci a vedere cose che fuori non esistono — ora potresti ad esempio ingrandire gli occhiali e metterli all'elefante — è molto buffo — ma è possibile, poiché qui dentro può accadere quasi ogni cosa. Ed il bello è che è facilissimo, non devi sforzarti minimamente, anzi, basta che dica qualcosa perché si avveri automaticamente, non puoi impedirlo. Puoi anche cercare di non seguire i miei consigli e vedere quello che accade: ad esempio, non pensare ad un coniglio — 10 secondi — cosa è successo? Quando dico coniglio, ecco che appare — non ha quindi alcun senso non partecipare a questo gioco, perché tanto ha luogo comunque ed è così facile, che è difficile immaginare qualcosa di più semplice e divertente. Perché qui puoi fare e vedere quello che vuoi. È successo tutto in fretta ed ora puoi radunare gli animali intorno a te, il gattino bianco e nero, il maialino rosa, l'elefante e la scimmia e puoi decidere da solo quale di questi vuoi che porti gli occhiali e quali no. E se sei sincero, devi ammettere che riesci a vedere anche ad occhi chiusi, anche se in modo diverso che non con gli occhi aperti.

Ed ora immagina di essere uno di questi animali, uno qualsiasi, il primo che ti viene in mente in questo momento — lascia che si delinei sempre meglio ed osservalo attentamente — di che colore è e quanto è grande, che suoni emette e che odore ha — si muove velocemente o piuttosto lentamente. Ti piace? — — — E poi sgattaiola dentro a questo animale ed osserva com'è dall'interno e cosa si prova ad essere questo animale specifico. Ora osserva attentamente come cammini nei panni di questo animale e cosa vedi con i suoi occhi — forse vedi il mondo in modo del tutto diverso — più dall'alto o più dal basso — e forse ti interessano cose completamente diverse — e adesso che ci pensi ti trovi in un mondo differente da quello in cui vivevi prima, quando non eri ancora un animale. Cammina per questo luogo come se fossi questo animale e segui semplicemente i tuoi istinti animaleschi, così che tu non debba nemmeno pensare a dove andare — ogni cosa è del tutto naturale per gli animali e quindi anche per te — e dopo che hai camminato per un po' in questo modo, arriverai in un punto che sovrasta un'estesa pianura. Sdraiati e senti cosa prova l'animale che ora impersoni. Sei un animale che ama riposarsi oppure uno che preferisce essere sempre in movimento? Ora guardi giù e scorgi in lontananza una pozza d'acqua, che ti invita a dissetarti. Ora appare un animale che ti ricorda molto la tua mamma, pensa quale animale potrebbe essere — e proprio in questo momento lo vedi dirigersi verso l'acqua — è la tua mamma con le sembianze di un animale — la riconosci perfettamente, anche se a prima vista non sai esattamente cosa te la ricorda in particolare. È la maniera in cui cammina o i suoi modi o cos'altro? — In ogni caso ora la tua mamma ha raggiunto la sorgente e beve e mentre la guardi capisci cosa ti piace — — — e cosa invece non ami particolarmente in lei, mentre beve alla sorgente sotto forma di animale e non ti può vedere, mentre tu, dall'alto della posizione in cui ti trovi ora a riposare, la puoi osservare attentamente. Adesso ha smesso di bere e se ne va — — — lentamente scompare dietro ad un cespuglio. — — — Ma non appena sparisce appare qualcun altro — e questa volta si tratta del tuo papà. Se fosse un animale, qual è il primo che ti viene in mente? — ed è proprio quest'animale che ora vedi dirigersi verso l'acqua. Riconosci benissimo il tuo papà —, anche se forse non sai ancora esattamente cosa te lo ricorda in particolare — ora, nelle sembianze di questo animale — ma più lo osservi, più capisci che gli si addice perfettamente —, adesso è laggiù che sta bevendo e non immagina che tu l'abbia osservato per tutto questo tempo, dall'alto del tuo nascondiglio in cui non puoi essere scoperto. — — — Ed ora che anche il tuo papà animale ha bevuto abbastanza, si allontana e scompare lentamente dal tuo campo visivo; sei curioso di vedere cos'altro accadrà presso questa particolare sorgente ed in effetti la visione continua. Anche altri membri della vostra famiglia si sono trasformati in animali e giungono alla pozza d'acqua — i tuoi fratelli e le tue sorelle magari oppure la nonna ed il nonno o chiunque vi sia vicino, soprattutto chi vive con voi. Riconosci subito, al primo sguardo, in quali animali si sono trasformati. Sono inconfondibili — almeno per te. Ed anche se sono in tanti, prenditi il tempo necessario, e qui ne hai a sufficienza, per osservarli tutti attentamente. Anche se può sembrarti buffo vedere laggiù un simile zoo composto dai membri della tua famiglia, non lasciarti sfuggire nulla. Ti accorgi che essi non sanno chi sono veramente; si comportano come se fossero estranei, non parenti, non si riconoscono neppure. — Può darsi quindi che non tutti vadano d'accordo e che qualcuno prenda le distanze dagli altri — — — ora spunta anche la mamma da dietro il cespuglio, sempre sotto forma di animale e si unisce agli altri — — — ma anche lei non si accorge di quello che sta succedendo e sembra che non riconosca nessuno, ed anche il tuo papà, che arriva proprio in questo momento, non ha ancora capito il gioco. Ora sono tutti vicini e tu osservi chi va d'accordo e chi invece evita di stabilire un contatto. — 20 secondi — Come ultima cosa immagina ora di scendere anche tu tra loro — ma senza farti riconoscere da nessuno — ed al solo pensiero ti viene voglia di farlo e ti incammini — Osservi con quali animali, membri della tua famiglia, vai più d'accordo, se qualcuno ti fa paura e preferisci quindi mantenere le distanze — guarda bene di chi si tratta — ma non svelare chi sei, così che il gioco possa continuare. — 20 secondi — Cosa provi all'interno di questa famiglia di animali — c'è qualcuno di cui hai paura e qualcun'altro che invece ti ispira particolare fiducia e con cui giocheresti volentieri? E se c'è qualcuno con cui ti intratterresti volentieri, ma che non hai il coraggio di avvicinare, cerca di capire perché non osi farlo e quali caratteristiche ti spaventano in lui. Guarda anche se la mamma ed il papà vanno d'accordo come animali e se stanno bene insieme. Si tratta di una famiglia di animali in cui ti senti a tuo agio o vorresti essere tutt'altro animale? — 15 secondi — Ora immagina che animale vorresti essere all'interno di questa famiglia e cosa deve cambiare in te perché ciò avvenga. — 10 secondi — Cosa dovresti imparare per trasformarti in esso. — 10 secondi — Chiudi per un momento gli occhi ed immagina di essere quest'altro animale — — — e di fronte al tuo occhio interiore accade una cosa meravigliosa — basta un unico pensiero e già ti sei trasformato in quest'altro animale — hai un aspetto diverso. — — — Osserva esattamente cosa è cambiato in te, in cosa sei migliorato ed in che modo si è modificato il tuo rapporto con gli altri componenti animali della famiglia. — Prenditi il tempo necessario per impersonare il tuo nuovo ruolo — e per osservare il tuo rapporto con gli altri animali, ora che tu stesso sei un animale diverso — 20 secondi. — Cerca di capire cosa vorresti fare con essi ed allo stesso tempo fallo — 1 minuto —

Ora allontanati lentamente dagli altri animali ed anche dall'animale che impersoni in questo momento. — — — Non è un distacco difficile, poiché se ti sei divertito basterà chiudere nuovamente gli occhi per ritornare — ogni volta che lo vorrai — nel mondo animale e dai tuoi due animali, il primo e anche quello che hai voluto essere alla fine. — — — Ora però tutte le immagini scompaiono, fai un respiro profondo e tieni ancora gli occhi ben chiusi. — Adesso muovi lentamente le dita delle mani e dei piedi, allungati e stirati — come l'animale che eri prima — apri gli occhi ed osserva l'ambiente in cui ti trovi, in cui non c'è più traccia di quest'animale, anche se ricorderai per sempre ogni cosa nei minimi dettagli.

APPENDICE:

Naturalmente si può anche spronare il bambino a descrivere le immagini durante la meditazione, tuttavia, se così fosse, bisognerebbe mantenere un perfetto autocontrollo, per non influenzare in nessun caso l'andamento di quest'ultima. La cosa migliore è far disegnare l'esperienza vissuta al bambino, poiché in questo modo si accresce l'efficacia della meditazione. Un'ulteriore alternativa è quella di farsi raccontare l'andamento della meditazione nei dettagli, una volta che quest'ultima è finita. In questo caso non bisogna assolutamente giudicare il bambino e le sue immagini — o almeno fare in modo che non se ne accorga — poiché in caso contrario ogni altra sua esperienza in questo senso verrebbe ostacolata e la fiducia del bambino, che non giudica ancora in modo così consapevole, verrebbe meno.

Naturalmente una simile diagnostica ha valore solo da un punto di vista individuale. Se si sottoponesse un fratello o una sorella del bambino sopracitato alla medesima meditazione, probabilmente la sua visione della famiglia nelle sembianze di differenti animali sarebbe del tutto diversa, secondo il suo personale punto di vista. Se la situazione familiare del primo animale scelto dal bambino fosse insopportabile, se ad esempio egli fosse l'unica pecora tra numerosi animali feroci, è opportuno ripetere più volte la seconda parte dell'esercizio, quella cioè in cui il bambino si immedesima in un animale che ha più probabilità di affermarsi nel pericoloso ambiente che lo circonda. In questo modo il bambino si sentirà più forte anche all'interno della sua vera famiglia.

Anche nel caso contrario, se cioè il bambino fosse ad esempio un elefante ed i restanti membri della famiglia animali molto più piccoli di lui, la ripetizione è vantaggiosa. Il secondo animale che il bambino sceglierà di impersonare sarà più appropriato al resto della famiglia e meno dominante.

2. Meditazione
Creatura d'aria e di fuoco

Ora giochiamo di nuovo al gioco di prima, con gli occhi chiusi e tante immagini e storie interiori — lascia quindi che i tuoi occhi si chiudano, già ora se vuoi o tra poco — quando ti accorgerai che le cose esteriori non sono più interessanti di quelle che hai dentro di te, quindi sdraiati nuovamente tranquillo e rilassato, allarga le gambe e fai cadere i piedi all'infuori, così che tu non debba più preoccuparti di loro, distendi le braccia lungo il corpo e sdraiati comodamente e se ti occuperai solo di ciò che accade dentro di te, già ora o tra pochi istanti ti accorgerai che dietro alle tue palpebre chiuse non è così buio come pensavi e che può succedere di tutto se solo ti concentri, come ora — in cui puoi immaginare e vedere davanti al tuo occhio interiore quello che vuoi che accada — non come vedi le cose esterne, bensì già adesso o tra pochi istanti in modo ancora più chiaro e preciso, se desideri, puoi ad esempio immaginare un vero angelo con le ali o comunque vorresti che sia. E se vuoi questo angelo può proteggerti sulla strada che porta dentro di te verso tutte le immagini e le storie che si trovano all'interno del tuo corpo, dal momento che hai gli occhi chiusi e tutto ciò che riesci a vedere e ad immaginare deve necessariamente trovarsi dentro di te — ed è una bella sensazione quella di avere così tante cose dentro e di poterle osservare ogni volta che lo si desidera, come adesso ad esempio — in un batter d'occhio puoi far apparire un'immagine di ogni tuo pensiero, ad esempio del tuo angelo o di qualsiasi altra creatura e puoi cominciare già ora. Fai apparire la prima creatura che ti viene in mente, osservala attentamente, e quando lo desideri scomparirà di nuovo — adesso ad esempio sei tranquillo ed il tuo corpo è rilassato e sprofonda beatamente nel sostegno ed il tuo respiro è ritmico, nonostante tu non faccia nulla per regolarlo ed ora che ci pensi puoi fare un respiro profondo, un sospiro come quelli che fai dopo avere superato una prova difficile — — — ora fai uno di questi sospiri, e quando espiri potrai rilassarti completamente e lasciarti andare e così è ancora più facile stare a guardare tutte le immagini che tra poco affioreranno, senza che tu faccia nulla per evocarle, è sufficiente restare comodamente sdraiato ed aspettare che arrivino — basta ad esempio che pensi al sole e, indipendentemente dal tempo che c'è fuori, appare non appena rivolgi il tuo pensiero ad esso e se vuoi potrai sentire già ora o tra poco il suo tepore e quando avrai caldo potrai fare alzare il vento, aria fresca. — — — E così immagini che anche il tuo respiro sia un vento e sicuramente già ora sentirai freddo alle narici, mentre inali il vento del respiro. — — — Adesso immagini che fuori il vento diventi sempre più forte, senti il suo fruscio e senti che ti avvolge, è divertente abbandonarsi alla forza del vento, che diventa così forte da riuscire quasi a sollevarti — ed immagina come sarebbe divertente farsi trasportare dal vento, lascia che accada, pensa semplicemente al vento e già lo senti, lo percepisci, lo vedi — lo diventi tu stesso — tu sei il vento — soffi tu stesso con grande forza sul terreno, sollevi la sabbia laggiù e la fai volteggiare in aria — è molto divertente — giochi con la sabbia e con tutto ciò che non è fissato al suolo — sradichi anche ciò che vi è ancorato e lo sollevi in aria — nel tuo regno e le sue distanze sconfinate — ed improvvisamente ti rendi conto di non essere solo — ovunque intorno a te strane creature fatte d'aria giocano al tuo stesso gioco — ora insegui una di queste creature — e così vieni a sapere che sono i veri sovrani del regno dell'aria e che si chiamano Silfidi, esse ti promettono di svelarti tutti i segreti del loro sconfinato regno, quando la grandiosa tempesta sarà cessata — ora vogliono continuare ad infuriare con lei — e tu le segui — — — spirate sul terreno sabbioso e lungo le rocce della vicina montagna e su in alto nel cielo, ed in un potente vortice ti precipiti di nuovo a terra — sei un ciclone che si muove ad altissima velocità. — 10 secondi — E là dietro adocchiate degli alberi ed in un attimo le avete raggiunte, senti che tremano per la vostra forza e scricchiolano, eppure resistono. Tu senti e nel contempo sei questa forza vorticosa, che fa tremare anche gli uomini nelle loro case — la tempesta porta loro via qualcosa — e tu sei questa tempesta — non sei né buono né cattivo con gli uomini e le cose del mondo — sei quello che sei — vento — la creatura dell'aria — e segui la tua natura — ora abbatti le cose più deboli — lì un albero secco — — — là una vecchia capanna — — — ma con meno violenza — immediatamente la tua forza selvaggia si placa ed al suo posto aleggia una lieve brezza — trasporti il polline dei fiori, degli alberi e del grano e fai che crescano i frutti — nutri la natura e procuri anche agli uomini il loro pane — — — e se sei il vento che proviene da ovest porti nuvole cariche di pioggia, che possono dissetare, ma anche inondare la terra — — — se vieni da nord porti il freddo pungente e la neve bianca, che ricopre magicamente la natura e che fa sì che finalmente si possa riposare. — — — Se provieni da sud porti via la neve — — — e siete proprio voi creature dell'aria che sospingete i velieri per i mari, ed in questo modo unite da sempre le persone di tutto il mondo, girate le pale dei mulini ed aiutate gli uccelli, che giocano con te ed in te, sei nel loro elemento — e sei nel tuo elemento — soffi ed aleggi sulla terra e sull'acqua e puoi muovere entrambe, ma esse ti sono estranee, sono molto più pesanti di te e così immobili — — — ma laggiù c'è anche il fuoco e quest'ultimo ti è vicino ed è anche più simile a te — — —. Là dietro scorgi un piccolo fuoco da campo ed in un baleno sei lì, soffi su di lui per alimentarlo. Tu sei il vento ed io sono il fuoco e sei proprio tu che mi ravvivi. La tua forza fa crescere le mie fiamme, che diventano grandi e potenti e scoppiettando distruggono implacabili la legna. Tu alimenti il fuoco, gli dai coraggio e forza — soffi dentro di lui il tuo respiro vitale ed il fuoco lo accetta di buon grado — vive grazie ad esso, — ora avvicini il tuo respiro sempre di più, finché non diventa rovente, ti avvicini sempre di più al fuoco, finché — ora — non passi dalla nostra parte, tra noi creature di fuoco — abbandoni completamente te stesso ed il tuo respiro al fuoco — diventi fuoco ed ora sei una fiamma — calda, impetuosa e distruttrice — ora tu sei il fuoco ed io sono il vento e ti faccio oscillare, ti attizzo continuamente e le tue fiamme ora raggiungono i cespugli secchi, che prendono fuoco. Le tue scintille volano nel vento e quest'ultimo le porta fino al vicino bosco e tu avvolgi gli alberi secchi, — — — le tue roventi lingue di fuoco li raggiungono e li accendono come enormi fiaccole. Sei la brace incandescente ed allo stesso tempo le fiamme che divampano — sei fuoco in tutto e per tutto — e percepisci e gioisci della tua forza e del tuo calore. — Sei questa rovente, rossa forza distruttrice, ti avventi su tutto ciò che ti capita a tiro — là al limitare del bosco c'è una vecchia casa abbandonata — la casa è tua — le tue fiamme saltano sul tetto — e già è in fiamme — scoppietta, scricchiola e si schianta al suolo, di conseguenza incuti anche paura e diffondi il panico con le tue luminose lingue di fuoco che divampano — sei puro — ed anche qui non sei solo — anche qui nel regno del fuoco vivono altre creature, le salamandre, che sorvegliano il loro elemento — il fuoco appunto. Anche tu ora ti senti una di queste creature di fuoco — ti senti una salamandra di fuoco — e non sei né buono né cattivo, sei una salamandra — una creatura del fuoco — e quindi vivi per il tuo compito — sei ovunque ci sia del fuoco, non solo nella casa in fiamme, ma anche nei focolari e nelle stufe di numerose case in cui scaldi gli esseri umani e permetti loro di mangiare cibo caldo, sei anche nel fuoco dei fabbri e li aiuti a forgiare il duro metallo. Sei però anche nei cannoni e nelle bombe e provochi quindi morte e distruzione — sei il fuoco e bruci — è la tua natura — non è né una colpa né un merito — sei l'elemento fuoco e sta agli uomini utilizzarti nel modo corretto. Essi non sono né tuoi amici, né tuoi nemici — tu esistevi molto prima di loro e continuerai ad esistere anche dopo che la loro specie si sarà estinta. — — — Essi possono usarti a loro vantaggio o a loro svantaggio. — — — Se fanno un uso improprio del fuoco, di te stesso quindi, allora mostrerai loro la tua forza — poiché tu sei anche il fuoco nel centro della terra, che ogni tanto esplode — e fuoriesce dalle viscere della terra, dalle montagne, che ti sputano sulla terra, sei la forza dei vulcani, che eruttano la tua brace e la tua rovente rabbia — sei parte della violenta esplosione della Madre Terra — — — percepisci e nel contempo sei l'incandescente brace nel suo centro. — — — E, per la gioia degli uomini, sei anche la forza delle tante piccole esplosioni dei fuochi d'artificio e, nella scia dei razzi, sfrecci nel cielo notturno e dalla gioia ti disintegri in palle di fuoco colorate, in un mare di scintille incandescenti, per divertire i bambini e tutti quelli che sanno ancora rallegrarsi. Sei felice di divertire i tuoi ammiratori, di sfrecciare in alto, di lasciare scie di fuoco nel cielo ed in seguito di dare vita ad una pioggia di luce. Illumini la notte scura e quindi anche la parte oscura della vita, porti la luce ed ora anche la gioia nell'oscurità e fai capire agli uomini che si rallegrano per te, che anche loro sono bambini — bambini della luce. — — —

Con questa sensazione piacevole interrompiamo gradualmente il nostro gioco — questo viaggio dalle creature d'aria e di fuoco — però non del tutto, infatti ora ti accorgi che le creature d'aria attraversano ancora il tuo corpo mediante il respiro e che l'essenza e la forza del fuoco vivono nel tuo sangue rosso e nella passione del tuo cuore caldo e senti che è piacevole essere così simile a questa creatura importante. Senza dimenticare nulla di questo viaggio nel mondo interiore del fuoco e dell'aria, ora torni indietro consapevolmente e percepisci il tuo corpo, che giace tranquillo e rilassato e che si è riposato moltissimo mentre eri in viaggio dentro te stesso. Ora fai un respiro profondo e sentirai che l'aria penetra dentro di te e solleva il tuo petto, adesso muovi lentamente le dita delle mani e le braccia ed ora anche le dita dei piedi e le gambe — — — allungati e stirati, solo alla fine apri gli occhi ed osserva il luogo in cui sei sdraiato. Dopo questa coraggiosa gita proverai una sensazione di grande benessere.

APPENDICE:
Anche i bambini piccoli possono vivere un simile viaggio con curiosità e divertimento, tuttavia il contenuto va ulteriormente semplificato a seconda dell'età. Il vantaggio di questa meditazione è di insegnare giocando il rispetto ed il timore reverenziale per gli elementi. Inoltre il fatto di sapere di possedere una simile forza aiuta i bambini a sviluppare uno spiccato senso di autocoscienza e di responsabilità.

Naturalmente è anche possibile dividere i due elementi in due viaggi distinti, creare cioè quattro meditazioni distinte sugli elementi e magari anche una quinta, che illustri la forza di tutti e quattro gli elementi messi insieme.

3. Meditazione
Creatura di acqua e di terra

Ora vogliamo continuare il nostro gioco e rivolgerci anche ad altre immagini interiori. Cerca quindi di nuovo un bel posto in cui sederti o sdraiarti — e adagiati comodamente. Chiudi gli occhi esterni e guarda all'interno nel tuo mondo — e se lo vorrai le immagini saranno già lì. Ciò che riesci ad immaginare è già presente — ora hai anche l'impressione che le immagini interiori ti ubbidiscano più in fretta — e se adesso pensi ad una caverna, scavata nelle viscere della terra, ti sembra già di vederla — puoi addirittura immaginare di trovarti in questo luogo, negli abissi della terra, al sicuro e protetto in questa grotta calda e buia, in cui hai spazio a sufficienza ed in cui già ora, o comunque tra poco, proverai una sensazione piacevole che ti ricorderà il fuoco, che è di casa qui all'interno della terra, ecco perché fa così caldo — qui, negli abissi della terra ed immagini di avvicinarti ancora di più al fuoco, con cui hai già stretto un'amicizia, di andarlo a trovare a casa sua, nelle viscere della terra. Ed effettivamente già ora riuscirai forse a sentire i gorgoglii del ventre della terra ed anche tu inizierai a ribollire — ed in questo momento sei nel fuoco di un vulcano che cerca di risalire la montagna per uscire allo scoperto. Sale verso l'alto a grande velocità e con un'enorme pressione. Delle violente esplosioni scaraventano in aria pietre liquide e fuoco ed una pioggia di sassi incandescenti e di scintille si abbatte sulla terra e sul mare e tu sei presente — sei nel fuoco e nella sua forza. Dal cratere del vulcano cola una grande scia di lava fatta di sassi infuocati e liquefatti. — — — Il fiume di lava fuoriesce dalle viscere della terra, la casa del fuoco, come una strada infuocata, brucia tutto ciò che sta sul suo cammino e raggiunge infine l'acqua, poiché il vulcano si trova su di una piccola isola rocciosa in mezzo al mare. — — — Una volta raggiunta la riva, l'infuocato fiume di lava scivola in acqua come un poderoso serpente e tu sei presente. Quando il fuoco viene a contatto con l'acqua, quest'ultima sfrigola e ribolle — ed il fuoco affonda nei flutti bagnati — l'acqua tuttavia inizia a bollire dal calore — — — ed il fuoco e l'acqua si uniscono e formano delle imponenti nuvole bianche di vapore, che salgono immediatamente nel loro mondo, il regno dell'aria, e scompaiono. — — — Nato nelle viscere della terra e trascinato ed alimentato dal vento, il fuoco ha trovato nell'acqua un nemico alla pari. Combattendo perdono entrambi e si trasformano in un elemento nuovo — l'aria. L'acqua mostra al fuoco i suoi limiti, — e quando gorgoglia, ribolle e solleva le sue enormi onde, essa appare straordinaria e magnifica come lo era prima il fuoco — ora ti avvicini all'acqua — ti immergi nella sua schiuma — e dopo il calore del fuoco senti il piacevole refrigerio dell'acqua e la sua forza — fai parte delle onde e del mondo acquatico — — — ti sollevi poderosamente con le onde — il loro moto ondulatorio ti culla — — — ti abbatti sull'isola — — — con un frastuono terribile infuri sulle rocce — — — ma anche quest'ultime sono possenti e resistono. — Nei millenni tuttavia sei tu il più forte e la tua costanza costringe anche la pietra più dura a cedere — goccia a goccia scavi la pietra — non grazie alla momentanea forza delle onde, ma con eterna perseveranza ed infinita pazienza. — — — Giochi nel e con il mare, diventi parte delle onde più grosse, ti innalzi minaccioso di qualche metro, ti infrangi sugli scogli sulla riva e vieni immediatamente risucchiato negli abissi marini, e da qui riparti all'attacco della fortezza rocciosa in mezzo al tuo regno — il pensiero di darti per vinto non ti sfiora neanche — al contrario, ti dà un'immensa gioia mugghiare e rumoreggiare, spumeggiare ed ondeggiare, anche questa eterna battaglia in questo momento ti rende felice — — — senza un motivo e senza un'intenzione precisa lasci che la tua forza ed il tuo potere giochino. — — — E poi arriva anche il regno dell'aria ed i suoi spiriti ormai familiari a darti una mano, le tempeste soffiano nei tuoi flutti ed aumentano in questo modo la potenza delle tue onde, le tue acque si sollevano di molti metri — e tu sei nel mezzo — sei acqua — e percepisci la tua natura fino in fondo all'anima — sperimenti cosa vuol dire essere acqua. — — — Ed improvvisamente riconosci qualcuno accanto a te nei flutti — un uomo anziano, con un tridente in mano, egli incita le onde come se fosse il suo esercito ed in effetti lo è, poiché egli è Nettuno, il dio dei Mari. Come un condottiero egli dirige le sue truppe, le dispone in fila e le sprona col suo tridente. In esse ed in te stesso avverti tutta la forza e l'importanza dell'elemento acqua. — E qui sei nel tuo elemento. — — — E quando non avete più voglia di giocare a questo gioco con le onde, Nettuno richiama le sue truppe e con lui sprofondi negli abissi marini. Andate sempre più in basso ed il dio dei Mari ti mostra il tuo nuovo mondo, in cui vi sono paesaggi come sulla terra, montagne e vallate, monti scoscesi e precipizi profondi e ripide gole ed al posto dell'aria e del vento ci sono le correnti — e tu fai parte di esse, ti lasci trascinare in questo mondo degli abissi. Incontri le creature e gli animali più strani — nessuno di essi costituisce un pericolo per te, poiché tu sei l'acqua, l'elemento in cui vivono, così puoi avvicinarti ad essi ed anche se taluni possono sembrarti grandi e minacciosi, non vogliono e non possono farti niente — perché tu sei il loro spazio vitale — sei l'acqua. — — — Là appare un'enorme creatura animale che non hai mai visto prima — ma anche questo mostro non si accorge neppure di te — è come se indossassi un mantello che rende invisibili — — — tu vedi e percepisci tutto, ma nessuno ti può vedere — a parte il dio dei Mari Nettuno ed egli è molto affezionato a te, quasi come un vecchio amico o un padre ti conduce ancora più in profondità e qui la fauna marina è sempre più singolare: lì ci sono grandi serpenti dai corpi possenti, draghi marini mai visti sulla terra e graziosi pesciolini colorati che si muovono rapidamente ed in modo buffo. — — — Accompagnato da Nettuno ti inabissi sempre più — — — le creature del mare sono sempre più belle ed i loro colori più luminosi — ad un certo punto giungete davanti all'ingresso di un magnifico castello marino. È fatto di maestose cascate e le torri sono gorghi e vortici potenti — — — lasciate che una leggera corrente vi sospinga direttamente nella sala del trono — — — là ci sono altre creature marine, ragazze bellissime con una coda di pesce al posto delle gambe — — — si muovono leggiadre per la stanza. Tutte le creature che nel regno marino hanno un posto ed un nome, sono riunite attorno al loro dio: gracili ninfe argentee che popolano i ruscelli montani e come la loro casa sono magre ed agili e le loro voci sono limpide e vivaci, divertenti e scanzonate. Se ti avvicini ad esse, è come se ti tuffassi in un lago di montagna — ed è divertente giocare con loro nell'acqua gelida — — — danzate intorno ai sassi, saltate gli ostacoli, quali le trote che vivono con voi. — Condividi la gioia e la forza d'animo delle ninfe. — — — La vita qui è un unico divertimento — un'eterna festa e voi sguazzate nelle acque agitate seguendo il suo ritmo. — — — Lentamente il vostro ruscello si allarga ed anche i tuoi accompagnatori, le creature marine, diventano più pesanti e grandi, si adeguano del tutto al loro elemento, sono adattabili come l'acqua stessa, che può girare intorno a qualsiasi ostacolo ed adattarsi a qualunque tragitto. — Anche tu ti trasformi — ti adegui come loro al nuovo ambiente — — diventate più veloci — come la corrente che vi trascina — divenite leggiadri e forti — l'alta velocità vi piace — vi avvicinate rapidamente ad un precipizio roccioso — inizi a cadere — provi una sensazione meravigliosa — sei libero e leggero — sei un muro d'acqua in caduta libera — e tu ne fai parte — assapori l'ebbrezza della caduta libera — che sembra non finire mai — ti porta molto in basso e lontano — ed anche in seguito continui a sprofondare: la forza della lunga caduta ti spinge fino nelle viscere della terra — l'enorme e costante forza dell'acqua ha scavato la terra ed è sprofondata negli abissi — e tu sprofondi con essa — finché non raggiungi il fondo — e la forza della caduta ti schiaccia al suolo — ora sei pronto ad affrontare anche questo mondo del suolo — penetri in esso, entri quindi a far parte del regno della terra — e inizi già a sentire la solidità e la fermezza di questo nuovo elemento dentro di te. — — — È buio in questo mondo — eppure riesci a vedere tutto — dentro di te crescono cristalli che si trasformano in luccicanti ricchezze naturali. Il tempo qui scorre diversamente di quanto non scorresse nel regno delle acque — o meglio, non scorre affatto — il tempo non ha alcun valore nelle viscere della terra — oppure passa solo molto più lentamente? Comunque sia — puoi vagare nel tempo ed osservare lo sviluppo delle ricchezze del suolo, di tutti i metalli, del prezioso oro e dell'argento, ma anche del ferro rosso e del piombo grigio — ed ancora più in profondità nel tuo ventre — senti il calore — il familiare fuoco del centro della terra. — — — Più in alto, dove il tempo inizia a scorrere, osservi che dalle piante morte da migliaia di anni nasce l'olio nero della terra — quella sostanza chiamata petrolio che gli uomini si affannano a cercare. — E sali ancora più su — nel mondo delle radici degli alberi e delle piante viventi — qui il tempo scorre quasi allo stesso ritmo in cui scorre nel mondo degli uomini sulla terra. Qui puoi osservare che tutto nasce da Madre Natura e che, quando arriva il suo momento, ogni cosa ritorna in essa. — Ti accorgi che essa nutre tutte le piante e che accoglie in sé tutte le loro radici e che l'acqua le disseta e che il vento lassù, sulla terra, le culla nelle sue braccia e le feconda — e che il fuoco del sole fornisce loro energia vitale. — — —

Sei soddisfatto della tua escursione nel mondo degli elementi — — senti che stanno bene così come sono — e che si compensano a vicenda — e quindi ora sai che ogni cosa è al suo posto — e che va bene — così com'è — — e con questa sensazione tranquillizzante riemergi, fai un respiro profondo e consapevole e ritorni nel tuo corpo, che è formato anch'esso da questi elementi e che vive di essi. Senti la solidità della terra in te stesso — il fiammeggiare del fuoco nel tuo cuore e lo scorrere dell'acqua, di cui gli esseri umani sono prevalentemente composti e ti affidi al vento del tuo respiro, che ti accompagna in questa vita. — — Ora muovi lentamente le dita delle mani e dei piedi, poi lascia che i movimenti diventino sempre più ampi, se lo desideri allungati, stirati e sbadiglia e solo ora apri anche gli occhi esterni ed orientati consapevolmente nella stanza — considera la meta di questo viaggio e guarda quanto tempo è passato.

Meditazione per la guarigione

Introduzione

Abbiamo già più volte descritto e dimostrato che le meditazioni guidate possono aiutare a guarire e che possono fungere da supporto per numerose terapie. Le possibilità di impiego sono praticamente illimitate e la loro efficacia può essere ridotta solo dai nostri dubbi e dal nostro scetticismo. Naturalmente è vantaggioso mettere in pratica questo metodo prima che sussista realmente una necessità terapeutica. Tuttavia esso può rivelarsi utile in breve tempo anche in casi estremi, vista la sua semplicità.

Dal momento che questo metodo non ha di per sé alcun valore, qualsiasi filosofia medica può servirsene, ma purtroppo non sempre nel modo corretto. Oggigiorno ad esempio se ne fa spesso un uso indebito, se paragonato allo scopo della meditazione. Basti pensare ai tentativi come la suggestione, l'affermazione e le altre tecniche di cui si serve il pensiero positivo per reprimere i sintomi. Ciò è possibile, ma non ha più nulla a che vedere con la meditazione — come del resto il modo di procedere dell'allopatia in generale. —

Con questo non voglio criticare il pensiero positivo, ma unicamente sottolineare che si rifà all'orientamento allopatico. Nei casi gravi l'allopatia può salvare la vita, ma non può guarire, poiché non mira a integrare ciò che manca, bensì solo a reprimere i sintomi sorti per questa mancanza. La repressione di uno choc anafilattico con il cortisone può allungare notevolmente la vita, ma non guarirà mai dall'allergia — come invece può fare un metodo omeopatico. Esso aiuta ad integrare il principio mancante a livello di un riconoscimento consapevole, come nel caso della psicoterapia, o sul piano delle informazioni, come nel caso dell'omeopatia classica.

Entrambi i modi di procedere sono dispendiosi, ma riescono veramente a guarire i pazienti, dal momento che, integrando il principio mancante, li rende più completi. Ad una prima analisi il modo di procedere allopatico sembra più veloce ed efficace. Se ad esempio si vuole curare un'eruzione cutanea in fretta e senza impegno da parte nostra, una pomata al cortisone è senz'altro la cura più indicata. La domanda però è: dove è andata a finire l'eruzione scomparsa così velocemente? L'esperienza insegna che il cortisone la spinge in fondo al corpo ed è assai probabile che ricompaia in una forma diversa ed in un'altra parte del corpo, con lo stesso messaggio. Il legame che intercorre tra l'organo di comunicazione pelle e l'organo di comunicazione polmone è così evidente, che è riconosciuto anche dai sostenitori della medicina classica, che per onor del vero hanno coniato essi stessi il termine «spostamento dei sintomi». In fondo non fa molta differenza che si facciano scomparire come per incanto i sintomi dalla superficie mediante il cortisone o mediante l'autoconvinzione. In entrambi i casi ci si è serviti dell'allopatia. Il proposito della meditazione al contrario non è quello di reprimere, bensì di portare alla luce i problemi e di ampliare la consapevolezza.

Invece dell'aiuto sbrigativo dell'allopatia, il metodo della meditazione guidata offre l'opportunità di accettare consapevolmente i propri sintomi e di imparare da essi. La medicina esoterica, sostenuta nei libri *Malattia e destino* e *Malattia linguaggio dell'anima* [1], ha sviluppato una vasta esperienza a riguardo. Si tratta di comprendere i messaggi dei sintomi e di imparare a capire da essi dove si manifesterà il disturbo. Le immagini interiori sono particolarmente adatte a questo scopo.

Anche per quei quadri clinici per i quali la meditazione sembra non servire a nulla, come ad esempio le malattie che causano dolori fisici, essa può portare a risultati sorprendenti. Lo scopo di ogni sintomo è soprattutto quello di richiamare la nostra attenzione. Già solo dedicando loro un po' del nostro tempo, la situazione può notevolmente migliorare, come dimostra la banale esperienza nota a tutti di un lieve mal di denti, che cessa improvvisamente non appena si è seduti sulla poltrona del dentista. Il semplice fatto di aver consultato un medico, dimostra che ci si è occupati del problema ed i dolori in parte cessano, poiché già questo è sufficiente a soddisfarli. Il dolore è sempre un grido di aiuto. Le meditazioni guidate, se interpretate nel modo giusto, rappresentano il metodo migliore

[1] Pubblicato in italiano dalle Edizioni Mediterranee, Roma.

per dedicarsi ai sintomi. Esse danno spazio al dolore e non cercano di distoglierci da esso con banali trucchi. Distrarsi per un po' è facile, ma non funziona a lungo. Per ciò che concerne le malattie, col tempo la soluzione più veloce e più comoda si rivela sempre la più problematica e ciò non si limita unicamente alla medicina.

I sintomi dovrebbero essere realmente debellati e non solo repressi con trucchi e tattiche mercuriali atte a confondere le idee. È ad esempio vantaggioso avere dei tempi fissi all'interno della meditazione da dedicare al dolore o più in generale ai sintomi, così che in questi istanti ricevano realmente tutta la nostra attenzione. In questo modo è possibile barattare nel vero senso della parola delle fasi indolori per il resto della giornata. Se il messaggio dei sintomi è stato recepito e se ha portato alle necessarie conseguenze, i sintomi scompariranno da soli. In questo modo infatti non sono stati repressi, al contrario, essi esistono ancora, solo che su di un piano e con un valore posizionale diverso. I diretti interessati ora sono più sani, più completi e più consapevoli e lo scopo della meditazione è stato raggiunto.

Il lavoro di dodici anni per l'interpretazione dei quadri clinici ha dato vita ad una serie di collaudate cassette di meditazione per determinate malattie[2]. Se si vuole guarire da malattie particolari è opportuno dedicare loro molto tempo e registrare una personale cassetta, composta dagli elementi delle meditazioni precedenti o di quelle che seguono.

[2] Le cassette di meditazione per le malattie sono disponibili solo in lingua tedesca.

1. Meditazione
Il tempio della conoscenza di se stessi

Sdraiati comodo e rilassato con le gambe unite e le braccia lungo il corpo e concediti un istante di rilassamento consapevole, per arrivare qui, in questo posto in questo momento. Controlla le braccia e le spalle e contraile per un attimo, per poi rilassarle e sentire che sprofondano nella distensione — — ora contrai anche le gambe ed i piedi — — — e lascia che in seguito affondino nella base d'appoggio e nella distensione — — — ora concentrati sui muscoli del petto e dell'addome e contrai anch'essi, per poi assaporare anche in questo caso l'effetto benefico del rilassamento — — — adesso contrai i muscoli del bacino ed i glutei, avverti che il tuo corpo si solleva leggermente e che poi si abbassa nuovamente e si abbandona, e sprofonda ancora di più nella distensione — — — infine contrai anche il viso e lascia che poi ricada piacevolmente nella tranquillità della distensione e lasciare che accada, ciò che succede da sé, è giusto e gradevole, si fa largo una sensazione di piacevole ozio e di riposo, dal profondo emergeranno e ti accompagneranno immagini e pensieri, mentre ti abbandoni semplicemente all'attimo. — — — Ed ora a questa profondità compare l'immagine di una scala, che conduce in basso nel regno delle immagini interiori e delle fantasie, delle vibrazioni e dei sogni — — è una scala particolare, i cui gradini hanno colori diversi come del resto i vari stadi della profondità della meditazione. Comincia con un giallo chiaro e non appena ti incammini e giungi in questo campo giallo, senti che anche interiormente si propaga questa tonalità e ti senti in un certo qual modo tu stesso giallo — — in effetti anche i muri della tromba delle scale sono gialli e forse puoi percepire che anche il tuo organismo assorbe questa tonalità di colore finché ne ha bisogno — — — e mentre gradino per gradino arrivi più in basso, ti accorgi che il giallo diventa sempre più forte e caldo ed un po' più scuro e che lentamente si trasforma in arancione — e senti che anche dentro di te tutto si colora di arancione, che questa tonalità penetra nel tuo corpo e viene assorbita nei punti in cui ce n'è bisogno — — — lasci semplicemente che accada e forse già ora senti che ti dà sollievo e che è gradevole, mentre quasi senza accorgertene sprofondi ancora di più nella distensione — — — e poi constati che il colore arancione diventa sempre più caldo e rossiccio e che assume il colore del sole che sorge ed è particolarmente piacevole accogliere dentro di te questa tonalità mentre scendi sei consapevole di come talvolta ti siano mancati questo stato d'animo e questo colore e com'è bello ora assorbirlo completamente in questo tragitto verso la distensione si fa largo da sé i colori si trasformano ed in questo momento sei circondato da un rosso intenso che riempie le parti di te che più ne hanno bisogno — — — è come se il sole tramontasse lentamente ed il rosso diventa sempre più scuro — — — ed infine tonalità sempre più scure si mischiano mano a mano che il sole cala e che anche tu scendi i gradini ed assorbi volentieri anche questi colori che ormai tendono al viola e in questa strada che conduce in basso è tutto così facile tranquillo che puoi goderti già da subito le rilassanti tonalità di blu e sentire già ora che il tuo corpo si apre prontamente ad esse e lascia entrare la quantità necessaria, mentre ti avvii verso una tonalità sempre più scura di blu e ti lasci pervadere da essa — — — sei aperto anche all'eventualità che delle sfumature di verde più scuro si mischino al blu, conferendo ai gradini un'impronta mistica e riesci a percepire già ora o tra poco quasi a livello fisico, la profondità della meditazione, mentre dei toni di verde sempre più scuro si mischiano ad un blu altrettanto scuro fino a formare un turchese cupo, che ti sfiora piacevolmente su questa strada rilassante che conduce nelle profondità della tua anima sono aperte e lentamente diventa sempre più buio ed un nero vellutato ti viene incontro o sei tu che ti dirigi verso di lui? È indifferente in questo momento in cui scendi ancora più giù ed afferri i misteri di questo profondo luogo interiore, in cui ora sei giunto o in cui giungerai tra poco ed in cui le immagini dell'anima ed i modelli delle immagini interiori sono a casa — dove sprofondare ed abbandonarsi ancora di più è così facile e naturale — dove lo spazio ed il tempo non hanno più alcun valore e dove ieri, oggi e domani coincidono — dove puoi essere semplicemente te stesso — una creatura che sprofonda in se stessa. — — —

E qui in questo preciso momento di fronte al tuo occhio interiore appare un paesaggio che ti si addice e che ad ogni pensiero si delinea sempre meglio — guardi cosa c'è nelle immediate vicinanze ed in lontananza, osservi l'orizzonte, presti attenzione all'atmosfera che regna in questo luogo, al tempo ed alla stagione, ed è sempre il tuo primo pensiero ad ampliare il paesaggio ed a ravvivarlo di fronte al tuo occhio interiore, così in lontananza scorgi un antico tempio, che in qualche modo ti sembra familiare già dai precedenti viaggi all'interno di te stesso — tuttavia senti un rumore singolare — ti avvicini al luogo da cui proviene e scolpisci nella tua mente questo paesaggio e questa strada, in modo da poterla ricordare per sempre — — e man mano che ti avvicini, questa imponente costruzione ti rimane automaticamente impressa, sul portale c'è una scritta che sei già quasi in grado di decifrare — ed ora sei così vicino che riesci a leggere distintamente: «Tempio della conoscenza di se stessi». — — — Entri nel tempio senza indugiare e con il giusto stato d'animo che viene a crearsi senza il tuo volere consapevole. — — — Quando sei all'interno osservi lo spazioso ambiente circostante — — — e mentre ti guardi intorno ti colpisce una figura precisa, un'immagine che in qualche modo senti che ha un particolare significato per te, anche se forse in questo momento non ne sei ancora del tutto consapevole la osservi con attenzione ed essa si scolpisce nella tua mente, così che in futuro rammenterai esattamente cosa raffigurava — — — passeggi per la stanza e presto scoprirai una porta su cui c'è scritto: «Conosci te stesso». — — — Apri questa porta e ti trovi in una stanza più piccola, al cui centro c'è un comodo divano. — — Avvicinati e siediti — e ti accorgerai che ogni cosa qui sembra fatta su misura per te — questo particolare divano ad esempio — si adatta perfettamente al tuo corpo e quest'ultimo si adagia comodamente su di esso. — — — La testa è leggermente rialzata e rilassata e guarda direttamente su di un grande schermo, posizionato sul muro che ti sta di fronte. Su di esso leggi a lettere cubitali: «...perché tu possa conoscere Dio». Il motto della sala «Conosci te stesso» viene qui integrato ed approfondito ed immerso in questi pensieri ti accorgi che anche la luce della stanza contribuisce impercettibilmente a creare la giusta atmosfera perché tu possa arrivare alla conoscenza, esattamente come il profumo delle essenze che rinfrescano delicatamente e deliziosamente l'aria e che ti rinvigoriscono notevolmente già ora o tra poco — — — e quando ora muoverai leggermente il braccio destro, noterai che vicino alla tua mano c'è una specie di banco di comando, che forse non ti saresti aspettato di trovare qui, ma sei così rilassato che ne prendi atto tranquillamente — in questo luogo ti rilassi ancora di più — sei giunto in un luogo antichissimo, dove la conoscenza di sé è da sempre di primaria importanza e dove tutto mira ad essa, tuttavia vi sono anche elementi apparentemente moderni, come questo banco di comando disseminato di pulsanti, e non appena pensi a questo controsenso ti rendi conto di trovarti in un luogo della conoscenza senza tempo, in cui sono riuniti tutti i tempi che mirano ad un solo scopo: conoscere se stessi, per scoprire infine ciò che c'è di divino in noi. — — — Immerso in quest'atmosfera lasci che la tua mano scorra sul banco di comando e senti già ora o lo farai tra poco che ogni piccolo pulsante ha un determinato effetto sulla punta delle tue sensibili dita che li sfiora appena. Infine cedi ad un lieve impulso e schiacci leggermente uno dei bottoni — e non appena lo sfiori il grande schermo cambia aspetto — la scritta scompare e riconosci l'immagine ingrandita del tuo corpo — — — prenditi il tempo necessario per osservare ogni minimo dettaglio di questa particolare raffigurazione, che illustra i problemi visibili già dall'esterno. Non appena individui il problema, lascia che la tua mano scorra sul banco di comando e che schiacci il primo pulsante in alto, e vedrai subito comparire vicino al corpo la soluzione sotto forma di simbolo o di scritta, che ti aiuterà a capire la causa dei tuoi problemi. — 1 minuto — In questo modo puoi considerare tutta una serie di problemi e capire il messaggio che nascondono. È possibile fare una simile diagnosi di tutto il corpo, dalla testa ai piedi, ed approfondire in questo modo la conoscenza di se stessi. — — — E se già così, guardando il tuo corpo dal di fuori, sei riuscito a fare un passo avanti, se ti rilasserai ancora più profondamente e farai scorrere le dita sui tasti del banco di comando, esse troveranno da sole il tasto giusto, che ti mostrerà un livello ancora più profondo, e non appena avrai schiacciato questo pulsante, la pelle del corpo diventerà trasparente e potrai vedere tutti i tuoi organi e riconoscere la loro funzione e se ci fosse qualcosa che non va, dei segnali che te lo faranno capire immediatamente. Anche qui hai la possibilità di schiacciare di nuovo il primo bottone in alto per chiarire il problema di un determinato organo ed in questo preciso momento sullo schermo apparirà la tematica in questione in parole o simboli. — — Puoi iniziare dall'alto ed osservare il cervello — — — e gli organi sensoriali della testa — occhi — — orecchie — — naso — — sono in primo piano — — all'altezza del collo la tiroide sembra una farfalla davanti alla laringe — — — e lentamente l'interesse si sposta più in basso, ai lobi polmonari, che si alzano quando inspiri e si abbassano quando espiri — — — e tra i polmoni scorgi il cuore, che determina in questo ed in ogni momento il tuo ritmo interiore. — — — Sotto al polmone destro c'è il fegato, questo grande organo compatto, responsabile della giusta misura delle cose. — — — Vicino al fegato si trova lo stomaco — — — e nelle immediate vicinanze il pancreas, che assomiglia ad una piccola testa con una grande coda — — — allo stomaco è collegato l'intestino tenue, che sembra un labirinto serpentiforme — — — tutt'intorno si snoda il largo tubo dell'intestino crasso — — — dietro alla gabbia toracica in basso vedi le reni, quei piccoli organi tondi e rossi che si occupano di mantenere intatto l'equilibrio dei liquidi corporei — — — e sotto ad essi puoi scorgere la vescica, in cui terminano entrambi le reni — — — accanto alla vescica si trovano gli organi genitali — — — ora che tutto il corpo è trasparente, concediti un po' di tempo ed osserva se c'è qualche disfunzione che riguarda gli organi — — — e non appena individui un disturbo, una parte in cui manca qualcosa, schiaccia il primo bottone in alto e lascia che il problema che sta alla base appaia sullo schermo. — — —

Dopodiché ti lasci cadere ad un livello ancora più profondo di distensione si diffonde ulteriormente e tu lasci che le dita della mano destra sospese sul banco di comando cedano al primo impulso e non appena schiacciano il successivo bottone, l'immagine sullo schermo si modifica immediatamente ed appare la distribuzione dei vasi sanguigni nel tuo corpo, un sistema di condotti rossastri che lo percorrono per intero e che riforniscono tutti gli organi. L'immagine ti ricorda una rete stradale ed in effetti la ricorda molto da vicino — — — laddove la rete si infittisce riconosci i nodi di comunicazione nei pressi degli organi, ma anche nelle braccia e nei piedi. — — — In questo reticolo è facile che si verifichino ingorghi o blocchi — — osservi attentamente i punti in cui arriva troppo poca energia — li riconosci soprattutto dal colore, che dal rosso tende al blu ed esprime freddezza più che calore. — — — Anche qui hai nuovamente la possibilità di scoprire con il primo bottone di diagnosi la causa del problema.

Ora è possibile andare ancora più in profondità e lasciarsi cadere ancora più in basso e tu sprofondi ulteriormente nella distensione e lasci di nuovo che le dita della tua mano destra sospese sul banco di comando schiaccino il pulsante che più le attira ed in questo istante sullo schermo di fronte al tuo occhio interiore compare il sistema di energia — quel sistema energetico conosciuto da cinesi e indiani, che naturalmente esiste anche nel tuo organismo appare chiaramente di fronte a te vedi un continuo scorrere e fluire — ed osservandolo così attentamente ti sembra anche di sentirlo — — — e lentamente scopri anche a questo livello i punti in cui l'armonia del flusso energetico è interrotta, i punti in cui manca e dove invece ce n'è in eccesso e dà quindi fastidio — — — ed anche qui hai l'opportunità di far apparire il motivo di tali intoppi, schiacciando il primo bottone in alto. — — — A poco a poco intuisci che c'è un legame tra tutti i problemi emersi finora, ma hai la possibilità di raggiungere un livello ancora più profondo e, schiacciando un altro tasto, di osservare il campo di radiazione del tuo corpo — il tuo irradiamento quindi — lo puoi riconoscere dai colori che circondano il tuo corpo ed ogni tuo organo. Ed anche qui puoi riconoscere facilmente tutte le disarmonie ed i disturbi ed il bottone di diagnosi ormai noto può spiegartene il motivo. — — — Questo livello ti aiuta anche a capire tutto ciò che non ti è mai piaciuto di te. Il colore e l'irradiamento di tutti gli ambiti che finora hai rifiutato diventano più deboli e sembrano in un certo senso miseri ed in effetti necessitano di più attenzione e dedizione da parte tua. — — Ti imprimi soprattutto questi ambiti nella memoria, ma non dimenticherai nulla neanche degli altri livelli osservati — — — al contrario, se prenderai nota o disegnerai questa esperienza, ti verranno in mente altri particolari e capirai che tutto ciò ha un nesso ben preciso con la tua vita. Ora tuttavia rammenti tutte le esperienze fatte e richiami alla mente i vari problemi apparsi sullo schermo ed immagini di proiettarli tutti insieme contemporaneamente su di esso — per fare ciò schiacci il primo bottone a portata di mano sul banco di comando — — — vedrai subito che i vari problemi si mischiano e riconoscerai immediatamente in quale zona del corpo si accumulano maggiormente — nel busto, che corrisponde soprattutto al principio maschile oppure nell'addome femminile — — — più nella parte sinistra, anch'essa femminile o nella parte destra, maschile? — — — E grazie a questa rappresentazione globale riconosci anche ciò che accomuna i vari problemi. — — — Ed anche ora hai la possibilità di conoscerne le cause, schiacciando il primo pulsante di diagnosi in alto — esse possono apparire in forma simbolica oppure concretamente in un'immagine o addirittura una scritta — concentrati sull'opportunità che più ti aggrada e schiaccia quel pulsante — nel medesimo istante avrai già il risultato — ed anche se inizialmente non lo capirai fino in fondo, col tempo diventerà sempre più chiaro ed evidente. — 1 minuto —

A poco a poco, e senza dimenticare nulla delle esperienze fatte, ti appresti a tornare indietro — — ti alzi lentamente dal divano nella stanza della conoscenza di se stessi ed esci — ritorni nella grande stanza all'interno del tempio e ti guardi nuovamente in giro — riconosci immediatamente quella figura, quell'immagine che ti ha colpito quando sei entrato e forse già ora si delinea ancora più chiaramente, mentre ti allontani dal tempio con la consapevolezza che potrai ritornarci ogni volta che lo vorrai, per approfondire le conoscenze acquisite fino a questo momento. Ora però lascia che queste immagini scompaiano, fai un respiro profondo che ti riporterà consapevolmente nel mondo dei contrasti, fai dei piccoli movimenti con le mani ed i piedi e, se lo desideri, allungati e stirati. In ogni caso aprirai gli occhi solo quando sarai pienamente rientrato in possesso del tuo corpo e ti orienterai nello spazio e nel tempo.

APPENDICE:

Naturalmente è opportuno regolare i tempi della meditazione a seconda della persona che si ha di fronte. Se si è a conoscenza di determinati problemi, si consiglia di soffermarsi più a lungo su di essi. Spesso si capisce dall'espressione del viso e dalla tensione che si accumula su di esso, se e quanto un particolare tema riguarda chi sta meditando. In questo caso è opportuno farsi guidare da esso.

La prossima meditazione è il seguito di quella appena letta sulla conoscenza di sé, dal momento che la diagnosi precede astutamente la terapia.

2. Meditazione
Il tempio della realizzazione di se stessi

Sdraiati comodo e rilassato, con le gambe unite e le braccia lungo il corpo e cerca di evocare una sensazione di benessere e di goderti questo istante, per arrivare in questo luogo, senti il tuo corpo che giace sulla base d'appoggio e col prossimo respiro abbandona con ancora più consapevolezza tutto il tuo peso sul supporto — così che lasciarsi andare diventi naturale come espirare ed entrambe le cose in questo momento sono collegate armoniosamente — mentre puoi sprofondare ancora più in basso ed abbandonarti impercettibilmente o già consapevolmente inizia ad essere divertente — in questo istante, dove già ora o comunque tra poco potrai aprirti ancora di più alle vibrazioni della musica ti accompagnano come le parole ed i respiri soavi ti conducono automaticamente sempre più in profondità nel regno delle immagini interiori e dei sogni, delle fantasie e dei suoni — e forse già ora riesci ad apprezzare il fatto di essere semplicemente disteso, senza volere e dovere fare nulla — fai semplicemente succedere ciò che accadrebbe comunque è positivo e ben accetto a questo livello di distensione e anch'essa accade da sé ed anche tutto ciò che non succede automaticamente è altrettanto positivo e rilassante — semplicemente lasciarsi andare ed abbandonarsi — liberarsi di tutti i pensieri e le preoccupazioni della vita quotidiana diventano sempre meno rilevanti — e così diventa ancora più facile affidarsi alla base d'appoggio ed all'intera situazione, che ti trascina dolcemente ed in questo momento è così facile abbandonarsi alla musica ed alle sue vibrazioni — essere semplicemente presente e prestare attenzione ad ogni minima sensazione — riposare in se stessi — è scivolare all'interno è così facile e piacevole espirando dolcemente arrivi ancora più lontano e più in basso in quel luogo in cui forse già ora o tra poco vedrai apparire quel paesaggio che già conosci oppure che vedi ora per la prima volta, in cui in ogni caso ti senti a tuo agio, mentre sprofondi sempre più in basso.

Le immagini di questo paesaggio appaiono sempre più nitide e chiare, e così riesci a riconoscere ciò che cresce in questo luogo, sempre che cresca qualcosa — vicino — e lontano. — Com'è il tempo, che stagione è in corso e che ora è — stai nuovamente camminando per questo luogo, ti imprimi ogni minimo dettaglio nella mente e sei aperto ad ogni tipo di esperienza in cammino verso te stesso prosegui oltre e le immagini del paesaggio ti accompagnano e così tra non molto vedrai apparire un tempio a te familiare, che ti affascina ed a cui ti avvicini tranquillamente, ma nello stesso tempo rapidamente. — — — Sul portale del tempio riconosci subito la scritta «Tempio della realizzazione di se stessi», gli vai incontro ed entri nella stanza principale del tempio — — — all'interno ti scolpisci ogni cosa nella mente, così che se dovessi ritornare ritroveresti subito la strada — ora però cerchi la porta con la scritta «Sala della guarigione» e la apri. Arrivi in una grande stanza ed anche qui vi sono molte porte e mentre ti guardi intorno ti si avvicina un sacerdote del tempio che ti spiega che per prima cosa devi assolvere alcune preparazioni rituali. A questo punto ti conduce verso una delle porte su cui c'è scritto «Sala di purificazione fisica». — — Non appena entri vieni accolto come se ti stessero già aspettando e tu lasci che questo avvenga e ti fa piacere che qualcuno si occupi di te. Questa assistenza non ti fa dubitare neanche per un momento della competenza dei tuoi aiutanti, al contrario, ti affidi alle loro cure, ai singoli esercizi ed ai rituali di purificazione e segui ogni cosa col pensiero. — — — Mentre lavano il tuo corpo percepisci anche interiormente la forza purificatrice dell'acqua e senti che porta via ogni impurità esterna ed interna. — 1 minuto — Ora sudi per via della forza purificatrice del fuoco ed avverti che con il sudore escono le scorie e le impurità e che in questo modo puoi finalmente liberarti del superfluo. — 1 minuto — Anche quando ti massaggiano senti che ogni tensione dei tessuti sparisce sotto il tocco magico del massaggiatore e che ti senti più vitale ed è un bene che tu non sia mai stato sottoposto ad un trattamento così completo e sensibile, poiché in questo modo potrai apprezzarlo ancora di più — — — senti che i muscoli ed i tessuti connettivi rinascono al tocco di queste mani esperte — — — hai l'impressione che diverse zone del corpo vengano massaggiate contemporaneamente ed in effetti è così — la situazione ti sfugge in parte di mano — ma in questo modo senti che è ancora più facile lasciarsi andare, ora che non hai ancora perso completamente il controllo della situazione, ma sai di essere in buone mani. — 1 minuto — E dopo questi trattamenti, è difficile andarsene, tuttavia abbandoni immediatamente la sala di purificazione corporale e vieni condotto nella prossima stanza, la «Sala di purificazione psichica». Dopo la meravigliosa esperienza nella prima sala, entri nella seconda fiducioso, anche se non hai la minima idea di ciò che ti aspetta ed effettivamente ogni visita sarà completamente diversa dalle altre. Ogni rituale che avrà luogo in questa stanza e che nasce automaticamente da te stesso e dai tuoi pensieri, vive soprattutto della tua consapevolezza. Ciò che accade qui non riguarda tanto il corpo, quanto l'anima — esteriormente si tratta di fare semplici esercizi — forse qui compirai un rituale che ti libererà di tutta la tristezza accumulata, facendo fuoriuscire ciò che è meglio che scompaia, attraverso le lacrime o altri canali — 1 minuto — e poi può darsi che un altro rituale liberi la tua felicità, prima accennando appena un sorriso, per poi sfociare in una vera e propria risata — 1 minuto — ed allo stesso modo puoi manifestare anche altri sentimenti ed emozioni grazie a questi esercizi. Qualunque cosa accada, ne sei perfettamente consapevole e già ora o tra poco avvertirai il sollievo che ti danno queste procedure di purificazione. — 30 secondi — Adesso gli aiutanti del tempio ti comunicano che anche questa parte della preparazione per il momento è terminata e così di prepari a proseguire. Arrivate quindi davanti ad un'altra porta con l'iscrizione «Sala di purificazione spirituale». Entri fiducioso e consapevole e sperimenterai cose che non è sempre necessario che tu capisca, ma che comunque avranno un effetto purificatore — — — già adesso tuttavia ti rendi conto dell'efficacia dei rituali, la cui forma comporta o meglio contiene un contenuto specifico. — Ora ti sottoporrai ad un esercizio in cui ti trovi da solo in mezzo ad un gruppo di persone che sta meditando in cerchio e senti che l'energia di tutte queste persone confluisce al centro e che, anche se non ti sai spiegare come, in questo modo la tua energia vitale interiore viene purificata. — 1 minuto — Adesso è giunta l'ora di allontanarti anche da questo luogo, vieni portato in una stanza molto importante del tempio della realizzazione di se stessi, l'atmosfera infatti è solenne e ti rendi immediatamente conto della serietà del momento. La scritta dice: «Sala della terapia». Sembra familiare ed in un certo senso abituale e quando ora entri in questa stanza intuisci che si tratta di un luogo veramente speciale e che qui esiste realmente ogni tipo di cura possibile ed immaginabile: antichissimi metodi terapeutici che si sono conservati nel tempo, ma anche cure ancora sconosciute a noi uomini moderni, che verranno scoperte solo in futuro, dal momento che ora sono ancora nascoste dietro al velo del tempo, ma che qui sono a disposizione da sempre — e lentamente ti rendi conto che in questo particolare luogo lo spazio ed il tempo non hanno nessun valore e quindi alcun limite. — Ora osserva tutte queste opportunità. I trattamenti qui riguardano tutti gli elementi, terre guaritrici, particolari acque miracolose, cure d'aria e rituali di fuoco, pietre preziose purissime di tutte le dimensioni e metalli rari sono a disposizione per le terapie più disparate. — — Esistono cure di colori e di luce e tutti i tipi possibili ed immaginabili di raggi energetici, che oggigiorno possiamo solo sognare. Raggi di luce e raggi laser, che trasportano le informazioni mancanti in ogni parte dell'organismo e campi magnetici, che velocizzano la guarigione o che la rendono possibile ove da noi non lo sia ancora. Si può disporre anche di vari campi oscillatori e di altri campi, che agiscono anche senza materia ed addirittura senza energia e che sono in grado di ripristinare l'armonia dove è venuta a mancare, «contagiando» con l'informazione sana, completa — «trasmettendo» una salute contagiosa. — — Hai anche la possibilità di consultare un vecchio e saggio omeopata, che dall'espressione del tuo viso e dal tuo irradiamento riesce a capire il rimedio giusto per te e che te lo somministra subito e nel dosaggio corretto. — — Ti puoi anche affidare alle cure di un guaritore spirituale, che con le mani crea un campo di vibrazioni curative all'interno del tuo corpo, che ora percepisci distintamente e che in seguito dovrai mantenere attivo con la tua energia. — — Ora puoi proseguire e farti somministrare da un vecchio alchimista un rimedio segreto, che ti fornirà la necessaria energia mancante. Ti puoi procurare l'energia mancante anche attraverso un apparecchio dotato di due elettrodi da collegare alle mani, che misurano la tua energia e che contemporaneamente ti riforniscono di quella mancante. — — Indipendentemente da quale delle due possibilità sceglierai, ora o in qualsiasi momento, tieni presente che ti manca qualcosa, che non sei del tutto sano e che hai bisogno d'aiuto. La guarigione è molto più che un processo meccanico — in questo luogo te ne rendi conto perfettamente. — — La premessa per guarire è esserne convinti interiormente e conoscere bene se stessi, ora cerchi di capire se esistono tali presupposti ed allo stesso tempo ti chiedi se ti senti pronto a diventare una persona completa, ad imparare dalle tue mancanze ciò che ti manca e ad integrarlo nella tua vita — ora che hai la possibilità di farlo. — — — E può darsi che proprio ora, in questo tempio della realizzazione di se stessi, tu capisca in cosa consiste il tuo problema principale e dove risiede l'errore fondamentale e lo apprendi dal primo pensiero che dalle profondità della tua anima si insinua nella tua coscienza. — — — Adesso che stai per incominciare la giusta terapia, devi pensare al tuo problema, devi tenerlo a mente, e non solo lì — — — ora ad esempio arriva anche nel cuore, basta che pensi al tuo cuore e a ciò che ti manca e le due cose si compenetreranno — — — ora ripeti questa esperienza e pensa con il ventre al tuo problema. — 30 secondi — Adesso sei pronto per decidere la terapia più adatta a te in questo momento e poi dedicherai il tempo necessario a sperimentarla fino nelle zone più remote del tuo corpo. — 3 minuti —

Ora lentamente questa seduta terapeutica si avvia alla conclusione — — — esci da questa sala di terapia con la certezza che potrai ritornarvi quando vorrai e che potrai compiere ulteriori passi avanti sul cammino verso la completezza e la realizzazione di te stesso — — — così torni indietro nella stanza principale del tempio — ti guardi nuovamente intorno per orientarti — ringrazi nella maniera più corretta per le opportunità di cui hai goduto — — — e lasci il tempio con la consapevolezza che, se lo vorrai, potrai sempre ritornare. Ora le immagini si allontanano — tu però non dimenticherai nessuna delle esperienze fatte — e scompaiono con i suoni della musica nell'ombra, mentre facendo un respiro profondo e consapevole ritorni in questo mondo polare ed inspirando ed espirando ti pieghi alle sue leggi — ora muovi lentamente le dita delle mani e dei piedi e, se vuoi, allungati e stirati, solo ora apri gli occhi ed orientati di nuovo consapevolmente nel luogo in cui ha avuto inizio questa meditazione e nel tempo, ed osserva quanto ne è trascorso in base alla cronologia esterna.

Ciclo di meditazione: Microcosmo/uomo — Microcosmo/Terra

Introduzione

Si tratta di una serie di sedici meditazioni guidate con un unico scopo e cioè quello di occuparsi delle necessità degli organi del nostro corpo e di quelle spirituali, strettamente collegate. Contemporaneamente vengono tracciati dei parallelismi con il macrocosmo, così che l'intero ciclo rappresenti un programma per riconciliarsi con la vita e con i doveri che essa impone.

Naturalmente i singoli rapporti tra organi e anima possono anche essere utilizzati al di fuori del ciclo, all'interno del già citato sistema del gioco delle costruzioni, ed impiegati per connessioni differenti. Se si vuole venire a capo di un determinato sintomo ad esempio, occorre occuparsi sia dell'organo che causa il disturbo che del problema psicologico che sta alla base e se questo tema dovesse manifestarsi anche in un qualsiasi ambito del macrocosmo, è opportuno analizzare anch'esso, per risolvere il problema alla radice.

Lo scopo primario di questo programma è di creare un sistema che, passo dopo passo, aiuti a scendere in profondità dei mondi interiori ed a riconoscere l'ordine esistente in questi luoghi. È infatti possibile approfondire il rapporto esistente tra il corpo, l'anima ed il mondo senza sforzi intellettuali [3].

L'ideale per attuare un simile programma sarebbe ritagliarsi degli spazi di tempo appositi nel mondo esterno da dedicare alle esperienze interiori, magari in concomitanza con un periodo di digiuno

[3] A questo proposito è stato pubblicato il libro di Rüdiger Dahlke *Der Mensch und die Welt sind eins* (disponibile solo in tedesco presso l'editore originale). L'opera è in grado di preparare alla meditazione da un punto di vista intellettuale.

ed in un luogo immerso nella natura. Il digiuno [4] è un buon modo per iniziare la terapia e, dal momento che stabilisce un contatto prevalentemente con il polo femminile del proprio essere, favorisce la meditazione e facilita l'accesso ai mondi meditativi. Ma anche ogni altra forma di cura, grazie a questo programma potrebbe rivelarsi utile sia per il corpo che per la mente che per l'anima. Se ad esempio si fa sempre coincidere il massaggio alle orecchie citato in precedenza con la fine della meditazione, già solo questo piccolo esercizio potrebbe avere un effetto notevolmente rigenerante per il corpo.

Un ulteriore vantaggio di un simile ciclo meditativo è la sicurezza che scaturisce dalla relazione con le strutture interiori. Il tempio in cui hanno inizio tutti i viaggi rappresenta il luogo ideale in cui risolvere non solo determinati tipi di problemi trattati all'interno del programma, ma anche altre problematiche. Nel tempio esistono porte d'accesso ad alcuni temi prestabiliti, ma è possibile immaginare una porta d'ingresso per ogni tipo di problema ed accedere così a livello spirituale in ambiti di norma difficilmente accessibili. Alla fine delle varie meditazioni si accenna inoltre spesso a determinati compiti e si fa riferimento anche ad altre porte d'accesso all'argomento trattato. Il fatto di lasciare aperto il finale della meditazione costituisce un vantaggio per coloro per i quali questa pratica è un'abitudine, che in questo modo possono sfruttare al massimo lo spazio ipnotico raggiunto. In questo caso è d'obbligo il passaggio dalla meditazione guidata alla libera meditazione di immagini, che per molti di coloro che meditano da tempo su immagini prestabilite potrebbe rappresentare una valida alternativa per il futuro.

Come già accennato all'inizio, è opportuno utilizzare sempre lo stesso tempio ed eventualmente adattarlo alle proprie necessità solo all'interno. Una simile casa interiore della conoscenza può dare altrettanta sicurezza di una casa esterna, anzi è sicuramente più importante possedere una casa dentro di sé che fuori. Inoltre una simile casa interiore può relativizzare l'importanza della creazione di un'abitazione esterna e quindi facilitare una concreta realizzazione.

Sicuramente è meglio disporre di un proprio tempio di guarigione interiore che non frequentare un ospedale nel mondo esterno. In alcuni ambiti, l'enorme vantaggio di questo tempio interiore è innegabile e spesso è proprio grazie a lui che la necessità di interventi esterni diventa superflua. Già dai tempi di Paracelso è noto che il

[4] Vedi a tal proposito *Bewußt Fasten - ein Wegweiser zu neuen Erfahrungen* di Rüdiger Dahlke (disponibile solo in tedesco presso l'editore originale).

proprio medico interiore, che vive in fondo alla nostra anima, è migliore di qualsiasi medico esterno. E comunque un intenso contatto col proprio medico interiore non esclude la possibilità di poter consultare anche un medico esterno. In ogni caso è sempre meglio consultare prima il medico interiore, dal momento che, al contrario di tutti i medici moderni, ha un tempo illimitato a disposizione e si occupa prevalentemente della psiche.

Inoltre c'è da aggiungere che nel tempio interiore abbiamo delle opportunità riguardo allo spazio ed al tempo che il mondo esterno non offre o che comunque non si presentano così facilmente. Anche quando si tratta di creare un luogo esterno atto alla meditazione, è opportuno guardarsi prima dentro e capire cosa è più adatto a noi, cosa riteniamo importante e cosa indispensabile.

All'interno di questo programma si evita espressamente di elencare gli stratagemmi descritti in precedenza per facilitare la distensione, così che i testi possano essere utilizzati anche da oratori poco esperti. Tuttavia, è possibile integrare questi ultimi combinandoli con alcune parti delle meditazioni precedenti. Le pause sono indicate da trattini e la loro lunghezza deve variare a seconda delle necessità di chi sta meditando.

Così come nel mondo esterno ci meritiamo determinate cose, ad esempio una casa, per la nostra regolarità, in questo caso per la regolarità con cui ci abbiamo lavorato, solo se visitiamo altrettanto assiduamente le profondità della nostra anima, potremo arrivare a conoscerla a fondo. Per di più questo genere di «lavoro» è divertente e col tempo fa sì che questo tempio diventi di nostra proprietà. Nel mondo esterno invece, anche se abitiamo in una casa e la frequentiamo quindi intensamente e regolarmente, non possiamo appropriarcene realmente; ad esempio può appartenere a qualcuno che in realtà non vi ha mai abitato. Nel mondo interiore tali incoerenze sono impensabili.

Prima di servirsi di questo ciclo di sedici meditazioni occorre precisare che possono essere prese in considerazione anche altre precedenti introduzioni. A seconda dei personali gusti di ognuno di noi, esse sono quindi intercambiabili. In questo caso tuttavia, una volta che si è optato per un metodo, si consiglia di utilizzarlo per sempre e, se le meditazioni vengono ripetute più volte, di accorciarlo come è stato fatto qui. Anche la musica dovrebbe rimanere invariata — almeno nella fase iniziale del rilassamento. Lo stesso discorso vale per le essenze scelte per profumare l'ambiente e per la situazione esterna in generale.

1. Meditazione
Viaggio per il mondo

Sdraiati comodamente supino — allungati e stirati — respira profondamente — rilassati — tieni le gambe unite — e le braccia lungo il corpo, presta attenzione al posto in cui sei sdraiato — ed alla base d'appoggio a cui puoi affidare il tuo corpo e l'intera situazione, senti il supporto che ti regge e lasciati andare. Non ha alcuna importanza in che modo ti rilassi e come cominci il viaggio all'interno della tua anima, poiché ora è già cominciato — proprio nel momento in cui ti sei sdraiato e quando hai chiuso le palpebre o tra poco, quando ciò che succederà d'ora in avanti accadrà dentro di te e quando gli occhi esterni potranno riposare — il corpo sprofonda sempre più nella base d'appoggio — ogni volta che espiri un po' di più. — Senti che il tuo peso ti trascina ancora più giù e che la larga schiena sorregge il busto. Presti attenzione alla parte dell'occipite a contatto con la base d'appoggio — in cui si concentra l'intero peso della testa e sei felice di rilassare e riposare per qualche tempo il capo — con tutti i suoi pensieri e le sue idee che vanno e vengono, come i toni musicali e le mie parole, che ti accompagnano e ti guidano — in una distensione sempre più profonda — ora o tra poco — presti attenzione anche ai muscolosi glutei, che sorreggono il peso dell'addome — così affidi anche il bacino alla base d'appoggio — lasci che sprofondi — come del resto le gambe — rilasci i muscoli delle cosce e dei polpacci e li affidi alla base d'appoggio, ora ti concentri sul punto in cui i talloni toccano il pavimento, essi sorreggono il peso dei piedi che ora, dopo così tanti viaggi, possono finalmente riposare — mentre il tuo viaggio interiore procede sempre più lontano e sempre più in profondità. Il respiro ti accompagna — va e viene come i passi sul cammino che porta nei regni interiori dei pensieri e delle immagini, delle fantasie e dei sogni. Ogni volta che espiri ti lasci andare un po' di più — e raggiungi profondità sempre più remote. — Ogni volta che inspiri diventi più leggero e libero — ora o tra pochi istanti — ed i suoni vanno e vengono come le parole — e tutto conduce dentro di te, nel tuo centro — il regno delle libere fantasie e delle fiabe viventi — il paese dei sentimenti, delle sensazioni ed anche delle percezioni interiori. Ed effettivamente è come se ora percepissi il tuo corpo da dentro — concentrati ad esempio sui tuoi occhi — sui bulbi oculari — su come riposano nelle loro cavità — coperti dolcemente dalle palpebre chiuse. Non è né completamente buio, né chiaro — gli occhi sono semplicemente rilassati — e con essi si lasciano andare e si rilassano anche tutti i muscoli circostanti. Anche dall'altra parte del capo — laddove l'occipite poggia sul supporto, i muscoli si distendono — e la testa sprofonda un po' più in basso. Ora l'attenzione si sposta nuovamente sulla parte anteriore — sulla parte orale — le labbra e le guance — e l'interno della bocca — l'intera mascella inferiore — ed anche qui i muscoli si distendono — si fa largo il rilassamento — si propaga su tutto il viso — fino alla fronte. Ed è utile che si verifichino dei piccoli, quasi impercettibili movimenti dei muscoli facciali, così che tu ti possa rendere conto che sei sulla strada giusta che ti conduce sempre più giù, all'interno della tua anima. E la distensione, che ora coinvolge tutti i muscoli facciali, penetra ancora più all'interno — senza tuttavia abbandonare la superficie del volto — distensione e rilassamento — fuori e dentro — dall'esterno all'interno — fino al centro della testa — in effetti già ora o tra poco è come se il tuo cervello si rilassasse — come se la distensione giungesse al centro della testa — al centro del cervello — e si concentrasse in un unico punto. — Ora tutto il capo è rilassato, eppure è come se questa sensazione di distensione si cristallizzasse in un unico punto in mezzo alla testa. È un po' diversa, eppure è regolare al pari del delicato flusso del respiro e dei suoni — delle parole e delle idee. Ora la distensione scorre dal punto al centro della testa giù nel resto del corpo. Questo punto diventa una vera e propria fonte di distensione, dal quale si riversa nel corpo un flusso sempre più potente di rilassamento. — Un po' più denso e vellutato dell'acqua, ma altrettanto limpido e trasparente, ora la sensazione di rilassamento scende nel collo e nella nuca e dissolve ogni tensione. Ed ora il flusso del rilassamento si divide e raggiunge entrambe le spalle, da cui in seguito si propaga lungo le braccia fino nelle mani e nella punta delle dita, dandoti una sensazione di leggerezza e di scioltezza. Ora immagina di far defluire proprio da qui, dalla punta delle dita, ogni tensione — e di liberarti anche di tutto ciò che in questo viaggio nel mondo interiore potrebbe costituire un impedimento. Mentre il flusso della distensione spinge ogni impedimento nella punta delle dita da cui poi fuoriesce, contemporaneamente continua a scorrere nel busto — libera il petto da ogni ristrettezza ed è auspicabile che il respiro si modifichi leggermente, mentre i polmoni si distendono. Anche il possente muscolo cardiaco si ammorbidisce e si distende quando l'ondata di rilassamento che si dirige nel ventre lo raggiunge. Qui al centro del busto c'è un centro di energia distensiva autonomo, come quello nel cranio. Il cuore stesso è la fonte di questa energia, che ora si propaga anche più giù, nell'addome — raggiungendo le viscere e tutti gli organi della pancia e liberandoli da ogni contrazione. I flussi distensivi che partono dal centro della testa e dal centro del petto proseguono insieme verso il basso ed al centro del ventre incontrano un'ulteriore fonte di energia, con la quale si uniscono per poi procedere compatti verso il bacino. Anche l'addome quindi viene investito dall'ondata di distensione e si apre a questa sensazione strana e piacevole, a questo dolce flusso, che prosegue fino nelle gambe. Così si distendono anche le cosce, le ginocchia i polpacci ed i piedi — e, non appena la distensione ha raggiunto la punta delle dita, si aprono nuovamente le chiuse, facendo defluire tutto ciò che è superfluo durante questo viaggio nel mondo interiore e facendo affluire rilassatezza e distensione. Con questa piacevole sensazione che l'ondata di distensione porta in tutto il corpo, è sempre più facile viaggiare, o meglio fluttuare all'interno del proprio corpo — percepire lassù il centro della testa — ed appena un po' più in basso quello del bacino — ed anche la vasta superficie dei muscoli della schiena — e davanti al petto ed all'addome che si sollevano e si abbassano con il dolce respiro. E la coscienza fa la sua apparizione tra i muscoli della schiena e quelli del petto e da qui scende nel centro, nel centro di tutti i centri del corpo, nel cuore. — — Dalle sue profondità emerge ora l'immagine di un paesaggio — il tuo paesaggio — che si addice al tuo centro. — Ti ritrovi in questo paesaggio — e camminando ti imbatti in una singolare costruzione che assomiglia ad un tempio. — Sarebbe meglio che tu lo conoscessi già, che lo avessi già visto in sogno ad esempio o che ti fosse apparso in altre importanti occasioni — ma può anche darsi che tu lo veda ora per la prima volta. In ogni caso è un posto fondamentale per te — il luogo della tua forza — il tuo tempio.

Ed ora che ti avvicini ad esso osserva con attenzione i dintorni ed il tempio stesso, in modo da poterli ritrovare facilmente se dovessi ritornare. Ogni singolo dettaglio del tempio col tempo potrebbe rivelarsi utile, poiché qui nulla è lasciato al caso. — Il tempio ed il paesaggio si adattano come una serratura e la sua chiave — e possono divenire la chiave che conduce nei tuoi mondi interiori. E quando ti avvicini ulteriormente al magnifico edificio, scorgi subito l'ingresso. Se dovesse essere fatiscente o addirittura seppellito, cerca di dissotterrarlo. — — Vedrai che in un modo o nell'altro riuscirai a trovare l'entrata. All'interno del tempio ogni cosa ha un grande valore e quindi ti concedi il tempo necessario per osservare ogni cosa attentamente. Ti imbatterai nelle raffigurazioni e nei simboli più disparati, che in occasione di questa prima visita ti potranno forse ancora sembrare incomprensibili, ma ad ogni successiva osservazione questi modelli ti risulteranno più chiari e faranno luce su un ulteriore elemento del tuo modello di base. — Dopo che ti sei guardato intorno e ti sei orientato in questo luogo, ti sarà facile scoprire la scala che conduce nelle stanze sotterranee del tempio. In effetti scendendo per questa scala arrivi esattamente sotto il centro del tempio, in una grande stanza rotonda completamente vuota. Il pavimento consiste in un mosaico di marmo raffigurante una forma circolare, che in Oriente viene chiamata mandala. Dal centro del mandala partono innumerevoli raggi colorati ed ognuno di essi si ferma di fronte ad una porta. Le pareti della sala circolare consistono in numerose porte, schierate una vicino all'altra. Su ognuna di esse appare una scritta con lettere abbondantemente decorate e tuttavia perfettamente leggibili. Ognuna di queste scritte ha qualcosa a che fare con te. Lì ad esempio c'è la porta: «Il mio più ardente desiderio» e là: «Il mio timore». Alcune porte hanno nomi che solo tu puoi capire e che forse non hanno ancora un senso nemmeno per te. Altre hanno denominazioni vaghe, come ad esempio «Sala del perdono», «Stanza del cuore», «Sala di purificazione psicologica» e così di seguito. Sono così tante che è impossibile vederle tutte e non è neanche necessario, poiché in futuro avrai tutto il tempo che vorrai per farlo. — Ora guardi la porta chiamata «Sala della conoscenza di se stessi», ti avvicini e la apri cautamente.

Sei accolto da un profumo singolare e da un'atmosfera solenne. La luce ad esempio ti affascina. Illumina soprattutto il centro della stanza, anch'essa circolare, in cui si trova un divano che ti attira magicamente. È una situazione strana ed insolita, lasciati semplicemente andare al primo impulso, seguilo al centro e sdraiati sul letto. L'aria è pregna di fragranze che non hai mai sentito finora e che scatenano una eccitante ed emozionante attesa. Tutto per te è nuovo qui e proprio per questo sembra che tutto sia possibile. Osservi il soffitto a forma di cupola ed il tuo sguardo incontra nuovamente una di quelle forme circolari fatte di schemi geometrici, che convergono al centro. Questo particolare mandala sopra di te ha la capacità magica di attirare verso il suo centro il tuo sguardo, sei per così dire costretto a guardarlo — e lasci che accada. — Qui al centro la concentrazione è così forte, che le tue palpebre diventano sempre più pesanti e poi — ora — si chiudono. Pensi: «Che mondo strano!» e come per incanto il tuo sguardo viene rivolto all'interno — però continui stranamente a vedere anche la cupola, che proprio in questo istante sembra trasformarsi in uno schermo vivente. Nello stesso momento riconosci che le immagini che compaiono sullo schermo rappresentano il tuo ultimo pensiero prima di chiudere gli occhi. Avevi pensato: «Che mondo strano!» ed ora vedi davanti a te le immagini di questo mondo. Questo è il luogo in cui trascorri gran parte della tua esistenza. Riconosci un tuo tipico atteggiamento, tuttavia ti vedi dall'alto, ed è come se salissi ancora più su. Il tuo campo visivo si allarga, riesci ancora a vedere il tuo corpo, ma intrappolato in una rete di fili sottili — quasi come una ragnatela. — I sottili fili di luce ti collegano con tutte le persone e le cose importanti nella tua vita, riconosci distintamente tutti i tuoi rapporti, i legami fondamentali, gli obblighi ed i doveri. Vedi l'ambiente che ti circonda, gli intrecci con il tuo mondo — scopri te stesso al centro di una rete che si ingrandisce sempre più. Dal centro domini la rete, ma sei anche in un certo qual modo imprigionato in essa — ti ricorda sempre più una ragnatela. Anche in questa, nella tua rete, le maglie più esterne sono più larghe ed allentate — ti dirigi verso l'alto ed il centro della rete appare sempre più piccolo — la rete nella sua interezza tuttavia diventa sempre più grande — riguarda la tua ampia sfera vitale. — Ogni legame con le persone che hanno un ruolo importante nella tua vita è delineato nella grande rete come un sottile filo luminoso — sali ancora più in alto, ma contemporaneamente continui a vederti al centro della rete. Ora inizi a riconoscere il paesaggio in cui vivi, vedi fiumi e montagne, paesi e città confinanti. Sei collegato anche a questi luoghi lontani mediante dei fili sottili, che ti svelano i tuoi legami. Questi sottili fili di luce ti collegano a tutti i posti che hai visitato ed ora, da un'altezza ancora più elevata, puoi seguire e riconoscere dove porta ognuno di essi. È il tuo mondo che compare — tu sei al centro — che però ormai è solo un puntino — ed è anche il mondo in cui viviamo tutti. Sali ancora più su ed il tuo campo visivo si amplia. Ora riconosci tutto il paese, con le sue particolarità ed i suoi confini. Le città sembrano strani esseri viventi tentacolari, i cui tentacoli e le cui protuberanze si diramano nel paesaggio — gli abitanti sembrano minuscoli discendenti, figli di questa creatura tentacolare — ed ognuna di esse è collegata all'altra tramite sentieri e strade, che da quassù sembrano linee sottili. Il viaggio tuttavia continua e ti porta ancora più in alto. Lentamente il paesaggio sottostante assume una forma sferica, come il mandala nella cupola. Ai margini del grande cerchio compaiono ora altri paesi, che riconosci dalla loro conformazione — in lontananza sono già riconoscibili remote coste — ed infine l'intera sfera terrestre, di cui fa parte il tuo paese ed a cui appartieni tu stesso. Da qui il mondo si divide semplicemente tra terra ed acqua e più sali, più acqua vedi ai margini del cerchio — in alcuni punti la visuale è coperta da alcune nuvole bianche. — L'immagine, i cui colori predominanti finora sono stati il verde ed il marrone, si tinge di blu e diventa una sfera — la nostra terra, una sfera bluastra su cui aleggiano nuvole bianche ed è eccitante e piacevole vedere il nostro pianeta bluastro fluttuare nell'universo come un enorme essere vivente, di cui tu sei solo una minuscola parte e tuttavia gli appartieni. Ed effettivamente questa creatura sferica, la terra, vive e si muove ed il suo aspetto cambia di continuo. Le nuvole sorvolano i continenti, formano vortici e motivi meravigliosi. Da quassù tutto sembra minuscolo. Gli oceani, di per sé enormi, ed i mari, sembrano piccolissimi e dividono un ancor più esiguo lembo di terra. Quando giungi ancora più in alto vedi che la terra gira. Il tuo continente è sparito già da tempo ed al suo posto sono comparsi altri luoghi che, a causa della costante rotazione ai margini del «mandala» terra, sono destinati anch'essi a scomparire. Dalla parte opposta del mandala emergono altri continenti — la sfera terrestre mantiene un continuo movimento rotatorio. Ora, dietro la sfera terrestre che diventa sempre più piccola, appare la luna, quasi fosse lo specchio d'argento della Signora Terra. La luna non appare velata come il nostro pianeta blu, al contrario, puoi riconoscere distintamente la sua superficie rugosa, disseminata di crateri. Dei corpi celesti seguono la sua orbita nel cielo blu scuro dell'universo — e tu senti di far parte di questo cosmo, anche se in piccola parte. La grande distanza che ti separa dalla terra ti dà una sensazione di solitudine. Lo spazio è così incredibilmente vuoto ed immenso. La terra è là sotto — la nostra Madre Terra è solo una pallina blu striata di bianco, illuminata dal sole, una chiara macchia splendente in un universo blu scuro, quasi nero. Senti chiaramente che dipendono l'uno dall'altra — il sole splendente e la terra che assorbe i suoi raggi — e di fianco a loro, quasi come una figlia, c'è la luna. È come se le curve dell'immensa spirale di energia cosmica, sulle quali le particelle di luce viaggiano dal sole alla terra, formassero una fune cosmica, a cui quest'ultima è appesa — così come la luna è collegata alla terra. Ed ora scopri che tutto qui ruota in un girotondo cosmico. Là ci sono gli altri pianeti che, collegati con simili spirali luminose, ruotano anch'essi attorno al sole, che occupa una posizione centrale — tutti su di un unico livello — seguendo la loro orbita — quasi come bambini su di una giostra. Il grande e luminoso Giove, con i suoi figli — il plumbeo Saturno con anelli di ghiaccio e corpi celesti frantumati — la raggiante e luminosa Venere, il pianeta più bello — il rossastro Marte ed infine Mercurio, il pianeta più vicino al sole il cui aspetto varia di volta in volta. Nel vuoto dello spazio i pianeti ruotano costantemente intorno a te — corpi e creature celesti a te estranei, ma nel contempo familiari ti girano intorno. Sono tutti organismi viventi, come il nostro pianeta blu, che più sotto segue la sua orbita in mezzo a loro, dopo Mercurio e Venere il pianeta più vicino al centro solare.

Impressionato dalla grandezza e dalla magnificenza dello spazio e conscio della tua piccolezza, ora ritorni fluttuando verso la terra. Basta un unico pensiero e, passando accanto alla luna ed ai suoi crateri, ti riavvicini al tuo pianeta velato. Riesci nuovamente a distinguere gli oceani ed i continenti e giungi esattamente nel punto dell'atmosfera terrestre da cui sei partito — proprio sopra il tuo continente ed il tuo paese — e mentre ti lasci cadere nell'atmosfera, ti rendi conto di come il tuo paese sia cresciuto assieme a tutti gli altri su questa terra, e come siano ininfluenti e banali da lontano, ma anche da vicino, le differenze tra i vari paesi ed i vari continenti — ora il mandala blu scuro scompare e ne compare un altro fatto di terra e di acqua — i mari retrocedono, si perdono all'orizzonte, anch'esso sferico, — si delinea il tuo paese ed il luogo in cui vivi — la grande rete della tua sfera vitale ricompare, eppure è così piccola in confronto alla rete del cielo — tutti i fili ora confluiscono verso di te, al centro, nel luogo dove trascorri la maggior parte della tua vita. Ti rendi conto della somiglianza tra la rete in cui sei adagiato quaggiù e l'enorme rete lassù, in cui si trovano i corpi celesti ed anche i nostri.

Ora sei ritornato al punto di partenza del viaggio — sul tuo divano nella sala della conoscenza di se stessi nel tempio — osservi il mandala della cupola sopra di te e rammenti ogni cosa. — Sei sdraiato sul divano in mezzo alla stanza — proprio sotto alla cupola — illuminato da una luce particolare ed inebriato dal profumo di essenze sconosciute. Ricorderai tutto di questa stanza ed anche ogni minimo dettaglio del tuo viaggio nella grande unità del mondo, il macrocosmo, di cui la nostra Madre Terra e noi stessi facciamo parte.

Ora ti alzi — provi una sensazione di gratitudine — ed esci dalla sala della conoscenza di se stessi. Ritorni nella stanza circolare dalle tante porte, in cui trovi immediatamente la scala che ti riconduce di sopra. Cerchi nuovamente di imprimerti ogni cosa nella memoria ed esci dal tempio. Ogni volta che vi ritornerai sarà più facile trovarlo — al centro di questo luogo di forza. Non appena in futuro chiuderai i tuoi occhi esterni e penserai a questo posto, tale paesaggio apparirà di fronte al tuo occhio interiore. Inoltre in futuro sarà sempre più facile rilassarti — lasciarti andare ed abbandonare immediatamente tutto ciò che potrebbe costituire un impedimento nei mondi interiori. Ora però ritorni in te, con la consapevolezza che non dimenticherai le esperienze vissute, ritorni nel tuo corpo riposato e ristorato, di cui ora torni del tutto in possesso. Per far sì che ciò avvenga respira profondamente e sentirai che il respiro ti riporta nel mondo polare — fuori e dentro — dentro e fuori coincidono nuovamente e confluiscono al centro. Se lo desideri allungati e stirati — ora puoi aprire gli occhi esterni ed orientarti nello spazio e nel tempo — sei nuovamente al centro del tuo mondo, nella rete che lo tiene insieme e che può essere grande o minuscolo, a seconda della prospettiva da cui lo guardi.

2. Meditazione
Viaggio nel corpo

Sdraiati comodamente — nel posto più appropriato ai viaggi nel mondo interiore — calmo e riparato, fiducioso e protetto; con le gambe unite e le braccia lungo il corpo. Puoi nuovamente affidare l'intero tuo corpo alla base d'appoggio e puoi fidarti della situazione e sentire forse già ora, all'inizio, la distensione che si propaga dentro di te — e tu lasci che accada — abbandoni il peso del tuo corpo al supporto e te stesso ai suoni della musica — alla mia voce e soprattutto ai tuoi pensieri, che ti aiutano a rilassarti, a lasciarti andare e quindi a cominciare il viaggio all'interno di te stesso. Già ora, o tra pochi istanti, ti renderai conto che ciò che c'è all'esterno è irrilevante e che tutto si concentra nel mezzo. Senti o ricordi che le palpebre si chiudono, come se anch'esse sapessero che tutto ciò che accadrà d'ora in avanti succederà dentro di te. — Mano a mano che il tuo corpo sprofonda nella base d'appoggio a causa del suo peso, i suoni e le tue stesse idee, le mie parole ed ogni minima sensazione ti conducono ancora più in profondità nel regno delle immagini interiori e dei sogni, delle fantasie e della favole. Tutto ciò che d'ora in avanti succede al corpo, ogni minima contrazione dei muscoli che si stanno rilassando ad esempio, e tutto ciò che emerge a livello psicologico, sentimenti, pensieri e modelli, si riveleranno di estrema importanza durante il viaggio interiore e sono quindi ben accetti e giusti — e ci guideranno sul cammino che ci conduce dentro di noi. Sono di nuovo le cose più semplici a guidarci, ad esempio la pressione della testa sulla base d'appoggio o il peso del bacino, che fa sì che sprofondi ancora di più. I muscoli della schiena che si distendono — ora o tra poco — come del resto quelli dei polpacci e delle cosce — lasciarsi andare ed abbandonarsi — ogni volta che espiriamo un po' di più, anche il respiro quindi ci guida sul nostro cammino. Ogni volta che espiri è così facile lasciare che accada ciò che succederebbe comunque: distensione e fiducia è la base di ogni meditazione in questo momento accade automaticamente sprofondi sempre più nella distensione. Ad ogni inspirazione è così facile sentirsi più aperto e libero, diventare più leggero e lasciarsi semplicemente cullare dal respiro e dal suo ritmo familiare: lasciarsi andare quando espiri ed aprirsi — liberarsi e sciogliersi quando inspiri. — Quella particolare sensazione di rilassatezza che ormai conosci bene parte dalla testa, dietro alla palpebre chiuse. Ogni tensione viene meno, i bulbi oculari ed i muscoli vicini si distendono. L'occipite e la nuca seguono questo impulso ed i loro muscoli si allentano fiduciosamente. L'attenzione, e con essa la distensione, ritorna sul volto, in particolare sulla parte orale e sul mento — noterai forse dei piccoli movimenti e ti sentirai sempre più rilassato — ora o in qualsiasi momento — la distensione si dipinge sull'intero tuo viso — fino sulla fronte. L'intera testa ora o tra poco sarà diversa dal solito, ed è giusto che sia così, soprattutto adesso che la distensione si propaga anche all'interno — scorre da ogni parte della testa verso l'interno — verso il centro del cranio — quel singolare centro di distensione dentro di te. I pensieri seguono l'energia distensiva dall'esterno all'interno e così tutta la tua attenzione adesso si sposta su questo centro. Addirittura il cervello è rilassato, ma nel contempo lucido. Da qui, come se fosse alimentato da una sorgente profonda, il flusso della distensione si diffonde — nel corpo, liberando prima il collo e la nuca, per poi dividersi e scorrere nel petto ed in entrambe le spalle e da qui nelle braccia e nelle mani. Queste ultime seguono il flusso dei pensieri e delle sensazioni. Sulla punta delle dita si aprono le chiuse e con il flusso defluisce ciò che impedisce di rilassarsi. Non devono fare nulla in particolare — solo lasciare che accada ciò che deve succedere — devono solo aprirsi, fare defluire ed esistere. Nello stesso tempo — ed il tempo qui, a livello di immagini e di modelli, scorre in modo completamente diverso, come nei sogni e nelle favole — nello stesso tempo dunque, mentre il flusso scorre nelle spalle e nelle braccia esso si diffonde anche nel busto, raggiunge i polmoni ed il cuore e qui si ricongiunge con l'altro flusso energetico più potente, che sgorga dalla sorgente del cuore. Così il flusso diventa ancora più imponente e raggiunge in un attimo il ventre ed i suoi organi e poi anche il bacino, e qui si ricollega con la terza fonte di energia, che scaturisce in profondità, tra la pancia ed il bacino. Ora l'accresciuta energia della distensione si fa strada anche nelle gambe, trascinando con sé ciò che è superfluo sulla strada che porta nelle profondità del proprio centro. Mentre sulla punta delle dita dei piedi si aprono nuovamente le chiuse e l'organismo si apre ed espelle il superfluo, tutto il tuo corpo è immerso nel fiume della distensione e tu ne sei felice — ti senti così cosciente da riuscire a percepire e a gioire di ogni minimo movimento e sensazione del corpo — gradisci la sensazione di avere un corpo così aperto e rilassato. Riesci a percepire consapevolmente qualsiasi sua zona; il centro della testa ed addirittura il cervello — sopra — il fondo del bacino — sotto — i grandi e forti muscoli della schiena — dietro — e davanti il flessibile petto, che oscilla seguendo il ritmo del respiro tra sopra e sotto, dietro e davanti c'è lo spazio interno, il centro, il cuore. E mentre ora ti concentri su questo luogo, dalle profondità del cuore nasce nuovamente l'immagine del tuo tempio nel tuo paesaggio. Basta un piccolo impulso della volontà e già questa idea emerge e diventa chiara come vorresti che fosse e come immagini che sia. In ogni caso è più facile e più veloce della prima volta e col tempo lo sarà sempre di più e questo luogo di forza, il tuo tempio, diverrà sempre più familiare ai tuoi occhi. Quando vi entrerai nuovamente, ti troverai subito a tuo agio. Ed è un bene che alcuni dei simboli e delle raffigurazioni all'interno ti siano familiari e che tu le possa vedere con chiarezza. Trovi immediatamente la strada che conduce in basso nella stanza rotonda dalle tante porte ed entri nuovamente nell'ormai nota sala della conoscenza di se stessi. Ritrovi al centro il divano sotto alla cupola, da cui già una volta ha avuto inizio il tuo viaggio nell'universo. Mentre ti avvicini nuovamente al divano al centro della stanza, ti accorgi di alcuni piccoli, ma importanti cambiamenti rispetto all'ultima volta. L'atmosfera appare diversa ed invece di condurti lontano ti spinge a guardare in te stesso e ti infonde sicurezza. La luce soffusa ed i profumi contribuiscono a darti questa impressione. Una cosa tuttavia non è cambiata e cioè la netta sensazione che sotto questa misteriosa cupola tutto può accadere. Se possono verificarsi viaggi nei misteri dell'universo macrocosmico, è possibile che abbiano luogo anche viaggi nelle profondità del proprio microcosmo, il proprio corpo. Al solo pensiero le tue palpebre diventano pesanti ed il tuo sguardo viene nuovamente attirato e catturato nel centro dell'affascinante mandala nella cupola. Ed anche quest'ultimo pensiero diventa subito realtà: il viaggio nel microcosmo «corpo» ha inizio. Ti trovi in uno strano paesaggio di bizzarre squame, disseminato di enormi crateri e tronchi alti e spogli, che fuoriescono dai crateri. Ci vuole qualche tempo perché ti accorga che sei diventato microscopico e che ti trovi sulla superficie della tua stessa pelle, tra le sopracciglia alla radice del naso, nel punto in cui hai chiuso le palpebre ed hai cominciato il tuo viaggio interiore. Ora sei minuscolo e cammini sulla tua pelle solo all'apparenza liscia, ma le cui squame in realtà sono disseminate di crateri e di pori, che rendono il terreno accidentato. Effettivamente la superficie cutanea è solo in apparenza immobile. Da vicino essa vacilla notevolmente ad ogni respiro e ad ogni minimo movimento. Così sei contento di allontanarti da questo luogo e di intraprendere il viaggio dentro te stesso, che decidi di cominciare entrando dal luogo in cui penetrano anche i suoni della musica e le parole — dalle orecchie. Inizi quindi a percorrere le sopracciglia, che sembrano una catena montuosa ricoperta di boschi. Adocchi non molto distante da te una moltitudine di mostri informi ancorati ai tronchi squamosi dei peli — uno sterminato esercito di batteri. Ora il bosco delle sopracciglia finisce e la strada in discesa, che consiste in un terreno squamoso, ti conduce in un bosco ancora più fitto, i tuoi capelli. Il loro fusto è ancora più lungo ed anch'esso infestato da innumerevoli batteri di ogni genere. Ti costa molta fatica farti strada tra questa boscaglia, anche se comunque hai spazio a sufficienza per non entrare a diretto contatto con i mostruosi batteri. Mano a mano che procedi filtra sempre più luce nella foresta e ben presto ti imbatti in un promontorio imponente — il limite esterno del padiglione auricolare, su cui ora devi arrampicarti. — — — Una volta scalato il promontorio, guardi in basso e scorgi una gigantesca conca valliva, di cui non vedi il fondo. Nella discesa incontri altri peli isolati e strane incrostazioni, che assomigliano a colate laviche giallastre solidificate. In fondo alla conca ti imbatti in un tortuoso passaggio sotterraneo. La luce si affievolisce e finalmente giungi nel luogo in cui penetrano i suoni. Hai di fronte la superficie scintillante del timpano, che oscilla ad ogni tono. In effetti le parole qui sembrano rulli di tamburo, che percuotono questo delicato strumento musicale. Ti avventuri prestando molta attenzione a questo sensibile strato di pelle e lasci che anche il tuo corpo vibri al suono della musica. Danzi allegramente sul tuo stesso timpano, che ora sembra quasi un trampolino. Per entrare come i suoni all'interno del timpano, devi rimpicciolirti ulteriormente, finché la fessura di fronte a te non si allarga abbastanza da permetterti di passare. Ora sei all'interno del timpano nell'orecchio medio ed anche qui regna un'atmosfera vibrante, come all'interno di un timpano appunto, che qualcuno sta suonando. Dal timpano le vibrazioni raggiungono una membrana, attraverso un raffinato ponte di minuscole ossa, che confinano con l'orecchio interno. Anche in questa membrana trovi un passaggio. E prima che te ne accorga ti ritrovi immerso in un liquido caldo, in una serie di tortuose gallerie, che assomigliano agli scivoli di una piscina — solo che qui sei sommerso dall'acqua. Come un gong la membrana trasmette i suoni al liquido, e da qui procedono come enormi onde marine e tu ti fai trascinare da esse. — Il corridoio prosegue tortuoso — diventa più stretto e si tramuta in una spirale, fino a formare una chiocciola, una chiocciola colma di oscillazioni. Delle strane antenne ondeggiano nel flusso — si tratta delle diramazioni delle cellule uditive. Come anemoni fluttuanti captano le vibrazioni con le loro flessibili antenne e trasmettono poi i segnali acustici al cervello. Una volta giunti nel cervello, i singoli segnali vengono nuovamente ricomposti in suoni, melodie, parole, o frasi intere. — In questa spirale dunque si sviluppa il suono — passivamente, senza il tuo intervento. Le orecchie non si muovono e non possono chiudersi come gli occhi. Sono sempre aperte — anche di notte — e collegano il mondo delle vibrazioni all'interno con quello esterno. Attraverso di esse puoi ascoltare e quindi anche ubbidire — ora conceditì un attimo di tempo ed interrogati sul ruolo che l'udito svolge nella tua vita — sei disposto ad ascoltare gli altri? — a stare a sentire? — ad ascoltare ciò che proviene dall'esterno e dall'interno? — E che ruolo svolge l'ubbidienza nella tua vita? — — —

Lentamente abbandoni queste domande e continui il tuo viaggio. Accanto all'orecchio interno c'è un altro organo sensoriale interessante, che regola il nostro equilibrio. Per giungere in questo luogo devi passare faticosamente attraverso quella sottile membrana mucosa che ricopre la coclea e nel farlo ti imbatti nelle ossa; anche questa è un'esperienza unica. Perché ciò che sembra duro e solido, in realtà visto da vicino non è impenetrabile. Dopo essere passato attraverso il periostio, giungi in un luogo che assomiglia ad una grotta di stalattiti e stalagmiti o all'interno di una spugna. A parte le colonne ed i ponti, i muri ed i contraffissi di materia solida, il restante ambiente è vuoto e quindi riesci a procedere senza problemi — dopo un po' arrivi in un altro luogo spazioso, colmo di un liquido caldo già noto — il labirinto dei canali semicircolari. In esso ti colpisce la sagoma di un grosso masso rotondo, appoggiato su del crine vegetale, quasi come un uovo di cuculo nel suo nido. Quest'ultimo è tessuto di sensibili cellule nervose, che registrano con precisione lo stato dell'uovo e che comunicano ogni minima variazione al cervello. Così quest'ultimo è continuamente aggiornato sulle condizioni del nostro cervello e mantiene intatto il nostro equilibrio — il che non è un'impresa facile da quando l'uomo cammina eretto. Cogli l'occasione per pensare al significato della lealtà e dell'equilibrio nella tua vita — all'importanza di avere sempre giudizio. — — — Quanto è importante per te tenere sempre la testa alta — essere sempre in testa! — — — E che ruolo ha l'equilibrio interiore nella tua vita? — — — Ti sei abituato e convivere con una certa preponderanza — a tollerare una certa unilateralità? — — — Se è così cerca di capire quanto ti costa salvaguardare questa unilateralità. — — — Ora hai esaurito le domande e desideri proseguire questo viaggio nel misterioso mondo del corpo. Il modo più facile per accedervi è attraverso il flusso sanguigno, penetrando in uno dei sottilissimi vasi sanguigni che riforniscono l'organo dell'equilibrio. Il plasma sanguigno non si differenzia molto dal liquido presente nel labirinto dell'orecchio interno. Però qui non sei il solo a viaggiare. Ci sono un'infinità di globuli, un vero zoo. Nel sangue galleggia di tutto. La maggior parte dei globuli, soprattutto quelli che conferiscono al sangue il colore rosso, assomigliano a dischi volanti, con la loro forma a disco piatta e compressa nel mezzo. Sono numerosissimi ed assomigliano ad una fila di soldati in marcia o a monete in infiniti rotoli di denaro. Accanto ad essi c'è una moltitudine di altre forme — creature a forma di stella che assomigliano a istrici, falci a mezza luna ed ogni variante immaginabile: cappelli e ancore, diavoli pungenti informi che si nutrono a loro volta di altre cellule sanguigne ormai inservibili e minuscoli esseri che si intrufolano come topi negli interstizi più stretti. In nessuno zoo del mondo esiste una varietà così grande di forme come nel flusso dell'energia vitale, il nostro sangue. A questo punto ti chiedi che ruolo ha la varietà delle forme nella tua vita nel mondo esterno. — — — La forza vitale ha occasione di manifestarsi nelle forme e nelle figure più disparate anche nell'ambiente che ti circonda? — — — Oppure qui regna piuttosto la monotonia, che non corrisponde minimamente al flusso vitale interiore? — — — Comunque sia — ora sei circondato da innumerevoli forme e ne sei felice — ti rendi conto che il flusso, che lentamente diventa sempre più largo e lento, si trasforma in un vero e proprio mare. Ora c'è un grande movimento. L'intero mare viene risucchiato dal cuore — la pressione sale, e prima che tu possa orientarti, vieni di nuovo catapultato con tutte le altre cellule fuori dal cuore — viaggi su corsie circolari — sei in un polmone — il flusso qui si indebolisce nuovamente e vedi che la moltitudine di dischi volanti getta la sua zavorra attraverso le sottili pareti e si rifornisce di pacchi di ossigeno fresco. Poi il flusso diventa nuovamente un po' più veloce, ora è velocissimo — e ti riavvicini al cuore, in cui la pressione è elevatissima — — — appena ne esci ti stacchi dal flusso principale, procedi lungo la parete e dopo aver percorso vari canali sempre più piccoli, giungi in un luogo che si muove ritmicamente. Ci vuole un po' perché tu riconosca che questo ritmo è quello del respiro. Piccolo come sei questi movimenti oscillatori ti sembrano quasi violenti e in questo momento intuisci la forza del respiro. Non sei nel polmone, bensì in un tessuto compatto ed estremamente ordinato. Qui l'espirazione e l'inspirazione vengono riprodotte da uno sterminato esercito di cellule a forma di pesce, che si allungano e si contraggono alternativamente in perfetta armonia. Ricordano un banco di pesci, in cui tutti i pesci si muovono in sincronia, come un'unica creatura uniforme. Sei in un muscolo, il muscolo principale della respirazione, il diaframma, che come la cupola di un duomo divide il busto dall'addome. Questo muscolo si muove allo stesso ritmo di ogni sua singola cellula a forma di pesce, sono proprio i tanti piccoli movimenti delle singole cellule a determinare il grande movimento unitario del muscolo principale. Mentre osservi questo impressionante spettacolo di completa armonia e di collaborazione totale al dolce dondolio di questi movimenti, i tuoi pensieri si rivolgono al resto del corpo e ti domandi automaticamente se anche qui c'è collaborazione tra le sue varie parti. In che modo interagiscono i vari centri? Come si comporta la testa rispetto al cuore e rispetto al ventre? E cosa accade nella tua vita? — — — Hai la sensazione che tutti i tuoi desideri ed i tuoi sforzi vadano in un'unica direzione? — — — E che rapporto hai con le persone che ti circondano? — Fai il possibile per andare d'accordo con esse, come le innumerevoli cellule in ognuno dei tuoi tanti muscoli? — — — Sei seduto sul diaframma ed oscilli su e giù al ritmo del respiro. Contraendo le fibre muscolari la grande cupola del diaframma viene schiacciata e spinta verso il basso, così che i polmoni possano dilatarsi e fare entrare il flusso respiratorio. Quando invece le fibre muscolari si distendono e si allungano, il tessuto polmonare elastico si ritrae, la cupola del diaframma può quindi nuovamente alzarsi verso l'alto ed i polmoni svuotandosi possono fare defluire il flusso espiratorio. Ma questi movimenti ritmici non riguardano unicamente la parte superiore, essi raggiungono e massaggiano al contrario anche gli organi addominali. Se rivolgi la tua attenzione a questa zona del corpo, potrai vedere che il fegato a destra sotto al diaframma, lo stomaco a sinistra e l'intestino si contraggono ogni volta che inspiri e si distendono ogni volta che espiri. Il respiro tiene gli organi del busto e del ventre sotto il suo dominio oscillatorio e imprime loro il timbro ritmico della polarità, caratterizzato da dentro e fuori, su e giù. Il diaframma è come un velo che il vento del respiro nel centro del corpo fa vibrare e tu oscilli con esso e con il ritmo del tuo respiro — ora, al centro del tuo corpo, interrompi momentaneamente questo viaggio al suo interno. Ti servirai del ritmo del tuo respiro per concludere la meditazione e per orientarti nuovamente nello spazio e nel tempo, con un respiro profondo. Oppure puoi continuare il viaggio e farti trasportare dal flusso sanguigno ovunque tu creda — potresti visitare la milza sotto all'arco costale sinistro, in cui i globuli che ormai hanno svolto il loro compito vengono espulsi ed al loro posto vengono messi in circolazione globuli nuovi — qui potresti soffermarti a pensare alla legge della morte e della nascita. — Oppure potresti visitare l'occhio, il centro della vista, e pensare se sei una persona degna di riguardo o meno. — Oppure ti puoi fare condurre in una delle articolazioni, nel ginocchio ad esempio, ed osservare le enormi forze meccaniche che lo regolano ed anche l'umiltà che regna in questa parte del corpo. Ci sono altre innumerevoli mete degne di attenzione, dalle scroscianti cascate nei reni ai tranquilli laghi negli spazi vuoti all'interno del cervello. E non ha importanza se decidi di visitare questi luoghi ora o se lo farai in futuro. La strada che porta al tempio è sempre aperta e sarà sempre più facile trovarla e percorrerla. Ora puoi scegliere se continuare il viaggio oppure riemergere facendo un respiro profondo ed orientarti nuovamente nel luogo in cui ti trovi in questo momento.

3. Meditazione
Polarità e unione

Ti trovi di nuovo nel tuo luogo di meditazione, sdraiato comodamente sulla base d'appoggio, con le gambe unite e le braccia lungo il corpo e gli occhi chiusi — il viaggio dentro te stesso ha inizio — sia il corpo che lo spirito ormai conoscono la strada che porta dentro di te e così come ogni tuo muscolo si distende ed il corpo sprofonda nella base d'appoggio, anche tu ti lasci andare e scendi nei suoi abissi, nei tuoi regni interiori, seguendo i tuoi impulsi e calandoti nella calma e nella distensione del centro. Sei guidato dai suoni, dalle mie parole e dal tuo respiro. Il suo dolce andare e venire ti conduce sempre più in basso — ogni volta che espiri più in profondità — ed ogni volta che inspiri diventi più libero ed aperto all'energia della distensione e alle esperienze che farai — ora o tra pochi istanti. Ti affidi di nuovo consapevolmente al tuo flusso della distensione e — non appena rivolgi il tuo pensiero a quest'ultimo — comincia immediatamente a scorrere — — nel viso — e dietro agli occhi. — — Pensi ai bulbi oculari ed ai muscoli circostanti ed immediatamente si rilassano. E basta pensare all'occipite, che affida il suo peso alla base d'appoggio, perché anch'esso si distenda. E questo rilassante impulso giunge nuovamente davanti nella parte orale e nel mento, senti che i muscoli masticatori si rilasciano e che di conseguenza la mascella inferiore e le guance si rilassano, come del resto l'interno della bocca e le labbra. Il flusso della distensione conosce già la strada, percorre la fronte e le tempie, e dalla testa passa poi alla nuca e penetra all'interno da ogni parte — scorrendo dolcemente. Tutto accade molto in fretta ed in profondità. Ti concentri su di un punto nel centro della testa — tutta la tua attenzione e con essa l'energia della distensione si accumulano in questo punto e lasciano che il flusso della distensione trovi da solo la strada che conduce nel corpo e che oramai gli è familiare. Prima di tutto vengono coinvolti il collo e la nuca — poi le spalle e le braccia fino alla punta delle dita. Contemporaneamente viene irrorato il busto, mentre l'altro grande centro energetico in mezzo al petto, il cuore, si apre e libera la sua potente energia nel flusso della distensione. Ora il flusso riunito continua a scorrere giù nel ventre e nel bacino — il respiro diventa ancora più debole e consapevole. I pensieri guidano il flusso della distensione e questo a sua volta condiziona i pensieri — il flusso energetico ed il flusso dei pensieri scorrono armoniosamente e si riuniscono in un unico flusso che nel bacino si divide e scorre in entrambe le gambe, fin giù, nella punta dei piedi. Tutto il corpo è disteso e rilassato. Minimi movimenti ed impercettibili spasimi, così come calma e scioltezza potranno guidarti ora o tra poco, quando avrai raggiunto profondità ancora più remote. In ogni momento puoi concentrarti su qualsiasi zona del corpo — dai talloni dei piedi fino alla testa — dal centro del cranio — sopra — fino in fondo al bacino — sotto, dai larghi muscoli della schiena — dietro — fino al petto, che si solleva e si abbassa seguendo il ritmo del respiro — davanti. Sopra e sotto, dietro e davanti, però sempre all'interno di te stesso, nel luogo centrale, nel cuore. E mentre stabilisci un contatto con il cuore, dalle sue profondità affiora l'immagine ormai nota del tuo tempio della conoscenza di se stessi in mezzo al tuo paesaggio. Ti immergi in questo mondo di immagini — lasci che il tempio si delinei sempre meglio per potervi entrare. La strada che conduce in esso ti è sempre più familiare e quindi ti orienti meglio e più velocemente — nelle numerose stanze del tempio ed hai anche più dimestichezza con i vari simboli che potresti incontrare. Scendi nuovamente le scale che conducono nel sottosuolo — nella stanza circolare dalle innumerevoli porte e poi nella ormai nota sala della conoscenza di se stessi. Ti dirigi immediatamente verso il divano centrale e la miracolosa cupola e, mentre ti accomodi e ti distendi, lasci che l'atmosfera di questo luogo penetri dentro di te. La luce ha un carattere contraddittorio, il pavimento e le pareti infatti sono illuminate di un rosso tenue, mentre il mandala nella cupola, che inizia nuovamente ad attirare il tuo sguardo, di un blu chiaro. Il profumo delle essenze, che vengono bruciate in fondo alla stanza, si addice a questa strana luce. Tutti i tuoi sensi sono nuovamente in balia della cupola sopra di te, il tuo campo visivo si rimpicciolisce sempre di più e ti obbliga lentamente, ma inesorabilmente a concentrarti sul centro del mandala. Da qui puoi guardare ovunque tu voglia — il lontano universo e contemporaneamente l'interno del tuo corpo, poiché qui tutto è ugualmente vicino. A questo punto le tue palpebre si chiudono definitivamente ed entri nella dimensione di quest'ultimo pensiero, nel mondo dei contrasti. I colori della stanza in qualche modo ti accompagnano ed il blu della cupola diventa sempre più dominante e tu vi sprofondi. Al solo pensiero «blu» scaturisce realmente il colore, che riempie la stanza di fronte al tuo occhio interiore. Ora lasci che il blu penetri dentro di te e si depositi nel cranio, o meglio, che scorra solo nella parte destra, finché tutta questa parte, soprattutto il lobo cerebrale destro, non si colora di blu e finché non inizi a sentire una sensazione rinfrescante e tranquillizzante. Non appena il colore blu ha riempito la parte destra del capo, dal nulla si sviluppa il secondo colore, il rosso, che diventa sempre più forte ed intenso e domina il campo. Succede pressappoco ciò che prima è accaduto con il blu — solo che questo colore si concentra nella parte sinistra della testa e soprattutto del cervello, finché non si esaurisce. Già ora o tra poco sentirai la sua ardente diffusione, che ti eccita e ti stimola e che in questo contrasta del tutto con la freddezza e la calma del blu. Ma questi due colori contrastanti che hai dentro di te hanno in un certo senso qualcosa in comune. Ed effettivamente ora si uniscono nel punto di contatto tra il lobo cerebrale destro e sinistro, si compenetrano e formano un colore nuovo, il viola. Questa fusione dura finché tutta la testa si colora di viola e finché inizi ad avvertire il suo effetto connettivo ed unificante. Poiché il cervello è collegato a tutto il resto del corpo, questa sensazione di integrazione e di unità dilaga gradualmente in tutto l'organismo, fino all'ultima cellula. Anche la cupola sopra di te ora è illuminata di viola e ti rendi conto che il gioco dei contrasti, che hai appena vissuto nella tua testa, domina tutto il mondo. La creazione avviene sempre per contrasti — l'unione dei contrasti inizialmente ha luogo ad un livello profondo, che uno sguardo superficiale non riesce a cogliere. Nello stesso istante in cui chiarisci questo concetto, lo vedi raffigurato nella cupola, che è uno schermo rotondo. Su di esso appare una figura umana; con le braccia e le gambe aperte assume la forma di una stella a cinque punte disposta in un cerchio — i due piedi, le due mani e la testa rappresentano le cinque punte della stella — il mandala umano con la sua tensione tra la testa — sopra — ed il bacino — sotto; tra sinistra e destra — parte posteriore ed anteriore. E quando meno te lo aspetti, dietro al mandala umano ne appare un altro — un mandala raffigurante il mondo. In cima, dietro alla testa umana, c'è il polo Nord e in basso, tra i piedi, il polo Sud della terra. Dietro al corpo umano si trovano le grandi masse continentali dell'Asia e dell'Europa e gli altri continenti sembrano far parte di queste ultime. Riesci ad intravedere anche il campo magnetico terrestre e le linee di forza magnetiche che corrono dal polo Nord al polo Sud e che formano un involucro energetico attorno al pianeta — ora riconosci anche il campo corrispondente attorno alla figura umana, l'aura, anch'esso formato da simili linee di forza, che ci circondano costantemente, anche se ne siamo solo in parte consci. Ora la puoi vedere chiaramente e forse la puoi anche sentire. Emergono automaticamente anche altri parallelismi: la parte posteriore della figura umana, che ai nostri occhi è sempre in ombra, corrisponde alla parte posteriore della terra, in cui è notte e che quindi è anch'essa nell'ombra rispetto alla parte su cui batte il sole. In questo istante scopri il livello più profondo che si nasconde dietro di essa e ti rendi conto che l'uomo ed il mondo non solo corrispondono, ma che sono una cosa sola — e contemporaneamente ti accorgi che anche i contrasti non solo si equivalgono, ma sono esattamente la stessa cosa. Sopra sarebbe impensabile senza sotto, la sinistra senza la destra e davanti senza dietro — tuttavia la soluzione unificativa, la fonte dei poli, si trova nel mezzo — ed una sensazione strana e piacevole che parte dal tuo centro, nel cuore, ti dimostra la fondatezza di questa scoperta. Nella figura del mandala umano riconosci questo centro nel caldo cuore dell'uomo e attraverso di essa appare l'incandescente centro della terra, il suo rovente cuore. Esiste un unico centro ed in esso sparisce ogni contrasto. Nel centro si chiariscono tante cose: un polo ha bisogno dell'altro, lo rende necessario. Questo pensiero è confermato dal respiro. Quando inspiri profondamente, infatti, senti immediatamente la necessità dell'altro polo e cioè di espirare. Senza «dentro» non ci sarebbe neanche «fuori», senza «grande» anche «piccolo» non avrebbe significato, senza «positivo» «negativo» non avrebbe alcun senso, così come «buono» senza «cattivo». Ogni cosa, dalla più piccola alla più grande, necessita del suo antipodo, con cui ha uno stretto legame, quasi come con un gemello siamese. Sullo schermo della cupola questo concetto si palesa, appare il centro di un atomo, nella dimensione più piccola che riusciamo ad immaginare. Nel vibrante campo energetico assisti alla nascita delle minuscole particelle che compongono gli atomi e quindi il nostro mondo. Come in una piccola esplosione che ha luogo dal nulla, le minuscole particelle vivono per un breve attimo, per poi scomparire di nuovo nel campo energetico. Tuttavia nascono sempre accoppiate, hanno sempre un partner al loro fianco e quest'ultimo è la loro esatta copia, somiglia ed allo stesso tempo si differenzia in tutto e per tutto da esse. Se una particella si gira a sinistra, l'altra si gira a destra, se una vibra di energia positiva, sicuramente la sua gemella ha una carica negativa. Osservi questo spettacolo della polarità come se fosse un film sull'inizio della creazione. Se uno dei partner si modifica, nel medesimo istante anche l'altro cambierà aspetto, anche se in senso opposto — seguendo una legge immutabile. In effetti, qui alla fonte della formazione della materia, innumerevoli coppie di gemelli siamesi dipendono gli uni dagli altri nella buona e nella cattiva sorte. All'interno della materia hanno luogo infinite piccole esplosioni, che danno vita e poi la tolgono alle particelle polari, e queste esplosioni assomigliano alla grande esplosione primordiale che diede origine al nostro universo — e nel medesimo istante nella cupola viene riprodotta questa prima esplosione — ed è come se stessi vedendo una delle tante piccole esplosioni di particelle — essa infatti segue lo stesso schema, solo che è ingrandito all'infinito — e ti rendi conto che alla base di ogni cosa c'è realmente il medesimo modello. Tutto coincide con tutto — in grande ed in piccolo — ed ogni cosa ha il suo polo contrario, la sua immagine riflessa. A questo punto nella cupola ricompare il mandala umano — la stella a cinque punte che il corpo compone nel cerchio — è come se scaturisse dalla potente esplosione — la palla infuocata dell'esplosione primordiale degli albori diventa il centro dell'uomo e diventa sempre più piccola, finché non scompare al centro della stella umana a cinque punte — nel suo cuore. — Ora l'immagine dell'uomo domina la cupola e ti rendi conto che questo uomo sei tu, o meglio, che è il tuo polo contrario — l'ombra che ti segue sempre, la tua immagine riflessa — uguale a te in tutto e per tutto, solo che al contrario. Nella cupola appare sempre più distintamente il tuo gemello siamese, che sta sempre con te, che vive con te — nascosto nel suo mondo oscuro — ora però esce dall'ombra e si manifesta in tutta la sua grandezza ed importanza — e forse ti potrà stupire — ma egli è grande ed importante esattamente quanto te, ed ora ti guarda negli occhi. Ha vissuto ed è cresciuto al tuo fianco sin dall'inizio, anch'esso si è evoluto, anche se non te ne sei mai accorto. E così oggi è responsabile di tutto ciò che non ti piace in te e negli altri ed anche di tutto ciò che non hai vissuto apertamente e che non hai ammesso neppure con te stesso. Tutto ciò vive e cresce in lui. Ed ora ti concedi un po' di tempo per osservare come è cresciuto. — Ripensa ad una situazione in cui hai provato una forte avversione ed in cui hai odiato qualcuno, ma in cui non hai esternato questi tuoi sentimenti — che quindi, impercettibilmente, hanno alimentato la tua figura contraria, dandole energia e quindi forza vitale. — Ora ripensa ad un'altra situazione, che avevi quasi dimenticato, in cui hai provato un grande desiderio di vendetta, a cui però non hai dato seguito, così che questa rabbia non si sia mai potuta manifestare all'esterno, ma che in compenso è stata rivolta all'interno ed ha quindi alimentato l'ombra. — Di fronte al tuo occhio interiore vedi un'altra situazione ancora, in cui hai provato una forte gelosia, ma in cui non hai dato sfogo a questo tuo sentimento, che quindi spetta al tuo gemello. — E ti ritorna in mente una situazione ancora precedente, ma ancora rilevante per la tua vita attuale, in cui sei stato geloso ed invidioso, senza però ammetterlo apertamente — ed in questo momento capisci che tutta questa energia trattenuta scorre nel tuo gemello e lo fa crescere. — Ora rammenti una situazione delle tua vita in cui hai goduto del male altrui. Ed è proprio questo piacere malvagio non confessato che alimenta l'ombra. — Ora ricordi una gioia vera, che tuttavia neanche questa volta hai manifestato ed ammesso — non hai osato abbandonarti a questo piacere e quindi l'ha fatto il tuo gemello — si è abbandonato completamente ad essa. — Ora nasce un sentimento di brama di potere in te, una bramosia che non conosce limiti — e poiché non ammetti nemmeno questo desiderio sconfinato, sarà il tuo gemello ad approfittarne — e così vedi la tua ombra impossessarsene. — Ma alla fine del viaggio nel mondo contrario dell'ombra proverai una grande gioia, ti sentirai in armonia con te stesso ed il mondo — dentro e fuori corrisponderanno — ed in concomitanza con queste impressioni e questi sentimenti, nella cupola sopra di te apparirà questa situazione della tua vita. — Sei al centro di tutto e senti che in questo momento tu, il tuo partner gemello ed il mondo siete una cosa sola — vibrate insieme — risuonate insieme — c'è armonia tra dentro e fuori — sopra e sotto. — In lontananza appare l'immagine in principio sfocata, ma mano a mano sempre meglio definita del mandala umano, della stella a cinque punte umana che tu stesso rappresenti — anch'essa entra a far parte di questo quadro armonioso. Tu sei al centro della ruota, dove tutto confluisce e diventa una cosa sola, tra sopra e sotto, sinistra e destra, davanti e dietro, buono e cattivo, grande e piccolo, chiaro e scuro — in mezzo alla ruota, tra i poli che stanno uno di fronte all'altro e che si muovono costantemente in cerchio — fuori nel mondo della polarità. — Ma tu sei dentro, in centro — in armonia — sei... — (aspettare qualche secondo).

E niente e nessuno a parte te può cancellare questa sensazione di centralità. E se anche scomparisse, sai che potrai raggiungere quando vorrai — la tranquillità del tuo stesso centro — ed anche il tempio della conoscenza di se stessi. Anzi, ogni volta che ritornerai sarà più facile trovare la strada, poiché ogni visita rende il tempio più stabile e la sua presenza più certa, le tracce saranno ben visibili e quindi anche il flusso della distensione scorrerà sempre più in profondità e ti condurrà più facilmente e più velocemente nei regni interiori. — Ora tuttavia ti alzi dal divano sotto alla cupola, restando però nel tuo centro, e lasci questa stanza fino alla prossima visita — senza dimenticare nulla delle esperienze vissute, ritorni alla realtà, ricominci a respirare attivamente e consapevolmente, fai un respiro profondo, allungati e stirati, apri consapevolmente gli occhi ed orientati nel mondo dei contrasti — nel mondo dei poli opposti, nel cui centro regna sempre ed ovunque la tranquillità del mezzo.

4. Meditazione
Comunicazione

Giaci nuovamente disteso e rilassato nel tuo posto di meditazione — senti la base d'appoggio che ti sorregge e la calma che si diffonde appena rilasci i muscoli ed abbandoni ogni volontà. In effetti il corpo conosce già la strada verso la scioltezza del proprio centro — e non solo il tuo corpo — bensì tutto in te si appresta a lasciarsi andare volontariamente e ad affidarsi al proprio mondo interiore — a lasciare che accada, ciò che accadrebbe comunque. Tu non fai altro che stare sdraiato e riposare in te stesso — ad occhi chiusi — abbandonare ogni intenzione e dovere — rilassare il corpo — ora o tra poco — sprofonderai ancora di più nella base d'appoggio e nella distensione — ogni volta che espiri un po' più giù ed ogni volta che inspiri diventi più leggero e libero — ti affidi al ritmo del tuo respiro, che ti guida da tanto tempo e che ti accompagnerà anche questa volta nel mondo delle immagini e dei pensieri, dei suoni e delle vibrazioni, che ormai ti è più familiare di quanto tu creda — e le sensazioni della coscienza e del corpo dimostrano quanta strada hai già percorso nel mondo del tuo centro. Il corpo intanto è sprofondato ancora di più nel supporto e tu nella distensione, senza il minimo sforzo, quasi senza accorgertene: prima si rilassano l'occipite e la nuca e subito dopo li seguono i muscoli facciali, dalla fronte fino al mento. La strana sensazione di rilassatezza ormai ti è familiare e si diffonde in tutto il capo — penetra da ogni parte e si dirige verso il centro energetico in mezzo al cranio. Da qui parte il flusso della distensione, che scende poi in tutto il corpo. Questo flusso scorre naturalmente e costantemente. Ora che ti concentri su di esso, tuttavia, avverti più che mai la sua presenza. Ma può anche darsi che ora tu la avverta anche al di fuori della meditazione ed è un bene che sia così, è nella natura del flusso, che dal collo e dalla nuca passa ora nel petto, ricongiungendosi con il flusso ancora più potente dell'energia del cuore. Il flusso energetico unificato adesso scorre nella schiena ed in basso nell'addome, alimentando così tutti gli organi ed ora raggiunge il bacino ed in seguito le gambe — fino alla punta delle dita dei piedi. L'intero organismo viene irrorato. Il dolce ritmo dell'energia provvede a che il corpo si rilassi e che tutto sia in ordine — ed ogni fattore di disturbo ora può nuovamente defluire dalla punta delle dita di mani e piedi. Ed anche se fuoriesce, l'energia non diminuisce, anzi, è come se ne affluisse continuamente di nuova. Essa scaturisce dai tre centri energetici in mezzo alla testa, al petto ed al bacino. In effetti fai parte di un flusso energetico molto più grande — di un circuito — entri dunque consapevolmente a far parte del circuito energetico della vita. Prendi e dai, partecipi al ritmo del flusso vitale e questo flusso crea nuovamente spazio a sufficienza in te — tra l'ampiezza della testa sopra e la profondità del bacino sotto — tra la larga schiena dietro e il petto che oscilla seguendo il ritmo respiratorio davanti si apre lo spazio vuoto centrale. Ed al solo pensiero ti ritrovi al suo interno, nel tuo paesaggio davanti al tuo tempio. Ormai conosci bene la strada che conduce al suo interno, è tranquillizzante ed allo stesso tempo ti riempie di speranza. Senti che entrando nel tempio la distensione e la fiducia aumentano e che le tue gambe trovano da sole la strada. Quando raggiungi la stanza rotonda dalle innumerevoli porte, apri senza esitazioni quella che conduce nell'ormai nota sala della conoscenza di se stessi e ti sdrai sul divano al centro, esattamente sotto alla grande cupola. Hai già vissuto tante belle esperienze in questo luogo e quindi, quando il tuo sguardo è di nuovo attirato al centro del mandala all'interno della cupola circolare, sai già che ora accadrà qualcosa di piacevole. Quando chiudi gli occhi, come se qualcosa o qualcuno te lo avesse imposto con gentilezza, ti pervade una sensazione di unità, che ti accompagna in quest'altro mondo, al centro del mandala. Questo centro sfavilla e pullula di energia, le cui onde scaturiscono dal centro e formano dei cerchi, come un sasso gettato nell'acqua. L'intera cupola sopra di te ora è traboccante di modelli energetici rotondi ed ondosi. Adesso al centro appare di nuovo distintamente la figura umana — con le braccia e le gambe aperte, che formano la stella a cinque punte del mandala umano. La testa in cima, e due braccia a lato ed entrambe le gambe in basso costituiscono le cinque punte della stella umana che tu stesso rappresenti. Ti riconosci sempre più chiaramente in mezzo allo sfavillante circuito energetico che ti circonda. Tutto questo non solo lo puoi vedere distintamente raffigurato sul misterioso schermo sopra di te, ma lo puoi anche sentire, come se tu stesso fossi là sopra — in ogni caso conoscere e sperimentare sono strettamente collegati. Ed ora scopri che l'involucro d'energia attorno al tuo corpo nasce dal centro, dal tuo stesso cuore. Da qui scaturisce anche un altro circuito energetico — che ha origine in una zona del corpo ancora più interna — la circolazione sanguigna. È incredibilmente ramificato e forma una rete, che diventa sempre più sottile mano a mano che ci si allontana dal centro e che comunque rimane pur sempre un circuito. Ora segui il flusso delle minuscole particelle energetiche del sangue, che partendo dal centro percorrono l'intera rete dei vasi fino agli ultimi strati epidermici, per poi ritornare al cuore. In questo modo non viene trasportata solo energia, ma anche informazioni. Con il flusso sanguigno circolano gli ormoni — come minuscoli telegrammi — e dispongono i percorsi del corpo. Sono loro infatti che possono allargare o restringere i vasi. E proprio in questo momento sei testimone di come i telegrammi ormonali spalanchino le porte del cuore e dell'intelletto, così che i tuoi sentimenti e le tue conoscenze possano intensificarsi ancora di più. Se ti concentri sulla testa, riconosci un ulteriore centro da cui partono altri circuiti. E mentre distingui sempre più chiaramente questi funicoli nervosi, la circolazione sanguigna non scompare del tutto, ma passa in secondo piano, per far spazio alle reti di plessi nervosi. Il movimento in queste reti, apparentemente complicate, avviene soprattutto grazie a delle scariche elettriche. Una volta che ti sei abituato a questa dimensione, intuisci che i minuscoli lampi e le scintille che vedi nel flusso sono le informazioni. Il cervello è la centrale elettrica ed in effetti la densità delle informazioni qui è nettamente maggiore che nelle altre zone del corpo. La struttura apparentemente caotica in realtà non è altro che un differenziato reticolo di cerchi a più strati, che si compenetrano, sovrappongono ed uniscono. Ogni cosa qui è collegata ed è sconcertante osservare gli innumerevoli strati esistenti, ma al contempo è miracoloso constatare che nel cervello tutto è perfettamente in ordine. Ogni cellula nervosa evidentemente è collegata a tutte le altre ed ogni cosa è contemporaneamente ovunque — niente va perduto. Questa meraviglia di reti e di circuiti prosegue per tutto il corpo. Nel midollo spinale della colonna vertebrale riconosci la continuazione del cervello nel corpo. Numerosi centri d'informazione si susseguono come le perle di una collana e formano a loro volta dei circuiti che, dai centri nervosi del midollo spinale, regolano il flusso delle informazioni delle varie zone del corpo. Gli impulsi viaggiano senza sosta nelle orbite orizzontali e verticali, collegando le diverse strutture tra loro. Tutti i funicoli nervosi delle braccia, ad esempio, sono collegati tra loro. Contemporaneamente le braccia sono collegate tramite altri circuiti al punto di coordinazione centrale nel cervello, che a sua volta le congiunge con tutte le altre parti del corpo orizzontali — le gambe ad esempio — per mantenere un certo equilibrio. E poi dietro a questo ordine ne riconosci un altro, ancora più profondo. I centri lungo la colonna vertebrale sono regolati a loro volta da altri centri superiori, che determinano il loro posto nella gerarchia del sistema informativo. Questi centri, chiamati «chakra», sono anch'essi coordinati attraverso speciali binari sottili. In effetti qui tutto è connesso — la piccola cellula nervosa ed il grande plesso nervoso fanno entrambi parte del flusso generale. Mentre ti soffermi a guardare questo meraviglioso movimento, l'ordine che lo regola appare ancora più evidente. Ogni minima informazione del corpo, ogni minuscolo movimento della gamba, sensazione sulla pelle o tensione di un muscolo, viene comunicato al rispettivo centro nervoso nel midollo spinale, a seconda della precedenza gerarchica, al chakra superiore o, se necessario, alla centrale del cervello. Da qui l'impulso di risposta ritorna da dove è venuto con la relativa informazione, che scatena la reazione corretta. Così anche questo cerchio della trasmissione di informazione e della regolazione si chiude. Entrambi i sistemi di comunicazione — quello del plesso nervoso e quello ormonale nella circolazione sanguigna — si sovrappongono di fronte al tuo occhio interiore ed in fondo alla cupola vedi, come su di uno schermo tridimensionale, che il mandala umano che tu stesso rappresenti è composto da innumerevoli circuiti. Il tuo corpo è un intreccio di orbite. I diversi centri costituiscono il rispettivo centro di uno o più sistemi orbitali: il cuore per le circolazioni sanguigne nei polmoni e nel corpo — il cervello per gli innumerevoli plessi nervosi nella testa e nel corpo ed i chakra lungo la colonna vertebrale per il loro rispettivo raggio d'azione con i loro percorsi energetici ancora più sottili, che li collegano tra di loro dal coccige alla nuca in tutto il corpo. Le grandi ghiandole endocrine, come le ghiandole tiroidee sotto alla laringe e le ghiandole germinali nel bacino formano altri centri. Anch'esse sono al centro di circuiti di regolazione. I vasi sanguigni rappresentano il mezzo di comunicazione e gli ormoni i messaggi. Per l'armonia dell'insieme hanno la medesima importanza dei nervi ed entrambi i sistemi dipendono l'uno dall'altro. Il mandala umano appare quindi come un'enorme e meravigliosa struttura di circuiti collegati, che si integrano e si intrecciano, un ingranaggio di energia ed informazioni — e questo ingranaggio sei tu e senti la sua unità. Lentamente i sentimenti che provi nei confronti del mandala che tu stesso rappresenti si modificano. Ogni organo è collegato a tutti gli altri, è importante e carico di significati e contribuisce a conferire al tutto una forma precisa. In effetti è un cosmo — il microcosmo in cui vivi. E mentre stai pensando a ciò, sullo sfondo del mandala umano appare un altro grande cosmo, il macrocosmo, la nostra terra. L'aspetto esteriore cambia — ma il principio rimane invariato. Il circuito energetico che circondava il mandala umano diventa il campo energetico della terra e, come il sistema dei cicli e dei circuiti di regolazione, rimane invariato. La superficie del pianeta è circondata da innumerevoli cerchi che si dispongono uno sopra l'altro, si compenetrano e si intrecciano. Questi centri simboleggiano l'essenza della comunicazione sulla terra — in natura, come del resto tra gli esseri viventi che la popolano. Anche qui, come nel nostro corpo regna l'ordine, dal momento che ogni cosa è collegata da circuiti ed è quindi regolata in armonia. Basta che ti concentri su uno di questi cerchi e la sua immagine apparirà più chiaramente di fronte a te. Là ad esempio compaiono i cicli meteorologici. Basta pensarci e già vedi, anzi senti, che i venti spingono le nuvole sui continenti, che non solo portano con sé umidità, ma anche numerose particelle dai loro luoghi di provenienza. Osservi la superficie terrestre e capisci che anche i continenti sono uniti. I movimenti sono molto lenti, ma nella cupola miracolosa puoi osservarli in qualsiasi momento e così vedi che un continente emerge, perché un altro sprofonda e intuisci che si tratta di vere e proprie lastre continentali sul caldo mare all'interno della terra. Se lo desideri, puoi seguire anche cicli più piccoli. Il percorso di ogni goccia d'acqua e la crescita di ogni singolo fiore fa parte di un ciclo. — E tu lo osservi all'interno della cupola — cadi da una nuvola con una goccia d'acqua, anzi sei questa goccia, avverti la sua, o meglio la tua rotondità ed il tuo aspetto mutevole e non appena tocchi terra ti disintegri in una miriade di gocce e formi una sorgente, poi diventi un ruscello ed assieme ad altri ruscelli ti trasformi in un fiume — ed infine raggiungi il mare. Esposto al calore del sole, la goccia che tu stesso rappresenti evapora e così ritorni nel mondo arioso delle nuvole sotto forma di vapore acqueo. Il cerchio si chiude, ma sulla terra esistono innumerevoli altri simboli e modelli circolari. I fiori germogliano, crescono, sbocciano, spargono i semi, appassiscono e muoiono ed ogni creatura segue nel corso della sua vita un simile ciclo e sullo schermo nella cupola vedi e vivi la nascita accelerata di un uomo. Basta un attimo ed il neonato giace sulla pancia della mamma. Ti imprimi nella memoria i tratti del nuovo arrivato ed osservi la sua crescita nel tempo, vedi gli stessi tratti prima in un bambino, poi in un giovane adulto e li riconosci anche sul volto di un anziano dormiente, che si accinge a superare la soglia della morte ed a continuare il suo viaggio con un aspetto diverso, per poi ritornare in un corpo nuovo. Anche questo cerchio si chiude, per poi ricominciare da capo. Così come il fiore ha trasmesso il suo messaggio ai semi, anche l'uomo ed ogni altro essere vivente fa lo stesso, mantenendo così in funzione i cicli vitali. Ed anche quest'ultimi sono collegati tra di loro: quello del vento incrocia quello del fiore e trasporta i suoi semi, fecondando in questo modo altre piante; quello dell'acqua incrocia quello della pianta, quello dell'uomo ed anche quello del vento. Il ciclo dell'uomo a sua volta incrocia tutti gli altri. E ciò nonostante non si tratta che di alcuni degli innumerevoli incroci, sovrapposizioni e compenetrazioni. Anche nel macrocosmo ogni cosa è collegata, è connessa ed intrecciata — così ogni singolo cerchio condiziona gli altri ed ogni essere rappresenta un anello di numerose catene, che dipendono l'una dall'altra ed ognuna di esse è necessaria a mantenere intatto l'ordine e l'armonia dell'insieme. Il mandala umano e quello della terra anche in questo caso coincidono. Il microcosmo ed il macrocosmo sono composti da innumerevoli circuiti, sia per le dimensioni ancora più grosse che per quelle più piccole, il modello è sempre lo stesso. Lo spazio vitale della terra è l'universo — ed in effetti vedi il globo terrestre diventare velocemente sempre più piccolo — e nella cupola si sviluppa l'immagine del sistema solare: prima appare la luna, che segue la sua orbita intorno alla terra, poi compare la terra, la cui orbita, come del resto quella di molti altri pianeti è rappresentata dal sole, che ora appare al centro della cupola. Presto ritorni a concentrarti sulla terra. Gli altri corpi celesti del sistema solare scompaiono ai margini della cupola. Ora la terra riempie di nuovo tutto lo schermo e diventa sempre più grande, finché non riconosci nuovamente la tua sfera vitale nel tuo paese. Dall'altro vedi te stesso ed i rapporti che ti legano alle persone del tuo ambiente. A seconda del grado di affetto e di simpatia che provi per loro, esse sono più o meno vicine. Lo schermo della cupola è uno specchio sincero, così puoi osservare la loro posizione. Sarebbe un peccato intervenire. Lascia quindi che tutto accada così come vuole il primo pensiero, guarda chi ti circonda ed i legami e le relazioni che vi uniscono. Osserva anche i rapporti tra queste persone tra di loro ed i circuiti di ognuna di esse. — Il modello dei circuiti continuerà all'infinito, finché tu stesso sarai collegato a tutte le persone del mondo, anche a quelle che non hai mai visto, a uomini originari di paesi lontani, poiché i circuiti non conoscono confini territoriali — e linguistici — ricoprono tutto il mondo e tu sei il centro di questo modello — così come ogni altra creatura è il centro del suo modello. E tuttavia si tratta sempre e solo di un unico modello — che ha le sembianze della nostra unica realtà comune — le sembianze dell'unità. Con queste immagini una sensazione di omogeneità si fa strada in te e trova terreno fertile, poiché dentro di te ogni cosa è ordinata e collegata secondo lo stesso principio. Quando osservi nuovamente l'intero globo terrestre nella cupola, riconosci che l'anello originariamente piccolo delle tue relazioni personali si è sempre più allargato, fino a ricoprirlo interamente. Su di esso si sovrappongono i cerchi ancora più grandi dei rapporti familiari e dei diversi popoli tra loro ed infine delle persone con la natura e le sue creature — e delle creature della natura tra loro. Con queste immagini e soprattutto con la sensazione di unione e di affinità che ne deriva, puoi riemergere lentamente dal mondo della cupola ed allontanarti da esso — oppure puoi trattenerti, per intraprendere un personale viaggio alla scoperta del mondo dell'unità e per osservare meglio i circuiti di regolazione nel tuo corpo ed i relativi processi ciclici della psiche e per vedere in che modo intralci ed in che modo invece favorisci l'ordine e l'armonia dei tuoi cicli. Ora o tra poco, alla fine di questo tuo individuale viaggio, ricorderai tutto delle esperienze fatte nel mondo delle immagini interiori e potrai scendere nel mondo del tuo tempio e delle immagini ogni volta che lo vorrai — anzi sarà sempre più facile — così come ad ogni ulteriore viaggio le immagini diventeranno ancora più espressive e chiare. Ora però interrompi questo tuo viaggio nel mondo dei tuoi stessi cicli.

5. *Meditazione*
Flusso respiratorio e polmoni

Sdraiati comodo e rilassato, allungati ed affidati alla base d'appoggio su cui giaci. Se ora chiudi gli occhi si diffonderanno automaticamente calma e distensione dentro di te. Ora, o molto presto, la tensione dei muscoli si allenta e senti di sprofondare sempre più. Anche la pressione all'interno diminuisce — ora o tra poco — e fuoriesce col respiro. — Ogni volta che inspiri — diventi più leggero e libero — ed ogni volta che espiri ti lasci andare — il respiro è la guida ideale nella calma e nella scioltezza — nelle profondità del proprio mondo interiore. Quando espiri ti abbandoni e lasci che in questo modo fuoriesca l'aria viziata e tutto ciò di cui in questo momento non hai bisogno — quando inspiri invece entra leggerezza e libertà, che accrescono la profonda calma che regna dentro di te. Per trovare la tranquillità interiore basta lasciarsi andare ed avere fiducia, le precedenti meditazioni hanno già spianato il terreno e la strada è già tracciata nel modello interiore della coscienza. Il tempo qui non ha alcun valore — ad ogni istante che passa sei più rilassato e giungi più in profondità — in un batter d'occhio. Pensi distensione e contemporaneamente la vivi. La strada che ormai conosci per esperienza è così sicura ed affidabile che, forse senza neanche rendertene conto, puoi seguire le tue stesse tracce e scivolare nel regno delle immagini e dei colori, delle oscillazioni e dei suoni. Bastano due respiri consapevoli per attivare il profondo flusso della distensione — espirando ti liberi del superfluo — inspirando ti apri all'energia necessaria — e contemporaneamente avverti il dolce flusso della distensione — il viso e l'occipite si rilassano notevolmente — ed una sensazione di rilassamento penetra dall'esterno e raggiunge il centro della testa — la profonda fonte energetica e scorre verso il basso nel collo e nella nuca — sciogliendo le spalle, le braccia e le mani — poi nella schiena e nel petto — ed il flusso si ricongiunge con l'energia del cuore. Raggiunge il ventre ed infine il bacino e li risciacqua, li libera e li alleggerisce. Attraverso le cosce, le ginocchia ed i polpacci il flusso giunge fino ai piedi — e tutto il superfluo nelle profondità del tuo corpo può defluire dalla punta delle dita. Ed è nuovamente il respiro a facilitare il processo della distensione. Espirando il superfluo scorre nella punta delle dita dei piedi e delle mani e da qui fuoriesce — ed inspirando affluisce energia nuova e fresca e quindi è anche il respiro a favorire l'apertura dello spazio interno. Espirando ti liberi delle cose vecchie e consumate, mentre inspirando apri il centro, cioè lo spazio tra la testa — sopra ed il bacino — sotto, tra la schiena — dietro ed il petto — davanti — quello spazio in cui ora ti immergi per ritrovare il tuo paesaggio, ed il tuo tempio. Non indugi oltre, poiché ogni cosa qui ti è familiare. La via che conduce nel tempio è tracciata dai tuoi stessi passi e già ti trovi all'interno del tempio e scendi le scale che portano alla stanza rotonda dalle innumerevoli porte e ti dirigi verso la «Sala della conoscenza di se stessi». Dentro trovi un'atmosfera frizzante, come se la stanza fosse attraversata dal vento, ed i colori sono chiari e freschi, come le essenze che diffondono un profumo delicato ed amabile. È «la tua sala» e ti dirigi verso il tuo posto — sul tuo divano nel mezzo, direttamente sotto alla cupola. Il tuo sguardo è di nuovo magicamente attirato dal mandala circolare raffigurato nella cupola, osservi il centro del mandala, che corrisponde al centro della cupola. Mentre il tuo sguardo converge nel centro, ti accorgi che anche il respiro in un certo qual modo giunge al centro — scorre dolcemente e regolarmente nella sua posizione mediana, ed in questo modo contribuisce anch'esso a farci raggiungere il mondo al di là del centro. Gli occhi esterni ora sono chiusi e sullo schermo nella cupola vedi improvvisamente il tuo respiro, o meglio un lieve pulsare, che corrisponde esattamente al ritmo del respiro — e si tratta del tuo respiro — te ne rendi conto respirando — i tuoi polmoni ingranditi pulsano sullo schermo della cupola — enormi e misteriosi — come due grandi soffietti, che si svuotano in perfetta sincronia e si riempiono al ritmo del respiro — le singole strutture appaiono sempre più chiaramente — vedi e senti la trachea, da cui si diramano entrambi i polmoni, che inspirando fa affluire aria fresca, mentre espirando fa defluire quella viziata. La trachea è come il tronco di un grosso albero che si divide in due grandi rami bronchiali, ognuno collegato ad un polmone e che qui si diramano ulteriormente, formando l'albero bronchiale — i rami e le ramificazioni diventano sempre più sottili ed alle estremità vi sono forme fini e rotonde, gli alveoli polmonari, che corrispondono alle foglie dell'albero bronchiale. Ogni volta che inspiri vedi che si gonfiano come milioni di palloncini e l'intero polmone come un soffietto, per poi svuotarsi e ripiegarsi su se stessi quando espiri. Se osservi e senti dentro di te questo doppio albero polmonare vivente nel complesso, capisci anche la sua funzione: inspirando, attraverso la trachea e l'albero bronchiale arriva ossigeno negli alveoli polmonari che, attraverso la loro finissima parete, viene poi distribuito nei vasi circostanti. Contemporaneamente dai vasi sanguigni affluisce negli alveoli polmonari anidride carbonica, esalata durante i processi di combustione del corpo, che poi viene espulsa da esso espirando. Così assisti ad un attivo scambio in corrispondenza dell'enorme superficie di contatto degli alveoli polmonari — e poiché non stai solo vivendo questo processo, ma lo stai anche osservando sullo schermo di fronte a te, è come se assistessi ogni volta che inspiri all'afflusso di energia fresca — dai polmoni nel sangue — ed ogni volta che espiri al deflusso di aria viziata dal naso e dalla bocca e rammenti che è proprio questa esperienza del respiro che ti ha già permesso così tante volte di rilassarti per la meditazione. Mentre osservi questo scambio tra dare e prendere in entrambe le chiome dell'albero polmonare, ti rendi conto che questo principio riguarda tutto il corpo e riconosci ovunque anche la figura dell'albero. L'albero vascolare del polmone raccoglie il sangue dei sottilissimi vasi sanguigni che avvolgono gli alveoli polmonari nei più grandi vasi bronchiali, che lo trasportano poi al cuore. Accanto all'albero bronchiale vedi quindi anche un albero di vasi sanguigni. Dal cuore parte un robusto tronco vascolare che arriva al busto fino in cima alla testa ed un altro che invece va verso il basso, nell'addome e nelle gambe. Più le arterie cardiache si allontanano dal cuore e più si diramano, fino a divenire anch'esse delicati e sottilissimi vasi, che formano a loro volta nuovi alberi vascolari. Questi piccoli vasi, tuttavia, mano a mano si ricongiungono in canali più robusti e formano un altro albero vascolare, che corrisponde perfettamente al primo e che riporta il sangue nel cuore, ma nella direzione opposta. Attraverso questi sottilissimi vasi, da una parte dai tessuti fuoriesce l'ossigeno, l'energia fresca, dall'altra entrano nel sangue i rifiuti, che dal cuore arrivano ai polmoni, e che da qui vengono espulsi dal naso e dalla bocca. Ad ogni respiro senti l'intrecciarsi dei vari alberi, così come il respiro esterno nei polmoni e quello interno negli alberi vascolari delle braccia, delle gambe, degli organi e dei tessuti, ovunque un incessante scambio tra dare e prendere. Senti che dal naso penetra aria fresca e che espirando ti liberi di quella viziata; senti l'ossigeno che entra negli alveoli polmonari e che contemporaneamente fuoriesce anidride carbonica. In fondo ai tessuti del corpo invece accade l'esatto contrario: l'ossigeno fresco passa dai vasi nei tessuti e nei primi entra invece l'anidride carbonica superflua — prendere e dare ovunque — ed alberi dappertutto! — Ed a questo pensiero l'immagine dell'albero appare ancora più distintamente di fronte al tuo occhio interiore. L'albero bronchiale diventa trasparente e dietro ad esso compare un normale albero verde. I due tronchi coincidono, come del resto anche i rami e le diramazioni — gli alveoli polmonari corrispondono alle foglie dell'albero e le radici al naso ed alla bocca — ed ora ti accorgi che anche la funzione dei due alberi è la medesima — entrambi assorbono attraverso le loro foglie anidride carbonica e liberano ossigeno. Così come l'albero polmonare prende l'anidride carbonica dal sangue dell'albero vascolare, l'albero verde prende l'anidride carbonica dall'aria e quindi dai polmoni degli animali e degli uomini — e così come l'albero polmonare cede l'ossigeno al sangue dell'albero vascolare circostante, per poi distribuirlo nei tessuti attraverso gli alberi vascolari del corpo, anche l'albero verde nella natura libera l'ossigeno attraverso le sue foglie nell'aria, da cui noi lo respiriamo nuovamente. Ciò che a prima vista sembra complicato in realtà è molto semplice: due alberi dipendono sempre l'uno dall'altro — così come dare e prendere sono strettamente collegati. Albero vascolare e cuore dipendono l'uno dall'altro in quanto il primo porta sangue fresco nel secondo e quest'ultimo a sua volta gli restituisce il sangue da depurare. Lo stesso vale per gli alberi bronchiali dei nostri polmoni e per gli alberi della natura. La respirazione interiore e quella esteriore fanno parte del medesimo ciclo, che è poi quello che fa scaturire l'energia vitale delle piante verdi e la nostra forza vitale. Sullo schermo rotondo nella cupola puoi vedere e sentire perfettamente questo accordo tra dare e prendere: respiri ciò che gli alberi espellono e questi ultimi assorbono ciò che tu espiri. Ora vedi e senti direttamente il collegamento degli alberi interiori ed esteriori — immagini di essere in un bosco pieno di piante vive che respirano. Il cerchio è il simbolo di questo flusso vitale e dare e prendere sono le forze che lo alimentano. Così come il sangue e l'aria dipendono l'uno dall'altra, anche i nostri alberi polmonari e gli alberi verdi esteriori coincidono — sono fratelli gemelli. Non possiamo sopravvivere né senza gli alberi interiori, né senza quelli esterni. — Ad ogni respiro percepisci il grande cerchio della vita e sei sempre più consapevole di far parte di esso. Inspirare ed espirare — venire ed andare — prendere e dare. Per un momento vieni assorbito da questo ritmo della realtà e quindi ti rendi conto del ruolo che il dare ed il prendere hanno nella tua vita — del rapporto che hanno. Prendi, ma soprattutto dai consapevolmente? — — — Oppure aspetti che il destino si prenda quello che gli spetta? — — — Con questa domanda te ne vengono in mente altre. Che rapporto hai con il tuo albero esistenziale? — Sei cosciente dell'aria che respiri e del fatto che ti mantenga in vita? E quanta attenzione presti agli alberi verdi della natura, indispensabili alla nostra sopravvivenza? — — — Se fino ad ora non hai avuto molti contatti con essi, questo incontro nel comune ciclo respiratorio ha forse cambiato qualcosa? — Ti rendi conto della stretta e vitale connessione tra il respiro e le piante verdi e senti quindi il bisogno di approfondire il tuo rapporto con esse, di modificarlo radicalmente, attingendo con più consapevolezza da esse ciò che hai sempre preso: ossigeno e quindi forza vitale — dedicando loro in futuro maggior attenzione e dimostrando maggior rispetto e magari anche gratitudine, invece di limitarti ad uno scambio di ossigeno ed anidride carbonica. — — Dare e prendere non sono unicamente alla base della respirazione, bensì di ogni mistero. Ed anche se finora ti sei preoccupato, come del resto la maggior parte delle persone, più di prendere che di dare, anche questo primo gesto nasconde dei misteri. Se riuscissimo, come gli alberi all'esterno ed il nostro albero polmonare all'interno, ad accettare di buon grado tutto ciò che ci capita, riceveremmo tutto ciò che desideriamo. Basta fare un piccolo passo avanti con la coscienza: e cioè volere tutto ciò che ci capita. Poiché se vogliamo ed accettiamo ciò che riceviamo, riceviamo automaticamente tutto ciò che desideriamo. Questa però deve essere una scelta libera, vicina all'«illuminazione». Così in questo momento riconosci che ogni cellula del tuo corpo, ogni ramo ed ogni foglia del tuo albero interiore e di tutti gli alberi esterni mettono in pratica questo proposito. Essi vogliono esattamente ciò che fanno e ciò che accade e quindi ricevono automaticamente ciò che vogliono. Solo quando una cellula abbandona intenzionalmente l'ordine ed antepone il suo personale volere a quello dell'organismo nel suo insieme diventa carcinomatosa e non è più in armonia col tutto. E così hai svelato il mistero dell'ordine supremo ed il compito primario di ogni uomo sarebbe quello di prenderne parte. Dopo queste esperienze fatte durante il viaggio negli alberi interiori ed esteriori, ritorni consapevolmente sul tuo divano nella sala della conoscenza di se stessi e distogli lo sguardo dal mandala nella cupola. Il luogo in cui ti trovi ti è ormai così familiare, che niente ti sembra impossibile. Ora però ti alzi e vai nell'altra sala rotonda dalle innumerevoli porte. Dopo pochi istanti troverai la porta in questo momento più importante per te, su cui c'è scritto: «L'albero». Rimani fermo davanti a questa porta, poiché se la aprissi incontreresti realmente l'albero, che rappresenta tutti gli alberi del mondo e che può parlare per essi, potresti intrattenerti con lui, farti raccontare qualcosa, ad esempio la sua situazione attuale e quella vissuta negli ultimi tempi della sua storia; — — potrebbe raccontarti la storia degli alberi ed in effetti ti renderai conto che egli può realmente parlare in nome di tutti — di quelli esterni e di quelli interni — di quelli del passato e di quelli attuali — di quelli nel tuo corpo e di quelli in giardino — ed addirittura delle ultime grandi foreste vergini della terra — poiché essi sono accomunati nella buona e nella cattiva sorte. — Quando presto sarai solo con i suoni, potrai fare visita a questo albero sacro, che rappresenta tutti gli alberi del mondo, oppure potrai interrompere la tua visita, nella consapevolezza di potere aprire anche da solo l'uscio dell'albero nella stanza dalle innumerevoli porte ogni volta che lo vorrai. — — Il tuo tempio è sempre aperto per te — e ad ogni visita sarà più facile trovare la strada. E sia che tu ponga fine al tuo viaggio interiore ora, o che lo faccia più tardi, lo farai con un respiro profondo, come alla fine di ogni viaggio nel mondo delle immagini, orientandoti di nuovo consapevolmente nello spazio e nel tempo.

6. Meditazione
Limitatezza ed espressività — la pelle

Ancora una volta ti appresti a cominciare un viaggio nel mondo interiore delle immagini nel tuo luogo di meditazione, con le gambe unite, le braccia lungo il corpo e gli occhi esteriori chiusi. E non appena le palpebre si chiudono ti accorgi che la distensione si diffonde senza il tuo intervento — ormai conosci bene la sicura strada che ti conduce nelle profondità di te stesso e le fidate guide che ti aiutano ad avvicinarti il più velocemente possibile — i suoni che ti accompagnano ed a cui ormai ti sei affidato già molte altre volte, la voce che ti guida e soprattutto il tuo respiro. Ogni volta che espiri, automaticamente ti lasci andare e ti rilassi. Ti liberi di tutto ciò che ora potrebbe costituire un ostacolo e lasci che succeda ciò che accadrebbe comunque sulla via della distensione. Ed ogni volta che inspiri diventi più leggero ed aperto al flusso energetico. Mentre osservi il flusso del respiro, la sua efficacia diventa ancora più palese: ti libera, ti apre e ti conduce nel tuo centro. Ora è così facile affidarsi al flusso del respiro e liberarsi di tutto ciò che non ti serve più — e lasciare andare anche te stesso — ora o tra poco — ed è del tutto indifferente se avverti prima la sollevante leggerezza dell'inspirazione oppure la liberazione dell'espirazione. Il respiro e la distensione fanno il loro corso. Il tempo non ha più alcun valore — in un istante sei libero — la strada è conosciuta ed ogni volta ti conduce un po' più in basso nei tuoi stessi abissi. E la via che porta alla distensione del proprio corpo è altrettanto conosciuta e, nel momento stesso in cui ci pensi, riesci a vederlo. I muscoli del viso si rilassano — ad anche il cuoio capelluto — e così l'intera cute, che presto sarà vellutata. E la distensione penetra fino in fondo, al centro della testa — senza tuttavia che il rilassamento esteriore venga meno. — Dalle profondità del cervello il flusso della distensione inizia il suo solito percorso nel collo e nella nuca, nella zona delle spalle e del petto. Questa ormai nota sensazione di rilassamento si diffonde in tutto il corpo. I muscoli si rilassano e la pelle di conseguenza si distende — o è solo perché ora è consapevole? In ogni caso il flusso energetico continua a scorrere verso il basso fino alle braccia ed alle dita delle mani e si riversa dalla zona della nuca nel busto e nel petto, dove si ricongiunge al flusso di energia ancora più potente del cuore. Da qui calore e distensione scorrono nella schiena e nel ventre — ogni tensione viene meno — i muscoli e la pelle diventano ancora più morbidi e consentono al corpo di sprofondare ancora di più nella distensione e nella base d'appoggio che ti sorregge ed a cui puoi affidarti in qualsiasi momento. Dal bacino il flusso raggiunge le gambe ed infine i piedi, fino alla punta delle dita di questi ultimi. Le onde del respiro favoriscono la fuoriuscita di tutto ciò che ora è superfluo dalla punta delle dita di mani e piedi e contemporaneamente l'ingresso di nuova energia tramite l'inspirazione, che poi viene distribuita nelle zone interne del corpo — il flusso apre soprattutto lo spazio interno nel centro — tra la testa sopra ed il bacino sotto, la schiena dietro ed il petto davanti — gli spazi interni si allargano automaticamente — e tu sprofondi in essi — sei nel tuo paesaggio davanti al tuo tempio. Come sempre è aperto al tuo arrivo, dunque entri e scendi direttamente nella stanza rotonda dalle innumerevoli porte — la sala degli usci. Trovi immediatamente la porta della sala della conoscenza di se stessi e vi entri. Ti avvolge un'atmosfera insolitamente densa, la senti quasi a livello fisico sull'intera superficie del tuo corpo, sei stranamente consapevole della tua pelle, mentre ti avvicini al divano in mezzo alla stanza e ti siedi. Sembra quasi che la calda luce ti accarezzi e che le essenze ti avvolgano come un morbido mantello di seta. Anche mentre osservi il mandala nella cupola provi una strana sensazione sulla pelle e quindi non ti stupisce il fatto che poco dopo che i tuoi occhi si sono concentrati sul centro del mandala e che si sono chiusi, la tua pelle diventi l'argomento principale e che il tuo corpo nudo appaia sullo schermo, circondato da un alone luminoso. È l'immagine già nota del corpo a forma di stella a cinque punte, con le braccia e le gambe divaricate che in questo modo, anche grazie all'irradiamento dell'aura che riempie gli spazi vuoti, forma un cerchio. Ora ti sembra di intravedere anche il globo terrestre in questa forma circolare; come in un rebus, talvolta è maggiormente accentuato il cerchio del tuo corpo, altre volte la terra — entrambi tuttavia sono avvolti nella loro pelle e circondati dal loro campo di radiazione. Se ora ti concentri nuovamente sulla tua pelle e sui limiti del tuo corpo, senti e contemporaneamente vedi sullo schermo nella cupola che in effetti non sono ben definiti. Se osservi più attentamente, infatti, riconosci distintamente i tuoi peli sottili, che si protendono come sonde o antenne per tastare e controllare lo spazio esterno. Ed ora guardi i capelli ed i peli del pube, più lunghi e fitti dei peli nel resto del corpo — e contemporaneamente appare chiaramente anche l'immagine della superficie terrestre — e vedi che anche su di essa esistono zone dove la vegetazione è più fitta, cioè le foreste, che corrispondono ai capelli, e zone che corrispondono ai peli radi, come ad esempio le savane e le steppe. Ed in questo momento nella tua pelle senti anche quella della Madre Terra — ed è come se respirassi anche attraverso di essa. È un respiro lieve che scorre sotto l'epidermide, ma anch'esso è necessario. Senti quindi che i limiti della tua pelle non sono definitivi, che respiri attraverso i suoi innumerevoli pori e che in questo modo sei in contatto con l'ambiente — quasi come la terra che respirando attraverso le sue innumerevoli piante è in relazione con il suo ambiente, l'atmosfera. — Provi una piacevole sensazione di contatto col mondo attraverso i limiti della pelle. Ed in questo istante capisci il legame tra respiro e pelle — tra contatto e limite. Ora però ti concentri sui limiti dell'epidermide — su queste, o meglio sulle zone più esterne del corpo — mentre sei sdraiato senti che la pelle aderisce ai vestiti e che separa gli spazi interni dall'esterno — e contemporaneamente vedi sullo schermo nella cupola i limiti della tua pelle e quelli della terra e dell'universo — in effetti l'atmosfera fa ancora parte della terra, gira con essa e resta a contatto della superficie terrestre — esattamente come il campo di radiazioni dell'aura ti appartiene e resta perennemente in contatto con te — eppure la superficie della terra e la pelle rappresentano i limiti del nostro corpo. — Nel frattempo la tua pelle forse si è leggermente modificata, probabilmente è un po' più calda, ma soprattutto più consapevole. Avverti anche una sorta di flusso negli strati più esterni. Ora che essi sono così consapevoli e vivi, ti rendi conto ti quanto raramente tu ti sia recato e dedicato ai confini più remoti del tuo corpo. Spesso ti nascondi al suo interno e la tua pelle di conseguenza si raffredda, avverti ad esempio freddo ai piedi. Ora rivivi una simile situazione del passato, in cui ti sei ritirato all'interno ed in cui ti sei chiuso così tanto in te stesso, che la cute fuori si è raffreddata, ti è venuta addirittura la pelle d'oca. Rammenta una circostanza simile, come al solito la prima che ti viene in mente — guarda dove sei e con chi — rivivi interamente questa esperienza. La situazione diventa sempre più realistica, l'irrorazione sanguigna cutanea sempre più debole. Ti isoli, trasformi i limiti della tua pelle in un baluardo contro il minaccioso mondo esterno. Lì dentro sei segregato e solo, protetto dalla vita che sta fuori. Ora abbandona questo ricordo e lascia che dal tuo centro e di fronte al tuo occhio interiore affiori un'esperienza contraria, uno di quei momenti in cui sei andato fino ai confini di te stesso, in cui hai fatto scorrere il sangue fino ad essi, sentendoti quindi caldo e vivo — una situazione per esempio in cui sei con un'altra persona che ti è particolarmente cara, un bambino o magari il tuo partner, in ogni caso qualcuno che ami — ora. Senti che tocca la tua pelle e provi una sensazione calda e sensuale. La pelle è viva e tu vivi in essa, percepisci la tua pelle attraverso il contatto con quella di un estraneo, che tuttavia nel contempo ti è familiare, avverti il tuo calore attraverso di essa. — — — Pensi alla tua pelle ed alla sensazione che ti dà — ora che sei sdraiato sul divano nella sala della conoscenza di se stessi. — Concediti il tempo necessario per non sentire solamente attraverso la pelle, ma anche per parlare con essa. È un'ottima occasione per trattarla come fosse una creatura vivente, per prenderla realmente sul serio — e per ascoltarla — fatti sorprendere da ciò che ha da dirti, che corrisponde di nuovo al tuo primo pensiero. Lascia anche che ti comunichi cosa prova quando è fredda e quando è calda e quale delle due sensazioni conosce meglio e sperimenta più spesso — ed anche di quale delle due ha più nostalgia, quale le manca di più. — — — Così capisci il ruolo che il contatto, soprattutto quello fisico, ha nella tua vita ed il ruolo della delimitazione. — — — Nel frattempo, oltre al mandala umano che tu stesso rappresenti, appare di nuovo il globo terrestre ed i suoi confini. Riconosci un groviglio caotico ed un reticolo sulla superficie terrestre e riesci a distinguere la qualità di questi confini determinati dall'uomo, dal loro colore. I confini di stato di transito, che mettono in contatto gli abitanti di diversi paesi, sono rappresentati da calde linee arancioni; altri invece, che li separano, sono rappresentati da fredde linee nere. Puoi osservare ogni luogo della terra, il tuo paese ad esempio ed i suoi confini. In che punti sono caldi, arancioni ed aperti ed in quali altri neri, freddi e chiusi? — E così come il tuo paese e tu stesso avete dei confini, tutto in questo mondo polare ha delle limitazioni — anche il rapporto con il proprio partner ha i suoi limiti, esattamente come la famiglia, l'azienda, le associazioni ed ogni forma di congregazione; poiché ogni unione esclude qualcuno e crea quindi dei confini. Osserva ora le limitazioni intorno a te, soprattutto quelle che ti fanno soffrire — — — ed i confini. — — — Chi li stabilisce? — — — Tu? Oppure gli altri? O chi altro? — — — In che modo contribuiscono alla tua sicurezza ed alla limitatezza della tua vita? — — — Per stabilire un confine caldo e vivo, che permetta un contatto, oppure un confine freddo, che tende a separare, sono necessarie entrambe le cose, come dimostra l'epidermide. Naturalmente è più facile analizzare i problemi di confine che riguardano il mondo piuttosto che quelli che riguardano se stessi — eppure ora ti rendi conto che anche i primi ti appartengono. Così come l'uomo ed il mondo dipendono l'uno dall'altro, anche i problemi di confine coincidono. In questo momento hai l'opportunità di chiarire la politica di confine — della tua pelle — in casa — in famiglia — e nel tuo paese. — — — Come ti senti nella tua pelle? — — — Sei aperto oppure hai la tendenza ad isolarti? — — nella tua pelle o all'interno delle tue quattro mura? — — in famiglia o nel tuo paese? — — — E cosa provi quando vorresti uscire dalla tua pelle? — — — Hai la pelle dura? — — — Le cose ti toccano da vicino? E se sì quali? — — — Osservi nuovamente la pelle della terra e sai che anch'essa è sincera e che corrisponde alla tua pelle. Ora osservi che le cose della terra ti toccano da vicino. — — — Dopodiché ritorni nella tua pelle e ti accorgi del contatto che hai con essa. Ti piace e la tocchi volentieri? — — Permetti ad altri di toccarla e ne sei felice? — — — Ti occupi a sufficienza della tua pelle? — — — Di cosa ha bisogno realmente? — — — Cosa sogna? — — — E che rapporto hai con l'altra tua pelle più vasta, quella della terra? — — — Permetti alla tua pelle ti toccare quella della Madre Terra? — — — Qual è l'ultima volta che hai camminato scalzo e cosa hai provato? — — — Vivi ancora a contatto con la pelle della superficie terrestre? — — — Oppure lo hai perduto da tempo? — — — E cosa rispecchia la tua pelle? — — — Sembra viva e felice? — — — Di che colore è e quante pieghe e rughe ha? — — — E di nuovo appare la terra e mostra il suo volto, su cui compaiono gli altri tre elementi — il fuoco esteriore del sole nelle eruzioni vulcaniche ed il sole ardente — e la forza del vento e dell'acqua. E ti accorgi dell'influsso degli elementi sulla tua pelle e di molte altre cose che la condizionano. È una pelle sincera la nostra — sincera per ciò che concerne il nostro corpo ed onesta per ciò che riguarda la terra. Ogni stato d'animo ed ogni sentimento viene rispecchiato dall'espressione del nostro viso, così come l'umore della terra viene manifestato dal tempo. L'interno è visibile da fuori — il pallore o la bella cera — la pelle pura o impura — rivelano quindi molto di noi stessi. Osserva ora cosa rispecchia in questo momento la tua pelle. Il tuo primo pensiero come al solito ti darà una risposta. — — — Anche le unghie fanno parte della pelle — cosa esprimi attraverso di esse? — Sono rosse e lunghe — aggressive — e seducenti, oppure hai tagliato i tuoi artigli? — — — Ed anche i capelli appartengono alla pelle. Cosa rivelano a te stesso ed agli altri? — Sono spettinati e quindi desiderosi di libertà e di indipendenza oppure dimostrano un adeguamento ordinato — oppure una consapevole subordinazione ad un'idea? — Cosa rispecchia la tua pettinatura? — — — Comunica con essa — la pettinatura può parlare con te e lo farà se sei disposto ad ascoltare! Ti racconterà ciò che esprime ed il suo intento. — — — Così la pelle e le sue appendici, quali le unghie ed i capelli possono stimolarci a porci delle domande — e a dare una risposta ad ognuna di esse — come in un libro sulla storia della nostra vita. Così come possiamo dedurre dalla pelle della terra la sua storia di milioni di anni, possiamo intuire qualcosa della vita di pochi decenni di ognuno di noi dalla nostra pelle. Così come le cicatrici sulla superficie terrestre possono attestare la storia di una lunga febbre dell'oro nel passato, un cratere la caduta di un meteorite e una ripida catena montuosa una fase difficile del passato, la stanchezza nei nostri occhi può rivelare molto su come abbiamo trascorso la notte passata — ed una cicatrice può raccontare una storia dell'infanzia — la pelle della terra e la nostra possono dunque tramutarsi nei libri forse più avvincenti — ed in effetti rivelano molti aspetti della loro storia. — — — Per ora tuttavia abbandoni i messaggi della pelle, ma li ricorderai perfettamente. D'ora in avanti capirai molto meglio il linguaggio dell'epidermide. La pelle d'oca ad esempio significa: «Non voglio più avere contatti con l'esterno!» — e gli arrossamenti che non accetti un determinato pensiero, che quindi per attirare la tua attenzione è costretto a manifestarsi sulla sincera pelle del viso. Ma questa meditazione guidata ti permette di scoprire ancora di più sulla tua pelle e di sperimentare ancora di più attraverso di essa. Nella stanza rotonda dalle tante porte, davanti alla sala della conoscenza di se stessi infatti c'è un'altra porta con la scritta: «Il mio volto». Se deciderai di entrarvi, giungerai in una stanza con le pareti ricoperte di specchi ed uno di questi ti mostrerà l'ingrandimento del tuo viso, al naturale, senza trucco. Qui avrai tutto il tempo che vorrai per guardarlo attentamente: per vedere quello che ti piace e quello che invece non ami di te. — Quando riterrai di avere visto abbastanza, aprirai un'altra porta, ricavata dallo specchio, che conduce in un'altra stanza, di fronte ad un altro specchio. In esso vedrai riflessa l'immagine ingrandita del tuo viso come vorresti che fosse, come lo hai sempre sognato. Osserva anche quest'immagine attentamente e sinceramente, finché riterrai di avere visto abbastanza, — poi apri un'altra porta, ricavata in questo specchio, e dirigiti verso la terza ed ultima stanza. Qui vedrai cosa dovrebbe accadere perché il tuo viso sia effettivamente radioso come l'immagine riflessa nello specchio precedente — perché i tuoi sogni si avverino. — In questa stanza troverai tutto il necessario e, se lo vorrai, potrai sperimentarlo. E non ti stupirai più del fatto che non si tratta di rimedi esteriori, come il trucco o altri metodi atti a nascondere i propri difetti, bensì di processi interiori. Ed ora che lentamente ti alzi dal divano nella sala della conoscenza di se stessi puoi scegliere se aprire la porta «Il mio volto» nella stanza dalle innumerevoli porte, o se ritornare alla realtà, rilassato e riposato nel tuo luogo di meditazione, ed orientarti nuovamente nello spazio e nel tempo facendo un respiro profondo.

7. Meditazione
Difesa e aggressione

Sei nuovamente sdraiato nel tuo posto di meditazione — disteso e rilassato — senti la pesantezza del corpo — aspetti ti vedere cosa accadrà — e sin dall'inizio sei consapevole di quest'attesa. Ma allo stesso tempo sai che non c'è niente da aspettare, poiché è già tutto lì — dentro di te — devi solo fare in modo che si risvegli — e perché questo avvenga non c'è bisogno che tu faccia nulla, se non startene lì sdraiato e lasciare che accada ciò che in questo momento succederebbe comunque e rilassarti. Non devi sforzarti per sentire le parole — perché accade comunque — ascoltare è nella tua natura — le parole ed i suoni della musica arrivano al tuo orecchio, mentre giaci passivamente e lasci che succeda ciò che accadrebbe comunque — basta che ti affidi alla base d'appoggio ed alla situazione — non devi fare nient'altro. Gli occhi esteriori, che normalmente guardano attivamente il mondo esterno, sono chiusi e le immagini interiori arrivano da sé — emergono dalle profondità di te stesso al momento giusto. Non devi attendere nulla, dal momento che, se solo lasci che gli eventi facciano il loro corso, tutto accade da sé — senza che tu faccia nulla — nulla per incoraggiarlo e nulla per ostacolarlo. — Nella profonda distensione già raggiunta — consciamente o inconsciamente — il tempo non ha più alcun potere e tutto accade non appena sei disposto ad accettarlo — nello stesso preciso istante o subito dopo. Così intuisci che il tempo non è che un'illusione e lentamente esso scompare — nulla è più soggetto al tempo — tutto accade nel medesimo attimo — ora. E questa esperienza non è una novità per te, al contrario — l'hai già sperimentata durante i sogni notturni, dove il tempo scorre diversamente che durante il giorno e dove le esperienze di una vita possono concentrarsi in un paio di minuti prima del risveglio. — Se i precedenti viaggi guidati nel tuo mondo interiore ti sono sembrati troppo veloci e se hai avuto l'impressione che troppe cose siano successe in troppo poco tempo, ora sai che questo non è possibile, poiché dentro di te e sul piano dei pensieri il tempo è un'illusione, un frutto della fantasia, che scompare non appena la si è smascherata — ed è proprio quello che sta accadendo ora nella tua coscienza, mentre il corpo sprofonda sempre più nella base d'appoggio e nella distensione — ora e poc'anzi oppure tra poco. — Niente può accadere troppo in fretta — e nulla lentamente — sei in ogni momento e quindi non esiste un tempo in cui sei stato disteso ed un tempo in cui continuerai a stare sdraiato. — Giaci ora — in questo istante — con gli occhi chiusi e rilassato — ascolti parole che non sono poi così importanti. Le immagini che supportano le parole prendono forma in ogni momento dentro di te — e tu sei semplicemente disteso — sei lì — ed improvvisamente compare anche il flusso della distensione, che è partito lentamente dalla testa, per poi scorrere in tutto il corpo — al vertice scorre dalla pelle del viso al centro del cervello e contemporaneamente nel collo e nella nuca, nelle spalle e nelle braccia, raggiunge il petto e la schiena e nello stesso tempo il ventre ed il bacino — anche le gambe vengono irrorate ed il superfluo fuoriesce dalla punta delle dita di mani e piedi — che tu te ne renda conto o meno. — Solo il tempo non scorre, è immobile nell'attimo — qui ed ora — disponi quindi di tutto il tempo che vuoi. — Ciò che fuori, nel mondo delle contraddizioni, dura ore, giorni ed addirittura anni, qui, dentro di te, può accadere in un attimo — con rapidità fulminea, nelle profondità e nell'insistenza delle tue immagini interiori. Basta un unico pensiero — ed il tuo tempio appare di fronte a te — nell'ormai noto paesaggio e vi entri immediatamente. — E quando meno te lo aspetti, cioè in questo preciso momento, ti ritrovi sul divano sotto alla cupola al centro della sala della conoscenza di se stessi, dopo avere attraversato la stanza rotonda dalle innumerevoli porte. — Il primo pensiero quando il tuo sguardo è attirato al centro del mandala nella cupola sopra di te è il seguente: «Perché ho dovuto lottare fino ad ora, anche durante la meditazione — se il tempo non esiste?». Quando i tuoi occhi raggiungono il centro ed automaticamente si chiudono, è questo pensiero di continui dissidi che ti conduce nel mondo al di là del centro del mandala. E sul grande schermo rotondo, che compare nuovamente davanti a te, vedi scorrere le immagini delle battaglie che hai dovuto sostenere nella vita. La prima è rappresentata dalla nascita — in un istante rivivi l'intero dramma — ora, in cui il tempo non esiste più ed in cui non ne hai più nemmeno bisogno, disponi di tutto il tempo che vuoi, concentrato in un solo momento. Osservi attentamente — rivivi l'esperienza dolorosa del parto — il freddo — la luce — il bruciore del primo respiro — ed il taglio dell'ultimo legame — il cordone ombelicale. — Ed a quella della nascita si aggiungono altre battaglie, le lotte e le crisi dell'infanzia e della gioventù. Affiorano ricordi dolorosi, ma anche necessari alla tua crescita e maturazione. — E man mano che ti avvicini all'età attuale, le battaglie non diminuiscono, vengono semplicemente spostate all'interno. — Al posto delle baruffe esteriori, hanno luogo diverbi e discussioni, che spesso si verificano unicamente dentro di te — una serie di piccoli e grandi guerre fino all'età attuale. — Arrivati ai nostri giorni, l'immagine sullo schermo nella cupola cambia — ed al tuo posto compare il mondo. — Ma l'immagine è realmente mutata? Il tema è il medesimo: battaglie e guerre. Molti punti della superficie terrestre divampano come torce incendiarie e corrispondono ai focolai di guerra e di crisi. Ed anche quando il tempo comincia a scorrere a ritroso la situazione non cambia. Talvolta le zone in fiamme sono più numerose, talvolta meno, ma la guerra è sempre in atto. Da lontano sembra quasi un gioco: lì i cristiani con bandiere cattoliche combattono contro i protestanti — là musulmani contro musulmani — ed ancora più indietro nel tempo c'è una guerra in atto tra uomini bianchi e uomini gialli e poi fra neri e bianchi — e là fra bianchi e rossi e di tanto in tanto sembra quasi che tutta la terra prenda fuoco. — Spesso sono solo bandiere e segni diversi a dividere gli uomini, che combattono l'uno contro l'altro per uno stesso ideale. Ma il fattore scatenante di una guerra può anche essere il diverso colore della pelle, religioni differenti e spesso il possesso — ed i ricchi ed i poveri combattono. Sembra essere un principio importante, che chiarisce molte cose. — Il grande globo terrestre nella cupola lo illustra chiaramente, dal momento che molto spesso i paesi ricchi sovrastano quelli poveri — i ricchi cercano di accrescere ancora di più le loro ricchezze ed i poveri cercano di controbilanciare questo squilibrio. In alcuni punti è particolarmente evidente: il ricco Nord sovrasta minaccioso il povero Sud — la potente Europa, ad esempio, sovrasta la debole Africa; o il ricco Nordamerica la povera America del Sud. — E mentre stai ancora osservando questa scena, dietro alla terra appare il tuo corpo — come una stella a cinque punte — che riempie l'intero cerchio. La testa è sopra al Nord, il bacino e le gambe giù al Sud — ed immediatamente capisci che corpo e mondo coincidono. La testa non impone forse abbastanza spesso alle zone più basse del tuo corpo le sue pretese ed i suoi sentimenti? Non sono forse sempre le sue idee ed i suoi freddi pensieri a determinare la tua vita ed a avere la meglio sulle sensazioni e sui presentimenti del cuore e del ventre? Questi ultimi non hanno forse spesso desideri, che la severa ragione non permette di esternare? Il contrasto tra sopra e sotto — forza e debolezza — maschile e femminile — vive in te e nel mondo. Domina anche il piccolo mondo delle relazioni amorose e dei rapporti — in famiglia e nella società. — La testa domina dalla sua posizione sopraelevata; degrada spesso le parti del corpo che stanno sotto di lei. Nello stesso tempo ti rendi conto dei rapporti di forza che regolano da sempre le tue relazioni — ed ora non si tratta di cambiare, bensì solo di osservare attentamente e di ammettere come stanno le cose tra il capo maschile ed il ventre ed il bacino femminili. Degli elementi apparentemente senza importanza possono servire a chiarire la situazione. La tua pancia, ad esempio, riceve da mangiare quando ha fame, oppure quando è la testa a decidere che è ora? Che peso dai alla parte femminile nel tuo partner, nel tuo corpo e nella tua anima? Che importanza hanno i sentimenti ed i moti dell'animo nella tua vita e all'interno di una relazione amorosa? Hanno una chance rispetto alla ragione e ai calcoli dell'intelletto? Quanta energia e quanto tempo concedi al tuo corpo, alla sua pelle ed al gioco dei suoi muscoli e quanto tempo dedichi invece al giogo dei pensieri dell'intelletto? La sfera terrestre sopra di te ora ricompare chiaramente ed in primo piano e riconosci nuovamente i vari punti infuocati su di essa, che rappresentano le zone in cui i contrasti e le tensioni si sono talmente inaspriti, che alla fine sono esplosi. E dietro al globo è ancora raffigurato il mandala del tuo corpo, e ti rendi conto che anche qui si è verificato lo stesso — quando cioè le tensioni sono diventate insopportabili e ti sei ammalato — e così il tuo corpo e la terra corrispondono anche da questo punto di vista: si infiammano dove le tensioni devono scaricarsi. Ora capisci quindi perché dopo essere guarito da una malattia ti sei sentito così rilassato e così in forze, soprattutto durante l'infanzia, quando riuscivi molto più di adesso ad accettare i malanni come qualcosa di naturale. E ciò sembra valere anche per il mondo. Non è forse vero che dopo le guerre più grandi e più serie, ritorna sempre un periodo di calma e di pace, finché la tensione non cresce e non si scarica nuovamente? Nel mondo e nel corpo le fasi di calma e di pace e quelle di scontri e di guerre nascono allo stesso modo. È un alternarsi di esplosioni e di distensioni. E questo ritmo domina sia il grande mondo, che quello piccolo dell'ambiente in cui vivi e del tuo corpo. Ed ora osservi questo alternarsi di esplosioni e distensioni, che riguarda anche te personalmente — ed in effetti ti rendi conto che anche le esplosioni, sia che avvengano nella coscienza sul piano psicologico, sia che si manifestino a livello fisico come sintomi di una determinata malattia, sono necessarie. Per approfondire questa scoperta torni ora col pensiero al tuo ultimo raffreddore ed osservi attentamente i primi sintomi ed in che modo è cominciato — finché non viene alla luce il problema che voleva essere risolto. Ora la situazione si ripete: sei nuovamente alla fase iniziale di questo raffreddore — non hai nessuna voglia di affrontare i tuoi doveri attuali — ti chiudi quindi in te stesso e vorresti isolarti dal resto del mondo. La tua superficie di contatto verso l'esterno si raffredda — hai i piedi freddi, tutta la pelle è fredda — e così ti viene il raffreddore. Il corpo è ancora una volta sincero e lo dimostra chiaramente. All'intelletto così tanta sincerità non piace ed interviene quindi con le solite argomentazioni assurde. Fa così freddo oggi! Oppure: me l'ha attaccato Tizio o Caio. Ma ora sei troppo immerso nella meditazioni per credere a queste sciocchezze. Quante volte infatti sei stato assieme ad una persona con il raffreddore, ma senza esserne contagiato? E così batti l'intelletto con le sue stesse armi. Ora sei sincero e osservi cosa accade dentro di te quando hai il raffreddore e quando lo costringi a risolvere le controversie al tuo posto. In effetti si tratta proprio di una guerra. Lo schermo nella cupola diventa ora il teatro di questa guerra. Il mandala umano che tu stesso rappresenti diventa sempre più grande, finché le braccia, le gambe ed il corpo non scompaiono ai margini e restano visibili solo la testa, il collo e la parte superiore del busto — il campo di battaglia. Così ingranditi i tessuti sono trasparenti, in modo che tu possa guardare all'interno. L'immagine viene ingrandita ancora di più: vedi una parte della tua mucosa nasale — ancora rosea, ma non più liscia, bensì screpolata e ricoperta da muco liquido, che la protegge e la ripara. Sei nuovamente nella fase iniziale del raffreddore: si presenta un problema e tu ti rifiuti di prenderlo in considerazione. Ora succede l'incredibile: nello stesso momento in cui la tua coscienza si chiude di fronte al problema, il tuo corpo si apre ad esso. Effettivamente lo strato di muco si modifica, lascia passare i virus ed i batteri, che normalmente vivono su di essa — può darsi che ne arrivino anche altri, trasmessi da persone con il raffreddore, ma ciò è irrilevante. La cosa più importante è che la tua membrana mucosa si appresta ad affrontare un conflitto che tu hai appena rifiutato. Gli aggressori si introducono nel tessuto della membrana mucosa e vi si insediano. Scoppia una violenta battaglia: i difensori contro gli aggressori. I tessuti bruciano e si gonfiano ed il naso si chiude. Il corpo cerca di espellere l'aggressore con un continuo flusso di muco e di impedirgli di entrare con il gonfiore di naso e gola. Se anche tutto questo non basta, egli passa alla mobilitazione generale ed aumenta enormemente le difese con la febbre. A questo punto scoppia una vera e propria guerra. Ma il tuo corpo lentamente ha la meglio, impedisce l'ingresso al virus, bloccandolo nella cavità orale e nel naso e lo rende inoffensivo prima che si moltiplichi. Le cellule del difensore fagocitano gli aggressori o li dissolvono con dei veleni, oppure li stringono così forte da paralizzarli. Dopo avere vinto la battaglia, al corpo non resta che sbarazzarsi dei feriti o dei morti e lo fa con l'impiego di tutte le forze. In effetti tu stesso lo aiuti, quando ti liberi del muco denso e giallognolo soffiandoti il naso oppure tossendo, se gli aggressori si erano inoltrati sin nei polmoni. Tossendo, starnutendo e soffiandoti il naso ti rendi conto dell'aggressività della battaglia. Tuttavia, ora che conosci la dinamica dei conflitti, si prospettano diverse e nuove opportunità. Ti rendi conto che probabilmente non vale la pena delegare i problemi al corpo e potresti decidere di affrontare il nemico verbalmente e di guardarlo direttamente negli occhi, invece di optare per la scappatoia del fazzoletto. Se invece l'alterco si fosse già manifestato nel corpo con un'infiammazione, puoi sempre analizzare il problema a posteriori ed aizzare ulteriormente il tuo organismo contro i virus ed i batteri aggressori. Entrambe le soluzioni sono attuabili se, come in questo momento, ti rechi nel tuo tempio, per risolvere la questione semplicemente osservando le immagini ed i pensieri sullo schermo nella cupola, sia per le dispute intellettuali, che per le controversie a livello fisico, come ad esempio le infiammazioni. In questo modo è possibile che ogni vittoria consapevole conseguita su questo piano renda superfluo reprimere ogni conflitto ed ogni infiammazione con le armi chimiche rappresentate dai medicinali. Poiché se anche nel corpo reprimi i problemi, ma senza eliminarne la causa, essi emergeranno su di un altro livello e cioè nell'ambiente. Intanto sullo schermo nella cupola appare nuovamente l'intero mandala umano ed il mandala della sfera terrestre e riconosci nuovamente il legame che li unisce. In entrambi sorgono tensioni che, se non vengono risolte consapevolmente, sfociano in scontri e guerre. La coscienza, il corpo ed il mondo sono differenti teatri dello stesso tema — e non è questo tema ad essere pericoloso, ma il fatto di rimuoverlo ed allontanarlo, finché non scoppia una guerra. Infine, prima di uscire da questa stanza, ti concentri nuovamente sul mandala umano ed osservi quali sono le zone del tuo corpo che tendono ad infiammarsi più spesso. In queste zone nel mandala compariranno delle scintille, che ben presto divamperanno in un incendio. Terrai a mente queste zone, anche ora che ti alzi e ritorni nella stanza delle porte. Ora hai la possibilità di porre fine alla meditazione, oppure aprire la porta che reca la scritta: «Il mio conflitto principale — la mia infiammazione più frequente». Se ora, o in un'altra occasione, aprirai questa porta, troverai rappresentato simbolicamente il tuo conflitto — in immagini oppure in una qualsiasi altra forma. Forse dovrai entrarvi più volte — in ogni caso alla fine ti sarà possibile capire il tema centrale del tuo conflitto. Il linguaggio del corpo ed i suoi rispettivi organi ti aiuteranno a risolvere la disputa, eliminandola dal corpo e facendola rientrare nella coscienza, in modo che si svolga qui — e così ti rendi conto di come siano importanti e necessari per te questi contrasti e che puoi essere grato al tuo sintomo. È proprio quest'ultimo infatti che, con il linguaggio simbolico del corpo, ti indica la tua strada ed i tuoi doveri. Ma puoi imparare sempre e solo nella coscienza — il corpo può solo aiutarti — ma se lo fa molto volentieri — non appena ti dedichi ad esso. Ora puoi continuare questo viaggio immaginario nel tuo conflitto principale da solo, oppure puoi porre fine alla meditazione, facendo come sempre un respiro profondo ed orientandoti nello spazio e nel tempo — qui ed ora — nel tuo luogo di meditazione ed allungandoti e stirandoti proverai una sensazione di benessere e di rilassatezza.

8. Meditazione
Equilibrio e armonia — le reni

Sei di nuovo sdraiato al tuo posto di meditazione — disteso e rilassato — lascia che gli occhi si chiudano e lasciati cadere tu stesso — nella base d'appoggio e nella situazione ormai familiare. I suoni, il tuo respiro e la mia voce ti accompagneranno nuovamente — giù nel mondo delle tue immagini interiori. — E questa discesa avrà luogo più velocemente del solito e ti condurrà ancora più in basso, ora che hai smascherato l'illusione del tempo. — Ieri, oggi e domani confluiscono — ed arrivi qui — in questo momento — inspiri consapevolmente e profondamente — e ti apri all'attimo ed alla sua energia. La piacevole sensazione di rilassamento che ormai conosci bene comincia dalla pelle del viso, poi passa nell'occipite, penetra in fondo alla testa e da qui il flusso scorre dal centro del cranio al centro del corpo — irrorando il collo e la nuca, liberando le spalle e le braccia e contemporaneamente i muscoli della schiena. Così sprofondi ancora di più nella base d'appoggio e nella distensione — ora o tra poco il flusso raggiungerà il centro del petto, per poi ricongiungersi con l'ancora più potente energia del cuore — e non importa se ti rendi conto o meno di questo flusso energetico. Può darsi che tu sia già giunto così in profondità, da non accorgertene neanche più. E non ha nemmeno importanza che il flusso raggiunga prima gli organi nell'addome o i lunghi muscoli della schiena fino alle natiche. Il flusso continua a scendere ed arriva nella parte inferiore della schiena e nelle reni e scioglie anche qui ogni tensione e consapevolezza, fino nel basso ventre e nei fianchi — ed infine anche i muscoli delle gambe si rilassano — e la distensione raggiunge i piedi e la punta delle dita. È ancora una volta espirando che fai fuoriuscire dalla punta delle dita di mani e piedi il superfluo — ed inspirando fai entrare tutta l'energia necessaria, per aprire gli spazi interni e soprattutto lo spazio al centro del corpo tra la testa sopra ed il bacino sotto — la schiena dietro ed il petto davanti — quello spazio in cui ora ti immergi per rivivere una situazione del passato in cui ti sei sentito in perfetta armonia con te stesso e con il mondo — una situazione in cui ogni cosa è in perfetto ordine ed in sintonia — l'ambiente che ti circonda si adatta a te e tu ti adatti ad esso. Questa sensazione di sintonia e di equilibrio, di calma interiore e di felicità, ti dà un estremo piacere — sei completamente assorbito dalla situazione — esisti semplicemente — sei in sintonia — e con questa sensazione riemergi nuovamente — e ti ritrovi nel tuo tempio nel tuo paesaggio — all'interno del tempio percorri la strada ormai nota che conduce alla scala che porta nella sala della conoscenza di se stessi. Da quando hai vissuto l'esperienza unitaria della meditazione, l'atmosfera è diventata armoniosa. Anche l'illuminazione ed il profumo delle essenze si addicono al tuo stato d'animo. Tutto contribuisce a che il tuo viaggio sia piacevole e duraturo — e così lasci che il tuo sguardo si rivolga al centro del mandala ed attraverso di esso nell'altra realtà. Sul magico schermo rotondo si svolge un gioco tra due modelli. Sono così diversi l'uno dall'altro da assomigliarsi, anzi corrispondono, sono immagini riflesse. La loro forma cambia continuamente, ma si adattano sempre, come chiave e serratura, ed insieme riempiono il cerchio, ed anche i loro colori si modificano di continuo e sono sempre contrapposti. Se una parte è rossa, l'altra è verde, se la prima diventa blu, l'altra diviene gialla. Esse giocano insieme, cambiano costantemente, ma sono sempre in armonia e rimangono rotonde. La prima impressione che hai è che un modello reagisca in base all'altro. Ma se osservi questo gioco più a lungo, non è facile dire quale dei due agisce e quale invece reagisce. Anzi è impossibile. Se osservi un modello, tutto fa pensare che sia l'altro a reagire. Ma se osservi quest'ultimo, hai la stessa impressione. Ed in effetti nessuno dei due reagisce sulla base dell'altro, essi appartengono allo stesso genere, corrispondono perfettamente ed in ogni momento, ed il tempo non ha alcun valore. E così come guardando il gioco dei modelli avverti l'armonia dei suoi due poli, è come se anche in te stesso sentissi la stessa armonia, che deriva da due forze contrapposte. Ci sono momenti in cui un modello ha il sopravvento sull'altro ed in cui quest'ultimo diventa più piccolo. Ma col tempo essi si compensano nuovamente e magari la situazione si capovolge. Anche quando cambiano, i due poli restano comunque collegati. Ogni nuovo aspetto, che nasce dal gioco delle forme e dei colori, ti convince sempre di più che quello che vedi non è un qualsiasi modello, bensì il modello base che determina ogni cosa. Ora è riconoscibile — sullo schermo nella cupola — vive in ogni cosa — in ogni tempo — e naturalmente anche in te — e sulla terra dagli albori. — Nella cupola si delineano altri aspetti del modello — e poi qualcosa cambia: la terra appare sullo sfondo — e tu sei testimone della separazione dei poli — l'acqua si divide dalla terra, dando origine ai continenti e ai mari. L'immagine della nostra terra sorge di fronte a te — in un attimo — e quando l'acqua e la terra si sono divise, il modello continua lentamente ad essere tessuto, poiché la terra e l'acqua restano contrapposte, anche se non è più così evidente. Il gioco delle nuvole bianche sul globo terrestre blu invece è chiarissimo — e si tratta nuovamente dello stesso modello di base dominante, che cambia da una forma all'altra. — Solo un gioco tra blu e bianco — tra veli e vortici bianchi su di uno sfondo blu scuro. Sei colpito e sbalordito dalla bellezza del pianeta e senti il legame che vi unisce. Provi una sensazione di sicurezza e di protezione, ma anche timore reverenziale e rispetto. Il blu è il colore dell'acqua, dell'elemento femminile — ed il bianco delle nuvole rappresenta l'elemento aria maschile. L'elemento femminile, il blu dell'acqua, costituisce la base, il grembo, che riposa nella sua fidata quiete nella sua stabilità. — Sopra fluttua libero ed in continuo movimento l'elemento maschile, forma i suoi bianchi vortici circolari ed i suoi agglomerati di nuvole, sospese nel cielo. — E così osservi nuovamente il medesimo girotondo delle due forze principali, il modello della realtà. Ed anche questa volta è come se non lo vedessi solo proiettato in lontananza nella cupola, ma è come se lo sentissi anche dentro di te, senti quelle due forze principali che hai già avvertito tante altre volte, quelle forze contrastanti che combattono e che si dividono, ma che appartengono l'una all'altra. — Ed in effetti è lo stesso modello alla base del corpo. Così come la terra è composta soprattutto d'acqua, che le conferisce il colore blu, anche il nostro corpo è fatto per più di due terzi dello stesso elemento, anche se spesso non ce ne rendiamo conto. Per capire fino in fondo la realtà, è necessario un certo distacco e qui nel tempio esso esiste. Il campo energetico della cupola permette di scorgere l'essenza della realtà — ed ora è esattamente ciò che fai. Adesso oltre al modello bianco e blu della sfera terrestre compare anche il mandala del tuo corpo, lo distingui sempre più chiaramente, ora è in primo piano. Per un attimo sembra che il modello sia immobile, come del resto i due poli. Poi però lo riconosci nuovamente — è il modello base del polo maschile e femminile. E come nel modello a colori iniziale, un polo domina l'altro, anche se quest'ultimo non scompare del tutto. Nessuno è completamente donna o completamente uomo. E le due forze principali non riguardano solo l'anima, ma sono appaiate anche a livello fisico. Già il respiro, ad esempio, è una combinazione di apertura e di ricezione femminile e di espulsione e di diffusione maschile, di prendere e di dare. Ed i due poli non sono solo combinati per ciò che riguarda le funzioni del corpo, ma anche nella sua forma e nella sua materialità. La parte sinistra e femminile del corpo è contrapposta alla parte destra maschile. Il ventre ed il bacino, prettamente femminili, contrastano con il capo, che invece è maschile. Anche nelle profondità del corpo avviene lo stesso gioco tra le due forze principali. Sullo schermo nella cupola il corpo diventa trasparente, così che tu possa distinguere i singoli organi. Così guardi le reni, sotto alla gabbia toracica, osservi da vicino questi due grandi filtri del corpo, ti concentri su uno dei due e sei testimone di come un abbondante flusso di sangue affluisca costantemente nelle reni, per poi uscirne depurato. Nell'esteso sistema di filtraggio all'interno delle reni, tutte le sostanze di cui il corpo ha bisogno, vengono trattenute dal sangue. Quelle superflue però defluiscono, diventano urina e vengono espulse tramite l'uretere e la vescica. Ma nelle reni non vengono solo separate le sostanze preziose da quelle superflue, ma viene anche regolato il giusto dosaggio di elementi femminili e di elementi maschili del sangue. Infatti, come ogni altra cosa, anche quest'ultimo è composto da sostanze basico-femminili e acido-maschili. E solo se le percentuali di entrambe si compensano e se il loro rapporto è equilibrato ci si mantiene in vita. Mentre osservi il mare del sangue, appare nuovamente l'immagine del modello iniziale, ed in questo modo intuisci il suo significato anche su questo piano. I due poli giocano insieme ed uno contro l'altro, e tuttavia dipendono l'uno dall'altro. Il flusso del sangue è un magico composto di parti acido-maschili e basico-femminili. Combinate danno il sale della vita. Le reni controllano l'equilibrio tra le due parti e correggono la minima parzialità, espellendo ciò che compromette l'equilibrio. Nel gioco del modello riconosci la realtà della linfa vitale del tuo corpo e della terra. La composizione delle acque della terra è la medesima; e senza che cambi di molto, in un modello riconosci ora il gioco alterno tra forze acide e basiche nell'acqua della terra. Anche il sale della terra è composto da elementi maschili e femminili. Ed anche qui l'acqua è depurata e mischiata in enormi filtri — cioè negli strati della terra, esattamente come avviene per l'acqua del nostro corpo, filtrata nelle reni. — Ritorni nuovamente al modello colorato iniziale — poiché il gioco delle forze mostra un'altra realtà. Se nonostante tutto il centro esce dal campo visivo ed un polo prevale sull'altro, quest'ultimo non scompare realmente, anche se esteriormente non è più visibile. Al contrario, esso vive nascosto nell'ombra della parte visibile e, più a lungo viene represso, più aumenta la tensione nel modello e la tendenza a tramutarsi nel polo contrario. Al solo pensiero si verifica esattamente questa situazione: un polo diventa sempre più potente a scapito dell'altro, finché non predomina — la tensione cresce con l'unilateralità ed infine ciò che rimane del polo represso diventa il seme del cambiamento nel suo contrario. Questo accade in piccolo, ma anche su larga scala — vale per il nostro corpo e per la terra — ed il respiro ne è una prova costante. Più profondamente inspiriamo — proprio ora ad esempio — prima dovremo espirare. Più aria respiriamo inspirando, più ne dovremo cedere espirando. Possiamo giocare — per una vita ed oltre — con questo modello — ed esso si modificherà sempre — è nel flusso e tuttavia non cambia radicalmente. Ora che sullo schermo hai osservato il modello vivente, capisci molte cose. La nostra realtà sulla terra è diventata unilaterale; l'altra parte tuttavia non è scomparsa, ma vive nell'ombra. Dal modello scaturiscono delle immagini a riguardo: un albero ed un altro ancora — un intero bosco compare di fronte a te, un bosco di alberi morenti su di un terreno malato — poiché le forze acide maschili ne hanno alterato l'equilibrio — laghi, fiumi e mari inacidiscono, alterando in questo modo l'equilibrio — concentrandosi troppo sul polo maschile. Ora nella terra riconosci nuovamente i tessuti del nostro corpo e nell'acqua il nostro sangue.

Come la terra anche noi ci occupiamo sempre più del polo maschile e quello femminile viene relegato nell'ombra. Nel mondo ed in noi uomini aumenta così la tensione. — Ed ora ti concedi un po' di tempo per osservare la crescente tensione in questo mondo e dentro di te. Così come a livello fisico abbiamo bisogno di due forze — acide e basiche — per mantenere intatto l'equilibrio, a livello spirituale occorrono due persone. Così la maggior parte della gente cerca il suo antipodo, un partner con cui stabilire un equilibrio e diventare una cosa sola. E naturalmente questo partner sarà completamente diverso da noi, avrà ciò che a noi manca e commetterà gli errori che non abbiamo commesso. È l'ombra, la copia del modello — ed ancora una volta ritorni al modello sul tuo schermo ed osservi te stesso ed il tuo partner che giocate. È un girotondo di contrasti, una danza ormai disperata attorno al mondo. Siete contrapposti, esattamente come l'acido e la base, e tuttavia è solo insieme che vi completate — così come il sale nasce dall'unione di acidi e di basi. — Scegli per questa danza la persona che in questo momento ti è maggiormente vicina in campo sentimentale ed osserva in che misura vi completate e se il vostro comune modello utilizza l'intera rosa di possibilità. Più essa è grande, più la danza sarà difficoltosa e faticosa, ma in compenso sarà anche più appagante e completa. E vedrai che sono soprattutto i lati del carattere del tuo partner che più ti irritano a completare e ad ampliare la rosa delle possibilità. È proprio ciò che ti disturba e che ti irrita, ciò che non ti piace di te stesso e che non conosci a vivere nell'ombra, e se il tuo partner ha la fortuna di possedere queste caratteristiche, le rievocherà anche in te. Poiché in fondo possiedi tutto dentro te stesso — sia che tu lo viva consapevolmente, sia che viva nascosto nell'ombra. Più cose scoprirai in te, sia buone che cattive, meno saranno costrette a vivere nell'ombra. Se invece c'è ancora molto che non apprezzi nel mondo, nella tua ristretta cerchia e nel tuo partner, significa che anche la tua parte ombra è estesa. Poiché se hai tutto dentro di te, significa che possiedi anche ciò che rifiuti — anzi, le cose che eviti risiedono in profondità ancora più remote di te stesso di ciò che apprezzi ed ami — così in profondità nell'ombra, che non sai nemmeno della loro esistenza. Se fai attenzione, riconoscerai nella danza simbolica dei modelli, la danza con la tua immagine riflessa, che ti rivelerà quanto c'è di sconosciuto e di buio in te, che vive nell'ombra. Avrai molte altre occasioni di occuparti a fondo del tuo partner durante il resto della meditazione — e della vita. — Ora tuttavia ricompare sullo schermo l'altro tuo importante partner della tua esistenza, il mondo. Ed al mandala del mondo si sovrappone nuovamente quello dell'uomo: la tua stessa immagine. Anche se ormai conosci bene questa doppia immagine sovrapposta, scopri una realtà ancora più profonda: dentro di te c'è tutto — tutto il mondo, consciamente o inconsapevolmente nell'ombra. L'uomo ed il mondo sono una cosa sola. E così, grazie al grande partner terra, capisci che tutto ciò che ti irrita, che ti ripugna del mondo, ti disgusta perché ti ricorda le tue parti ombra e quindi i doveri ancora da assolvere. Accettare questo dato di fatto e questo difficile compito richiede molto coraggio ed una grande apertura di vedute — e così ti apri a questa esperienza inspirando profondamente e consapevolmente ed espirando lasci che essa sprofondi dentro di te. E sarà proprio il respiro che ti ricorderà costantemente i due poli equivalenti della realtà — ora e per sempre. Ed è sempre il respiro che ti accompagnerà lungo il tragitto. Ed ora puoi nuovamente decidere se riemergere o se proseguire il viaggio nella stanza delle porte. C'è infatti un'altra porta con la scritta: «Il mio partner — la mia ombra». Se ora o tra poco varcherai questa porta, incontrerai al suo interno tutto ciò che odi e che ami del tuo partner — cioè tutto ciò che è. E qui disponi anche di tutto il tempo necessario per osservare i minimi dettagli che avevi già notato in lui o che scoprirai proprio ora. E soprattutto qui avrai la forza di ammettere in che misura ciò che ami e ciò che odi in lui, fanno parte anche di te. E troverai tutto, senza eccezioni, anche dentro te stesso; se ciò non avvenisse significa che devi soffermarti ancora nella stanza «Il mio partner — la mia ombra», che tendi alla proiezione ed a declinare le tue responsabilità — in questo caso sul tuo partner. Anche se lo fanno tutti, non è un buon motivo per non perdere questa brutta abitudine e la stanza «Il mio partner — la mia ombra» ti dà l'opportunità di farlo.

Così puoi decidere con un respiro profondo di iniziare questo nuovo viaggio o di interrompere la meditazione ed orientarti consapevolmente nello spazio e nel tempo — ritornare consciamente al tuo posto di meditazione e terminare il viaggio stirandoti ed allungandoti.

9. Meditazione
Il mistero del centro

Sdraiati comodo e rilassato al tuo posto di meditazione e concentrati su questo luogo — sulla base d'appoggio su cui giaci e sull'atmosfera che ti circonda — concediti questo momento consapevole per arrivare realmente in questo luogo — per sentire il corpo in questa situazione — le gambe, unite sul pavimento, le braccia lungo il corpo e gli occhi che si chiudono e che fanno quindi sì che l'intera attenzione sia rivolta all'interno. Ascolti la tua voce interiore — che proviene — dal tuo centro — e da qui senti che i tuoi sentimenti e le tue fantasie, le tue impressioni e le tue immagini interiori, accompagnano le parole — e che le parole ed i suoni a loro volta ti accompagnano in questo viaggio nel tuo centro. Ed anche il tuo respiro ti guida — quando fai affluire energia ti apri a ciò che verrà e quando espiri ti liberi di tutto ciò che non ti serve più, sulla strada verso la distensione e la calma del tuo centro. Ora o tra poco il respiro attiverà il flusso di energia e non ha importanza che tu lo percepisca ora o più tardi — forse sei già lontano — in un luogo dentro di te in cui le parole diventano suoni ed i suoni gradini che conducono in spazi interni ancora più profondi di noi stessi. — Così può essere utile che tu capisca ora o tra pochi istanti che il tempo per te scorre diversamente e che il passato ed il futuro in questo momento coincidono — ora o tra poco — e che l'intero flusso della distensione scorre solo apparentemente dall'alto verso il basso — in realtà è contemporaneamente ovunque — o lo sarà tra poco — e non fa alcuna differenza che tu percepisca questo flusso come qualcosa di caldo o qualcosa che vibra o in modo del tutto diverso, personale, forse sei già molto più in profondità ed avverti in lontananza che la pelle del viso si distende e che sembra diversa — ed anche la pelle dell'occipite — e tutta la testa — quando la distensione ora o tra poco si propagherà al suo interno e raggiungerà il centro della testa, il centro del cervello, e da cui l'intera energia si riverserà in tutto il corpo — pervadendo il collo e la nuca ed inondando le spalle — dissolvendo in questo modo ogni tensione — ed i muscoli diventano più molli, elastici e caldi — e non ha alcuna importanza che l'ondata della distensione raggiunga prima le braccia fin nella punta delle dita delle mani oppure il centro del petto. In ogni caso in questo centro il flusso della distensione trova un altro flusso molto più potente — la fonte dell'energia del cuore — e i due flussi si uniscono e da qui scorrono nei muscoli della schiena fin giù nelle natiche. Ogni cosa si ammorbidisce e tu sprofondi ancora di più nella base d'appoggio e nella distensione. Il flusso energetico si riversa nel ventre ed anche qui tutti gli organi vengono irrorati ed alimentati dall'energia — le sensazioni che provi e tutti i suoni che senti — dentro e fuori — sono segnali che ti conducono ancora più giù nel tuo centro. Ed il respiro fa la sua parte, ed ogni volta che espiri puoi lasciarti andare ancora di più — liberarti di tutto ciò che potrebbe costituire un impedimento nel tuo centro della distensione. Lasci che espirando il superfluo fuoriesca dalla punta delle dita di mani e piedi ed inspirando apri sempre di più gli spazi interni attorno al tuo centro — la grande distanza tra la testa sopra ed il bacino sotto — tra la schiena dietro e la gabbia toracica davanti — quel centro in cui regna tranquillità ed armonia — il tuo centro. — E mentre sprofondi in questo centro, come nel centro di un vortice spiraliforme, questa sensazione di centralità non ti abbandona — anche ora che giungi davanti al tuo tempio nel tuo paesaggio questa sensazione ti accompagna ad ogni passo. Così ti riesce ancora più facile dirigerti all'interno del tempio, scendere nella grande stanza rotonda delle porte e varcare la soglia dell'ormai nota sala della conoscenza di se stessi. Tutto qui è basato sul centro ancora più del solito — la stanza è buia — solo il centro viene lentamente illuminato — ed il divano nel mezzo è illuminato da una chiara luce bianco-gialla, che gli conferisce un piacevole calore. I profumi — ed anche i suoni ti sono graditi. — Quando ti sdrai sul divano, la luce giallo chiaro si affievolisce, perché si concentra in alto nella cupola sopra di te — senza che la tua sensazione piacevole e calda ti abbandoni. — La cupola ora è come un cielo rotondo sopra di te — tutta la luce si concentra nel mezzo — oppure scaturisce da esso? — Non ha alcuna importanza — il mandala nella cupola mostra di nuovo la sua affascinante forza, le sue strutture circolari iniziano a catturare i tuoi sguardi ed a catalizzarli magicamente al centro. Tu lasci che ciò accada, ti affidi del tutto al momento ed alla situazione — concentrato sul centro e pronto ad accettare tutto ciò che verrà. Così, una volta raggiunto il centro del mandala, gli occhi si chiudono automaticamente — e dal centro scivoli lievemente e dolcemente nella realtà dietro alla realtà, che si trova da qualche parte tra il tuo corpo e la cupola sopra di esso. In ogni caso ora sei in un singolare stato privo di gravità, vedi il tuo corpo sul divano, comodamente disteso e profondamente rilassato — sopra di te il mandala è cambiato — ora sembra essere fatto di luce — luce che scaturisce dal suo centro ed i cui raggi formano l'intera struttura del mandala. Continui a sentirti attirato da esso — ma ti senti ancora più attratto dal centro del tuo corpo. Mentre scivoli lentamente sul tuo petto, ti rendi conto di quanto tu sia piccolo ed in fondo incorporeo — non occupi uno spazio preciso e puoi adattarti a qualsiasi cosa. Conosci la tua bizzarra superficie cutanea da precedenti viaggi — questo paesaggio fatto di enormi squame — di profondi crateri dei pori e di tronchi massicci dei peli, che nascono qua e là da questi crateri. Ma tu sei interessato unicamente al centro — e così penetri dentro il tuo corpo da uno dei pori dell'epidermide e ti incammini verso il suo centro. Sul fondo del cratere un passaggio abbastanza largo conduce in profondità. — Sul tuo cammino incontri delle masse gialle, che ti vengono incontro. Presto il passaggio diventa più stretto e tortuoso e termina alla fonte delle masse gialle — nel tremolante ed informe sebo. Esci da questo vicolo cieco, grazie ad una stretta apertura nel canale delle ghiandole sebacee. È difficile, per non dire impossibile, orientarsi in questa miriade di cellule. E così la singolare nostalgia del centro ti conduce dentro una qualsiasi cellula del canale. Anche le pareti delle cellule, che qui assomigliano ai mattoni di un muro, hanno delle piccole aperture e tu passi dall'altra parte attraverso una delle tante. A differenza dell'esterno, qui regna un'atmosfera estremamente ordinata. L'interno è stratificato. Ogni zona di questo tessuto plastico sembra contenere da sé l'intero tessuto e contemporaneamente occupare un posto preciso all'interno del tessuto stesso. Non si può capire il tutto — lo si può solo percepire. Ma il tuo fiuto di dice che sei sulla strada giusta. Poiché, nonostante qualsiasi punto in questo plasma rappresenti il centro del tessuto circostante, esiste un ordine superiore, un centro ancora più vincolante. Ed in effetti tra poco giungerai in questo centro, che assomiglia ad una casa in un'altra casa, o meglio ancora: ad una cellula in un'altra cellula — con delle pareti proprie. Anche in queste pareti esistono delle aperture, attraverso le quali dall'interno della cellula vengono costantemente trasferiti dei messaggi nell'ambiente esterno del nucleo, messaggi che assomigliano a lunghe file di perle di una collana, che evidentemente hanno un ruolo importante per l'ordine generale. Ora riconosci che ogni cosa qui ruota attorno al centro della cellula, il nucleo. È qui che viene organizzata la vita della cellula. Sulla strada che porta al centro del nucleo della cellula, scopri ora le fonti di tutte le informazioni destinate all'esterno, in un'infinita biblioteca di modelli, infilati come perle in un filo. Qui sono immagazzinate tutte le informazioni per questa cellula, per l'organismo di cui fa parte e per tutto il tuo corpo in generale. Senti quindi di essere già abbastanza vicino al centro, poiché il centro di questa cellula contiene tutto e quindi è il centro del tutto. Ma hai il presentimento che questo valga per tutte le cellule e che debba quindi esistere un altro centro ad un livello superiore. Al centro del nucleo della cellula presti attenzione agli elementi dei suoi numerosissimi modelli — ne scegli uno e ti adegui alla sua dimensione. Devi rimpicciolirti notevolmente per scoprire il mistero del modello. Qui tuttavia scopri un nuovo mondo meraviglioso — il regno delle molecole — ghirlande contorte a forma di serpente, formate da innumerevoli infinite spirali attorcigliate, un vero e proprio labirinto — che tuttavia è di una regolarità e di un ordine affascinante. Qui però non regna la calma, ogni cosa mantiene un costante moto oscillatorio e tu automaticamente ti adegui a questo ritmo ed anche queste ghirlande infinitamente lunghe oscillano attorno ad un centro, intorno al quale sono disposte artificialmente. Non si tratta di un luogo fisso, quanto piuttosto del centro di un luogo apparentemente vuoto — in ogni caso un luogo tranquillo. — Dal centro di questa calma riesci a vedere che i singoli minuscoli elementi che compongono le ghirlande, oscillano ancora più velocemente delle ghirlande stesse. Da un lato sembrano sfere immobili, dall'altro sono in continuo, veloce movimento, come un'infinità di creature che si muovono freneticamente sul posto — come uno sciame d'api ad esempio. In effetti nel mondo degli atomi puoi sentire un costante ronzio di energia e di movimenti. — Mentre ti adegui e ti avvicini a questo nuovo miracolo — diventando ancora più piccolo — ti accorgi che effettivamente le sfere non sono ferme e che non sono nemmeno composte da sostanze solide. Le singole particelle si muovono così velocemente, che non possono nemmeno toccarti, ti imbatti quindi nel vuoto, in un indescrivibile ed affascinante vuoto, che pulsa di energia e di forza. — Le particelle — come gli elettroni ad esempio — sono così incredibilmente veloci, che non riesci nemmeno a vederle, soprattutto al centro dell'atomo. Qui gli elettroni sono così indescrivibilmente veloci e così esigui, che in fondo non resta che il vuoto — un vuoto inimmaginabile — infinitamente esteso, come l'universo — l'unico paragone adeguato è immaginare di volare nel vuoto dell'universo. Riesci ad adattarti anche a questo livello e ad avvicinarti ancora di più al centro. Ciò che all'esterno può apparire un'eternità, qui sembra un attimo — il viaggio al centro dell'atomo ti dimostra l'illusione del tempo. — Qui scorre più veloce o è fermo? — È impossibile dirlo. — Dopo l'eternità di un istante giungi nelle profondità dello spazio vuoto nel nucleo dell'atomo e devi rimpicciolirti ancora di molto, per adeguarti a questa minuscola forma. Ora che penetri nel nucleo dell'atomo, si ripete il miracolo che ha avuto luogo quando sei entrato nel suo involucro. Ti sembra di vedere materia solida, ma in realtà si tratta di energia che oscilla rapidamente — ad una velocità incredibilmente ed indescrivibilmente elevata. Anche il vuoto qui è ancora più impressionante — in effetti è pieno — pieno di energia e delle opportunità che essa offre. I limiti di spazio e del tempo sono scomparsi — il vero centro non sa nemmeno cosa siano. Qui c'è ogni tempo in ogni momento ed ogni luogo — tutto il mondo è nel centro. — In effetti — qui ed ora te ne rendi conto: il centro è in tutto il mondo, poiché il mondo è composto da atomi, così come il nostro corpo è formato da cellule. Il centro è ovunque contemporaneamente — non esiste dentro e fuori — tutto è qui — nel centro. Anche se qualcosa sembra «all'esterno», è soltanto apparenza, un'illusione, che da qui — dal centro — rivela il suo carattere illusorio e si trasforma semplicemente in un mondo interiore. Ogni cosa è all'interno — tu sei l'interno, ed il tuo corpo è all'interno, ed il suo mondo è all'interno e tutto il mondo — i suoni della musica naturalmente — e le parole — tutto appartiene al cerchio interno — ogni cosa è dentro di te, nell'ultima realtà del centro — niente di più e niente di meno — ma semplicemente «all'interno». C'è solo uno spazio interno ed un centro — il cuore ed il centro della tua energia — tutto qui coincide ed è possibile — ed è dentro — in questo sconfinato campo di forza ed oscillazioni — ed anche il centro della Terra — il caldo ed incandescente cuore del nostro pianeta è qui — è dentro — come del resto il mondo intero. L'uomo — tu stesso — ed il mondo sono una cosa sola — sono dentro, poiché c'è solo dentro, solo un centro. Questa rivelazione sprofonda per sempre nel tuo cuore. La realtà ti appartiene ed è nel tuo centro. Ed in questo momento ne sei consapevole. Sai però anche di essere arrivato qui dal mondo esterno — da un mondo di illusioni e di false apparenze — da un mondo che simula la separazione dove c'è unità, che fa scoppiare la battaglia dove regna armonia. — E sai anche che ritornerai in questo mondo — ma non del tutto — sarai sempre a conoscenza del fatto che esiste un unico centro che regola ogni cosa e che il mondo esterno non è che un'illusione che in realtà non esiste. Esiste solo ciò che hai dentro — e così riconoscerai sempre meglio che l'esterno è il tuo interno, smaschererai l'illusione e passo per passo riprenderei dentro di te ciò che avevi relegato all'esterno — le cose belle e quelle brutte — l'amore e l'odio — la conciliazione e la separazione — la guerra e la pace — tutto è lì e può stare lì — e tutto è dentro di te. Quando tra poco riemergerai dal centro nel mondo illusorio, sarai consapevole di questo fatto e non cadrai quindi più nella trappola dell'esteriorità apparente — dal centro saprai che l'apparenza dell'esterno inganna. — Si rivelerà un ottimo esercizio cercare di scoprire in te stesso tutto ciò che finora avevi tenuto fuori. Puoi iniziare ora o quando vorrai. Nella «stanza delle porte» ce n'è una con la scritta: «La mia sfera vitale — il mondo interiore». Dietro a questa porta puoi osservare ciò che hai posto al centro della tua vita e ciò che hai raggruppato intorno ad essa. Ma qui è vicino anche ciò che hai posizionato lontano, all'esterno. In questo cerchio, il mandala della tua esistenza, riscoprirai tutto ciò che ti è accaduto nel corso della vita, ciò che ti ha rallegrato e ciò che ti ha fatto arrabbiare. E potrai riconoscere e confessare che tutto ciò è dentro di te, in caso contrario non ti sarebbe capitato e non avresti potuto sperimentarlo e tanto meno viverlo. Ora puoi entrare in questa stanza oppure con un respiro profondo puoi terminare il viaggio e fare ritorno alla realtà — ma non del tutto — poiché dentro di te ormai sai dell'esistenza del mondo interiore — anche nella vita quotidiana. La realtà domina sempre ed ovunque e d'ora in avanti la incontrerai ad ogni passo.

10. Meditazione
Ritmo e forza vitale — la circolazione sanguigna

Sei di nuovo sdraiato nel tuo posto di meditazione, con le gambe unite e le braccia lungo il corpo — ed il corpo è sempre più rilassato — le palpebre diventano pesanti e si chiudono — e tutto si prepara ad affrontare questo nuovo viaggio nel mondo interiore. Ormai conosci la strada alla perfezione e ad ogni meditazione è più facile trovarla e raggiungere profondità sempre più remote — e la distensione comincia a diffondersi nel tuo corpo, senza che tu faccia niente per spronarla. Devi solo sdraiarti e chiudere gli occhi — e già comincia a propagarsi — lasciati andare — e sprofonderai sempre di più nella base d'appoggio e nella tranquillità — ti abbandoni al ritmo del tuo respiro — sempre più profondamente ogni volta che espiri e sempre più facilmente ogni volta che inspiri — ed i suoni e la mia voce contribuiscono a rilassarti — e puoi affidarti alla base d'appoggio su cui giaci ed alla distensione — ed anche al viaggio nel tuo centro — sempre più in basso — la discesa è iniziata da un pezzo — e lo spazio ed il tempo diventano sempre meno importanti e rilevanti. Non c'è un tempo in cui sei stato sdraiato ed un tempo in cui dovrai stare ancora disteso. Sprofondi ora in questo momento nelle profondità della distensione e non importa se avverti il flusso della distensione prima sul viso oppure già nell'occipite. — Esso ti conduce ancora più in basso e scorre al centro della testa — dispensando ovunque distensione e rilassatezza. — Ed è del tutto indifferente che tu lo percepisca prima al centro della testa o al centro del cervello, così come è indifferente il livello di profondità raggiunta, che cresce sempre più — ad ogni respiro e ad ogni battito cardiaco, che impercettibilmente si adegua alla distensione — e che lentamente diventa più profondo ed anche più lento. — Ed il flusso della distensione dal centro della testa ritrova l'ormai familiare strada in discesa, che lo conduce — nel collo e nella nuca — nelle spalle e nelle braccia e contemporaneamente nel petto e nella schiena — in fondo al petto incontra e si unisce alla fonte di energia del cuore, molto più grande della prima, ed insieme formano un flusso ancora più potente, che ora libera ed alimenta il ventre ed il bacino e che giunge in basso fino alle gambe ed ai piedi, e dalla punta delle loro dita quando espiri fuoriesce il superfluo — inspirando però ti apri — ti allarghi e prendi, e fai che succeda ciò che deve accadere e che accadrebbe comunque. Percepisci il singolare, eppure conosciuto flusso di energia nel corpo, e tutto sembra girare attorno al centro — concentrati sul centro energetico del cuore — l'energia proviene da qui e vi ritorna — e anche questa volta non ha importanza se lo avverti distintamente o se accade inconsapevolmente dentro di te — il flusso di energia è un continuo andare e venire — aprire ed allargare — e tu ti abbandoni a questo ritmo, che nasce dentro di te, che sale dal profondo e che si diffonde dentro e fuori dal tuo corpo. Ed ancora una volta il flusso di energia apre la lunghezza dello spazio interno tra la testa sopra ed il bacino che riposa sotto — la larghezza tra la schiena dietro ed il torace che oscilla col respiro davanti — e la tua coscienza si immerge ora nella profondità di questo spazio — direttamente nel cuore — arrivi nel tuo cuore — nel luogo che corrisponde al vero cuore, il tempio del cuore Anahata. Questo spazio interiore del centro appare sempre più chiaramente in tutta la sua estensione — è rotondo e corrisponde perfettamente a te ed alla tua indole. Prendi posto in questo luogo — ed un solo pensiero è sufficiente per tornare indietro nel tempo ad un momento della tua vita in cui hai provato l'amore più grande — in cui vivevi per amore ed in cui hai potuto abbandonarti a questo sentimento — e questo momento è ora. — Senti nuovamente — ora — la forza ed il potere di quel tempo. E la meravigliosa sensazione di armonia con tutto e tutti. In effetti se c'è l'amore puoi fare ciò che vuoi — puoi spostare le montagne — abbracciare tutto il mondo — puoi superare ogni cosa — e perdonare tutto — e così perdoni anche te stesso per avere prima o poi abbandonato questo stato d'animo e per avere lasciato andare in rovina il tempio, magari per averlo addirittura chiuso. Tuttavia, adesso che provi nuovamente questa sensazione di apertura e di calore verso il mondo, ti rendi conto che si tratta delle tua apertura e del tuo calore. È vero che apri le porte del tuo tempio per qualcuno, ma sei tu in prima persona a farlo. È un tuo compito e questa capacità è dentro di te — ora e sempre. — La causa che fa sì che tu apra il tempio del tuo cuore è sicuramente l'affetto che provi per la persona amata; ma gli altri non lo possono fare al posto tuo — solo tu ne sei in grado — sta unicamente a te. E puoi farlo — in ogni momento. — Dopo la prima volta sarà sempre più facile. — Ed ora lasci nuovamente che accada ed avverti e godi dell'energia che viene liberata — dalla forza insita nell'amore, che aumenta mano a mano che la lasci scorrere. E questa forza ti accompagna, ora che ritorni nel presente — e che non ritrovi il tempio del tuo cuore come dovrebbe essere e come è stato un tempo — allora — quando hai provato questo amore travolgente. — Utilizzi la forza che ora senti nuovamente dentro di te per mettere in ordine, per ristrutturare le parti mal ridotte del tempio, per pulire le finestre sporche, per oliare le porte cigolanti, per rimuovere anticaglie e polvere. Basta dirigere il flusso della tua energia verso queste ed altre problematiche e sarà lui a provvedere ad ogni cosa — incanalerà i rifiuti e la polvere accumulati nel tempo negli spaziosi condotti che circondano il tempio del cuore e che lo collegano al resto del corpo. In questi condotti non viene unicamente trasportato il superfluo dal cuore alle stazioni di filtraggio dei reni, ma circolano anche i messaggi del cuore per il corpo. Da qui il sangue fresco si diffonde in tutte le direzioni — il sangue consumato, invece, viene pompato nei polmoni per essere depurato. Ora ti concedi il tempo necessario per sperimentare ed approfittare della circolazione sanguigna cui ora ti trovi e per sistemare il tempio del cuore come più ti piace. Quando avrai pulito e riordinato a sufficienza, potrai decidere se in futuro vorrai tenere le finestre e le porte chiuse oppure di quanto tenerle aperte. Tieni presente che da un cuore aperto i sentimenti possono uscire, ma anche entrare e che il cuore ha energia in eccesso. Se non fosse arginata da barriere e dighe, straripeerebbe. Il cuore ha una funzione simile a quella del sole, che si trova al centro della sua sfera e che provvede ai suoi pianeti con un infinito flusso di calda energia. Al solo pensiero senti già la somiglianza tra il sole ed il tuo cuore — avverti dal suo centro che il flusso energetico si diffonde da ogni parte — incessantemente — giorno e notte — senza pause ed interruzioni. Hai già sperimentato altre volte questa fonte di distensione durante la meditazione — eppure ora è ancora più significativa e potente. Il cuore è un sole — il tuo sole personale — e tu ti godi i suoi raggi ed il suo calore. Da centro a centro senti che corrisponde al grande sole e che entrambi sono collegati. Ti chiedi se nella vita quotidiana ti sei mai reso conto di questo rapporto. Quanto sole fai splendere nella tua vita? — in senso figurato — ed in senso proprio? — — — E quanto nel tuo cuore? — — Lasci che gli altri si avvicinino a te? — — — E lasci che la tua energia vitale ed il tuo sangue scorrano fino ai confini del mondo? — — Fino dentro alla tua pelle? — — Quest'ultima è calda ed aperta oppure fredda e chiusa? — — — La tua vita esteriore corrisponde a questa circolazione interiore, che scorre in eterno e che alla fine ritorna sempre al punto di partenza? — — — Oppure ti affanni a seguire una linea retta nella tua vita — senza guardarti indietro e senza badare né a te né agli altri? — — — Il simbolo che più si addice al tuo modo di vivere è la curva a S oppure la freccia? — — — Rispetti il ritmo del giorno e della notte? — — — Oppure cerchi di prolungare il giorno a scapito della notte — l'attività a scapito del riposo? — — — Se presti attenzione potrai sentire questo ritmo naturale e vedere che entrambe le fasi corrispondono: calma ed attività sono ugualmente importanti — vanno di pari passo come il giorno e la notte — chiaro e scuro. Il cuore lo dimostra. — Immerso in questo, nel tuo stesso ritmo, chiudi per un istante anche gli occhi interiori e diventi tutto orecchie — lascia che questo costante battito doppio ti conduca fuori dal tempio del vero cuore nel cuore fisico, che si trova quasi nello stesso punto, solo un po' più spostato a sinistra, verso la parte femminile del corpo. Qui l'ambiente è più movimentato e devi aggrapparti a qualcosa perché la corrente non ti trascini via, così ti ripari dentro ad una delle nicchie tra le possenti fibre muscolari, che formano le pareti del cuore e che come robusti cavi sorreggono le valvole cardiache. La calma che deriva dalla distensione e dal rilassamento delle fibre muscolari ti contagia, come del resto la sensazione di forza e sollecitazione, quando tutte le fibre muscolari si contraggono contemporaneamente. All'interno del cuore il contrasto tra tensione e distensione è più evidente che mai. E riconosci nel lasso di tempo di un'unica sollecitazione e della pressione massima di un attimo, che nella tua vita sono necessarie sia la tensione che la pressione, come del resto il riposo e la rigenerazione, che avverti subito dopo, in un istante di completo rilassamento. — — — Ti rendi conto che una forte tensione e un riposo completo sono due facce della realtà che vanno di pari passo e che dipendono l'una dall'altra. E non solo qui nel cuore — ovunque — e quindi anche nella tua vita. Solo dalla calma della distensione può scaturire la forza per la prossima contrazione. E solo se quest'ultima è totale anche la distensione sarà completa. Per un momento ripensi alla tua vita, ad un'esperienza di questo genere — in cui eri teso ed in cui successivamente ti sei rilassato. — E senti ancora una volta la profonda quiete dopo la tempesta. — Ed anche nel centro del corpo, nel suo cuore fisico, regna lo stesso ritmo che c'è ovunque: andare e venire, prendere e dare — e questo ritmo dettato dal battito cardiaco riecheggia per tutto il corpo e grazie al sangue arriva fino all'ultima cellula. A questo punto abbandoni il tuo sicuro posto nella nicchia nella parete cardiaca e ti abbandoni al flusso sanguigno — fatti trasportare nel suo centro e sentirai la crescente pressione nella fase di contrazione. Ora — all'apice dello sforzo — viene scaricata violentemente nella grande aorta, nel momento stesso in cui si aprono le ali della valvola cardiaca. Vieni proiettato come uno sparo di cannone nello spazio aperto dell'arteria, a cavalcioni su uno degli innumerevoli globuli rossi. Questi ultimi hanno la forma di un disco volante, sono rotondi e più spessi ai margini che al centro, hanno quindi la forma ideale per resistere in questo viaggio movimentato. Ed il viaggio in effetti prosegue velocemente. Prima che te ne renda conto sei già sulla strada che scende nell'addome. Incontri continuamente incroci e rapide. La pressione tuttavia mano a mano diminuisce e quando giungi nella gamba il flusso scorre lentamente. E giù nel piede è quasi fermo. I piccoli pacchi di energia trasportati dai globuli rossi vengono distribuiti tutt'intorno attraverso sottili fessure nelle pareti dei tessuti e al loro posto vengono caricati minuscoli pacchi di immondizia. Osservi questo scambio e quando infine tutti i globuli hanno caricato i rifiuti, i canali diventano nuovamente più larghi. Il flusso tuttavia rimane lento e la pressione cala ulteriormente. Più che scorrere ti lasci trascinare. E senti questa inerzia anche dentro di te. Il flusso diventa sempre più copioso ed infine vieni di nuovo risucchiato assieme a tutti gli altri globuli nel cuore. Prima che la pressione salga nuovamente, esci dal flusso e ti aggrappi all'intreccio di fibre del cuore. Qui, nel ventricolo destro, la pressione non è così alta come dall'altra parte. L'alternarsi tra quiete ed attività invece è il medesimo. Approfitti di questo momento ritmico per interrogarti sulla circolazione più grande nella tua vita. Esistono, come nel corso dell'anno, periodi di crescente tensione, che corrispondono alla primavera, che si evolvono nell'attività e nella pienezza dell'estate e periodi in cui invece la pressione diminuisce, come durante l'autunno, il cui apice è il riposo profondo, simile alla morte, dell'inverno? — — — La tua vita si adegua cioè al ritmo dell'anno oppure lasci che prevalga una tua personale concezione del tempo, che contrasta con quella naturale dell'ambiente? — — — Riesci ad adeguarti ai ritmi della natura? Quanto è flessibile il flusso della tua vita? — — — Assomiglia ad un fiume originario, che serpeggia fra tortuosità e curve per il mondo — che sembra infinita e che tuttavia ha una direzione? — — — Oppure assomiglia piuttosto ad un canale rettilineo, racchiuso tra sponde di cemento, che scorre velocemente e verso una meta precisa? — — — E di nuovo ti domandi: il fiume della tua vita è simboleggiato più dalla forma di un'onda, di un cerchio oppure da quella di una freccia? — — — Queste domande sono rivolte all'interno più che all'esterno e così chiudi nuovamente gli occhi — qui nel cuore fisico — pensi al vero cuore — il tempio del cuore nel tuo effettivo centro — e qui riapri i tuoi occhi interiori. Dopo questo viaggio nel cuore fisico la calma che regna qui, nel vero cuore, ti sorprenderà. Ed in effetti si tratta dell'unica zona del corpo in cui regna una quiete assoluta — ed effettivamente questo tempio del cuore non si trova nel corpo, bensì dietro — nel nostro centro in cui spazio e tempo non hanno alcun valore. È il luogo in cui si apre un varco nella realtà di tutti i giorni divisa in due, in cui tuttavia si può percepire l'unità — in attimi di apertura, di amore — ed allora, e solo allora, anche il mondo polare sembra unito — grazie alla forza unificatrice dell'amore si vede tutto sotto ad una stessa luce e possiamo sfuggire alla polarità — vivere d'aria e d'amore, vedere la luce in tutti gli uomini, in ogni caso in colui per il quale abbiamo aperto il tempio del nostro cuore. In questi momenti, inoltre, è evidente che la luce interiore è quella vera e che la forza dell'amore è l'ultima e la più potente. Essa sola può spostare le montagne e fare miracoli. Qui, alla fonte, nel tempio del cuore, sei più vicino che mai a questa forza. Ed ovunque tu sia nel mondo esterno, il tempio del cuore esiste ed è a tua disposizione. In esso la realtà è viva, ogni cosa è correlata — e l'esterno si dissolve nell'interno. Ed è chiaro che ogni reale soluzione ed ogni conforto può scaturire unicamente dal proprio centro, dal tempio del cuore. Non c'è motivo di lasciare questo luogo di mezzo, ma anche se accadesse inavvertitamente, potrà consolarti la certezza di poterci tornare in ogni momento. Niente può far chiudere nuovamente il tuo tempio e men che meno la prossima fine di questa meditazione. È unicamente in tuo potere e non è necessario che tu lo faccia — il tuo destino è nelle tue mani e più propriamente nel tuo cuore.

11. Meditazione
Dare e prendere — l'intestino

Sei nuovamente sdraiato comodo e rilassato al tuo posto di meditazione, con le gambe unite e le braccia lungo il corpo, e ti affidi a questa situazione che ormai conosci bene. — Gli occhi si chiudono da soli — sai cosa ti aspetta e che ora puoi rilassarti — tutto il corpo ne è al corrente e conosce la meta del viaggio. — Il corpo conosce la strada che conduce nella profondità della distensione e la segue prontamente, come del resto i suoni che come sempre ti accompagnano. Il flusso delle parole e dei suoni fa parte di questa esperienza, esattamente come il flusso del respiro, ed espirando hai la possibilità di rilassare tutto il corpo — e di lasciare andare tutto ciò che ora è superfluo — il corpo è pronto — il flusso della distensione è in arrivo — dal viso si propaga all'interno della testa e da qui scorre verso il basso nel collo, nella nuca e nelle spalle, e dalle braccia nelle mani e dal petto nell'addome. — — L'energia del centro, del cuore, rafforza il flusso e la sensazione di rilassamento — ed anche nel bacino scompaiono tutte le tensioni — e l'energia trova facilmente la strada che scende nelle gambe e nei piedi — e di nuovo il respiro aiuta a far defluire dalla punta delle dita di mani e piedi ciò che potrebbe essere ancora superfluo e così ti sentirai più libero e sciolto — tranquillo e leggero — effettivamente la leggerezza aumenta ogni volta che inspiri — ora o tra poco — esattamente come la pacatezza diventa più profonda ogni volta che espiri. — Il dolce respiro ti apre ed allo stesso tempo ti libera, e tu hai piacere che questo accada — scopri attraverso il tuo respiro il grande spazio al centro — tra il capo disteso sopra ed il bacino che sta riposando sotto — tra le larghe spalle dietro ed il petto che oscilla con il respiro davanti. — E tu sprofondi in questo spazio centrale e nel mondo interiore — nel tuo paesaggio e nel tuo tempio — e mentre percorri la strada ormai conosciuta, ti guardi intorno nel paesaggio e soprattutto nel tempio. — Anche se ormai lo conosci bene, al suo interno vedi molte cose sotto un'altra luce rispetto alle visite precedenti. Vale la pena di darsi da fare. Sicuramente ci sono ancora molte cose importanti per te in questo momento o che potranno diventarlo in futuro, è dunque una fortuna che questo tempio esista dentro di te e che sia sempre aperto ogni volta che vorrai visitarlo. Ora tuttavia scendi di nuovo nella sala degli usci ed osservi nuovamente le varie porte che conducono nei settori più disparati. Forse ne riconoscerai alcune, altre ti serviranno in futuro. — Noti una porta in particolare: l'entrata alla sala dei regali. Ti costa quasi fatica non aprirla ed entrare invece — come è già successo più volte — nell'ormai nota sala della conoscenza di se stessi. Oramai la conosci perfettamente — eppure ogni volta c'è un'atmosfera diversa. Anche adesso tutto sembra diverso e, sotto questa luce ed annusando questo profumo, hai l'impressione di cambiare tu stesso. Questa sensazione aumenta ora che ti accomodi sul divano al centro e dirigi il tuo sguardo verso il mandala nella cupola. Il mandala nasconde sempre nel suo centro la misteriosa forza della trasformazione. Eppure oggi la sua efficacia sembra ancora più marcata. I tuoi occhi vengono attirati al centro — e lo sguardo viene rivolto all'interno, nello stesso istante in cui le palpebre si chiudono. Dentro vedi un paesaggio primitivo, stranamente animato: scorgi enormi piante vigorose in mezzo a fitti boschi di felci — liane avvinghiate ai rami e fiori colorati, che vivono sui rami degli alberi. Ma la cosa più straordinaria non sono le piante, ma il fatto che qui il tempo scorre molto velocemente — tutto cresce visibilmente con effetto accelerato. — Vedi i boccioli schiudersi e spuntare nuove foglie. — La vegetazione è lussureggiante. — — — Fino a poco tempo fa il tempo era bello, ma ora sta per scoppiare un temporale, tuoni e lampi attraversano il cielo improvvisamente diventato scuro — la violenza degli elementi infuria. Il fuoco dei lampi rischiara una foresta vergine spettrale. Le nuvole pesanti scaricano la loro acqua in veri e propri torrenti — e la tempesta sferza implacabile gli alberi, intacca addirittura le radici. — E là sradica un albero gigantesco, che cadendo ne trascina altri con sé. Si apre una ferita nella foresta vergine e l'uragano vi penetra senza pietà ed abbatte altri alberi. E così come il maltempo è sopraggiunto velocemente, altrettanto rapidamente ritornerà il bel tempo. Lo stesso vento spazza via le nuvole e per via del sole cocente, dal bosco su cui si è abbattuto l'uragano si solleva del vapore. Il tempo deve scorrere molto rapidamente, poiché già ora vedi che i giganteschi alberi abbattuti iniziano a marcire e a decomporsi. Prima ancora che si siano trasformati del tutto in terra, vedi che crescono già altri alberi sopra di loro o meglio in loro. I coleotteri e le larve non fanno nemmeno in tempo a rodere il legno marcio, che già altre piante crescono al loro posto. E dopo qualche tempo assisti alla nascita di robusti arbusti che si trasformano in giovani e rigogliosi alberi, che lottano per raggiungere la luce, vitale per la loro sopravvivenza. I vecchi colossi sono scomparsi, sono marciti e si sono decomposti, sono ritornati a fare parte dello strato attivo per una nuova generazione di alberi giovani e robusti. E di nuovo le liane si attorcigliano intorno ai loro rami e sui più forti si insediano piccole piante che si nutrono della loro linfa. La breccia nella foresta si è chiusa — così come il ciclo naturale. Gli alberi morti sono diventati il concime di quelli nuovi — la natura si modifica continuamente! — — — Ed ora che il simbolo ha preso forma, puoi ritrovare ovunque questo principio. — — Là vedi spuntare furtivo un gatto selvatico nella foresta, sta puntando una preda che trotterella beata in una radura — e poi un salto — una fuga disperata — ma l'animale più vecchio non ha alcuna chance di sfuggire al grande gatto. Prima ancora che tocchi terra, ha la gola squarciata a morsi. Il gatto selvatico porta immediatamente il cadavere ai suoi piccoli, che lo sbranano con avidità e con forza, riempendosi così la pancia. E di nuovo la morte si trasforma in vita — ancora una volta il cerchio si chiude. — — — Ora la scena cambia. La prossima immagine è molto più pacifica, anzi è addirittura gioviale. Vedi te stesso seduto a tavola — quest'ultima è imbandita con i tuoi piatti preferiti e tu afferri ciò che più ti piace, mordi vigorosamente e mastichi con forza — consapevole — della forza delle tue mascelle, del morso e del taglio dei tuoi incisivi — e della pressione stritolante dei molari, ti rendi quindi conto che il quadro non è poi così pacifico come sembrava. Naturalmente non devi uccidere, ma mangiare comporta sicuramente una certa aggressività. E non hanno forse ucciso altri al tuo posto, perché tu possa mangiare in modo apparentemente così pacifico? — Non sono forse state tagliate delle piante ed abbattuti degli animali? — — — Ed i tuoi denti non sminuzzano forse il cibo con grande aggressività? — Da fuori vediamo molto poco della nostra digestione, ma ora vuoi scoprirne di più; rimpicciolisci quindi nuovamente il tuo corpo e segui il percorso di un boccone. Piccolo come sei e vista la pericolosità della situazione, è una fortuna non venire ferito. Mentre i denti masticano e schiacciano il cibo, la saliva, che sembra innocua ma che in realtà non è meno aggressiva dei denti, lo decompone ulteriormente. Ora scivoli lentamente assieme al cibo nella faringe e vieni inghiottito con esso. Anche questo passaggio è piuttosto violento ed ora il tuo viaggio continua molto più velocemente. Vieni spinto in avanti da un'onda, che corre lungo l'esofago, in un tubo stretto, che termina nello stomaco, che assomiglia ad una caverna spaziosa. Qui disponi di molto più spazio, ma le onde non cessano, si infrangono sulla parete dello stomaco ed impastano energicamente il chimo — e con esso anche il tuo minuscolo corpo. Ora interviene anche l'acido gastrico, così aggressivo e corrosivo da sterminare anche gli ultimi batteri sopravvissuti negli alimenti — ed il tuo viaggio prosegue trascinato dalle onde fino all'intestino tenue, nuovamente più stretto e molto più tortuoso. Qui ti si presenta un quadro davvero singolare: ti ritrovi con il cibo denso in un bizzarro paesaggio in cui dominano montagne e profonde vallate, disseminate di villo. Dai lati sgorgano ulteriori acidi aggressivi, che proseguono impietosi lo sminuzzamento. Poi osservi che le particelle di cibo, ormai minuscole, vengono ulteriormente scisse dal villo ed inghiottite in una specie di conca. Anche tu ora ti trovi sopra ad una di queste conche e, prima che te ne renda conto, vieni inghiottito assieme alle numerose particelle alimentari e raggiungi con esse il lento flusso sanguigno. Il viaggio non dura molto e conduce direttamente nel fegato. Qui sei testimone di come le minuscole particelle si ricompongano nuovamente in lunghe catene, dando vita in questo modo alle sostanze di cui il tuo corpo ha bisogno per sopravvivere — ed ancora una volta il cerchio si è chiuso. Dalla morte scaturisce nuovamente la vita — la tua vita. Ed il modo in cui ciò avviene è rude ed aggressivo — dai denti appuntiti all'acido corrosivo. — — — Ora vuoi tornare nell'intestino ed osservare cosa accade al restante chimo — e c'è una strada agevole che ti conduce direttamente in esso. La bile formata nel fegato infatti è ritornata nell'intestino e tu segui il suo percorso, dalla cistifellea all'intestino tenue. Sei contento di ritornare finalmente non lontano da dove eri stato espulso precedentemente. La bile è troppo corrosiva ed aggressiva! L'intestino ora è molto più vuoto di prima e ciò che continua ad essere spinto ritmicamente dalle onde è quasi tutto materiale inutilizzabile. Improvvisamente il tubo intestinale diventa più largo e meno tortuoso, ma in compenso è disseminato di una miriade di nicchie ed angoli bui, che sembrano nascondere losche figure. L'ambiente non è per nulla rassicurante — dagli avanzi del cibo si sviluppano strani vapori, che aleggiano su di essi. Le nicchie buie nascondono evidentemente dei misteri tenebrosi, ed anche la poltiglia liquida e morbida in cui ti trovi ora diventa più scura e soprattutto più solida. L'acqua abbandona l'intestino in grandi quantità e ciò che rimane è lo scarto, che tuttavia non viene espulso così rapidamente come ci si potrebbe immaginare, al contrario: viene raccolto in un'insenatura apposita nella parete intestinale ed alcuni resti rimangono a lungo nelle nicchie. Tuttavia, i gas che si formano di continuo, dopo avere errato per qualche tempo qua e là, cercano una via d'uscita. Ne hai abbastanza di questo sinistro mondo degli inferi. Le ombre scure sembrano fantasmi e forse lo sono veramente. Sei giunto nell'impressionante regno dei morti del corpo. Senti l'impellente necessità di andare via da questo luogo, ma anche il bisogno di sapere perché il corpo trattiene così a lungo tutta questa cupezza. Ed è affascinante essere ospite nei propri inferi! Se la morte abita realmente nell'intestino, allora questo deve essere il suo palazzo! — Ti concedi il tempo necessario per capire quali sono le cose vecchie e superate a cui tuttavia sei ancora legato. — E poi raccogli il coraggio a due mani per analizzare quali sono le cose morte che non puoi — o non vuoi — lasciare andare nella tua vita. — — — Da qui — dalla prospettiva dell'intestino, che trattiene la materia morta, riconosci l'importanza che quest'ultima ha per te. — — — Di fronte al tuo occhio interiore compaiono situazioni della tua vita, in cui ti sei aggrappato alla materia morta. Ed ora prende forma anche tutto ciò che non vuoi cedere per nessun motivo, vivo o morto che sia. — — — E poi emerge anche tutto quello che non vuoi in nessun caso che venga alla luce, tutti i lati oscuri che finora hai dovuto nascondere. Ora però hai la forza di osservare tutti i pensieri, le fantasie e le immaginazioni deprimenti. E la particolarità di questa situazione ti infonde ancora più forza e coraggio, la forza di portare a galla e col tempo di liberarti di tutta questa malinconia — e cominci già ora, qui negli inferi dell'intestino crasso, e dove se no? Utilizzi la nuova energia e l'entusiasmo soprattutto per mettere ordine nelle nicchie buie — e questa energia si trasforma in una luce che illumina ed al contempo scioglie le incrostazioni ed i depositi — allargando l'ambiente prima angusto e sturando le occlusioni. Ciò che è duro si ammorbidisce e ciò che è inconscio diventa consapevole. La luce della coscienza mette in moto il cambiamento. E mentre sul piano dell'intestino stai facendo ordine, è molto probabile che anche sul piano della coscienza le cose vecchie ti appaiano sotto una luce nuova e che si trasformino di fronte al tuo occhio interiore, esattamente come si modifica la materia morta che espelli dall'intestino. Ed il cerchio si chiude nuovamente. Prima o poi esso ritornerà alla Madre Terra. E nel suo grembo, dagli escrementi morti nascerà nuova vita. Così il buio diviene la fonte della luce e la morte il concime della vita. I tesori sinistri dei propri inferi possono quindi portare una nuova vitalità nella tua vita, a patto che tu ti rivolga ad essi, prestando loro attenzione. Se ti interroghi sull'equilibrio tra prendere e dare, potrai scoprire quanti tesori oscuri si nascondono in fondo ai tuoi inferi. Esistono situazioni e periodi nella tua vita in cui prendi di più e dai di meno? — Osserva tranquillamente il piano del nutrimento fisico — ma non dimenticare che esiste anche un nutrimento spirituale! — Ci vuole molto coraggio, molta forza e molto tempo per rispondere sinceramente a queste domande. Dovrai quindi ritornare più volte in questo luogo e su di esse. — Ora però abbandoni queste immagini e con un lieve respiro torni sul divano, in mezzo alla sala della conoscenza di se stessi, sotto alla cupola, ed esci da questa sala. — — — Una volta giunto nella stanza delle porte, rammenti quella con la scritta «Sala dei regali». Puoi aprire ora o più tardi, quando più ne avrai voglia, questa porta, al di là della quale troverai tutti i regali, non solo materiali, che hai ricevuto nel corso della tua vita — puoi vedere cosa hanno rappresentato per te. In questa stanza trovi una seconda porta, anch'essa con la scritta «Sala dei regali». Dietro di essa troverai tutti i regali che hai fatto nel corso della tua vita, osserva anche in questo caso cosa ha rappresentato ognuno di essi per te, soprattutto i regali — materiali ed immateriali — da cui ti sei separato malvolentieri. Quando uscirai da questa stanza ti renderai conto di ciò che più conta per te: ricevere o fare regali — e ciò che a posteriori ti fa più piacere e ti da di più. Troverai poi una terza porta — per la terza volta recante la scritta «Sala dei regali». Qui troverai tutti i regali che non hai fatto nel corso della tua vita — cerca nuovamente di capire il significato che quest'ultimi hanno per te. — — — Dopo questa esperienza, capirai ancora meglio ed ancora più consapevolmente il tuo rapporto tra prendere e dare. Ora tuttavia puoi scegliere se entrare nella prima sala dei regali o se uscire da questo tempio con un respiro profondo e ritornare qui ed ora, per orientarti nuovamente nello spazio e nel tempo, come ormai sai fare.

12. Meditazione
Origine e cambiamento — il fegato

Sdraiati rilassato — con le gambe unite e le braccia lungo il corpo — chiudi gli occhi. — Senti il supporto su cui giaci e puoi affidare tutto il tuo peso ad esso ed alla base che ti sorregge — e ti piace essere supportato — essere al sicuro — senti l'occipite appoggiato al supporto — e lo rilassi — e senti che la tua schiena si allunga e si distende — lasci che sprofondi ulteriormente — assieme al bacino. — Le braccia e le gambe sono rilassate e pesanti — il flusso della distensione — libera il tuo volto e l'intera testa e penetra in profondità — dal centro del cranio scorre nel resto del corpo, scioglie i muscoli del collo e della nuca e raggiunge la schiena — ed anche le braccia, fino alla punta delle dita — e di nuovo lasci accadere e lasci andare — tutto ciò che ora è superfluo — e ti affidi — alla base d'appoggio ed alla situazione — all'attimo. — Spazio e tempo sono sempre meno importanti — il flusso della distensione raggiunge il petto — si unisce al centro al flusso dell'energia del cuore — e prosegue in discesa — nel ventre — ogni tensione si dissolve — gli organi respirano — anche tu respiri dolcemente e sprofondi ancora più in basso con il flusso del respiro — ti lasci ulteriormente andare e ti senti ancora più rilassato, quando il flusso della distensione raggiunge l'addome. Anche qui, nel bacino, il rilassamento prosegue — ed il flusso trova facilmente la strada che conduce nelle gambe ed attraverso le gambe, fino alla punta delle dita dei piedi. Il respiro ti permette di sprofondare ancora di più. Mentre espiri e fai fuoriuscire l'aria viziata, scivoli ancora più in basso e lasci defluire dalla punta delle dita dei piedi ciò che ora è diventato superfluo nella parte inferiore del corpo — e dalla punta delle dita delle mani tutto ciò di cui il busto vuole liberarsi. — E tu lasci che accada — lasci che tutto prenda la sua strada — i suoni della musica e le parole — il flusso della distensione ed il respiro soave, che muove dolcemente la parte anteriore del tuo corpo — il torace ed il ventre — e la larga schiena dietro — ed il bacino rilassato sotto — e la testa riposata sopra — e fra loro il centro — il tuo centro — quello spazio che la distensione ed il dolce flusso respiratorio hanno allargato ed aperto — ed ora scivoli giù in questo spazio — in cui ritrovi il tuo tempio immerso nel tuo paesaggio e ti metti in cammino — ormai conosci perfettamente la strada che conduce all'interno del tempio. — Scendi le scale che portano nella stanza delle porte. Ti guardi attentamente intorno — leggi le scritte sugli innumerevoli usci — riconosci quelli che hai già varcato — ma soprattutto quelli ancora sconosciuti. — Su di una porta c'è scritto:

«La mia favola». Su di un'altra: «Il mio sogno più importante». Ma ci sono anche scritte insolite, come «Il mio veleno preferito» o «Il mio tesoro e la mia dispensa». — Tuttavia non apri queste porte, bensì entri nella sala della conoscenza di se stessi. Tutto qui ti è familiare. — Oggi tuttavia ti accoglie un'atmosfera più intima del solito, provi una sensazione di fiducia primordiale. La luce soffusa ed il profumo delle essenze ti fanno sentire a casa — e ti danno la sensazione di avere nuove opportunità, di essere libero, di poter superare i limiti abituali e penetrare in nuove dimensioni più profonde — fuori dall'ambiente protetto in cui potrai ritornare quando vorrai. — Giaci sul divano al centro ed osservi il mandala sopra di te nella cupola. Come al solito le strutture rotonde del mandala catturano il tuo sguardo, che si concentra nel mezzo. Le palpebre si chiudono e lo sguardo riesce ad intravedere una realtà al di là del mandala. — E di nuovo il tuo ultimo pensiero prima di chiudere gli occhi viene raffigurato sul misterioso schermo nella cupola — pensavi alla fiducia primordiale — al collegamento all'origine — vedi l'immagine di tua madre — una vecchia immagine — ma no — è un'immagine di tua madre di qualche tempo fa — ha un neonato in braccio — e questo bambino sei tu — percepisci la fiducia che si è sviluppata nella tua infanzia — e poi dietro a tua madre compaiono i suoi genitori ed i suoi nonni — e dietro ad essi i loro genitori e via dicendo — un numero sempre più nutrito di persone — una forma che si allarga — quasi come una piramide, di cui tu sei la cima. — Ora l'immagine è sfocata e scompare — ma resta una sensazione dentro di te — la sensazione che per trovare la base bisogna scavare molto più in profondità. — Sullo schermo si formano piccole strutture, vibranti di energia positiva — un mare di singoli nuclei atomici, simili ad un cielo stellato. E queste particelle si uniscono ordinatamente davanti ai tuoi occhi. La particella iniziale rimane da sola, rappresenta l'atomo più piccolo, l'idrogeno. — Il successivo atomo è composto da due di queste particelle, il prossimo da tre, poi quattro, poi cinque, l'atomo del carbonio è formato da sei particelle, l'ossigeno da otto e così via, finché non si sviluppano tutti gli atomi ed il più grosso contiene più di cento di questi nucleoni positivi. — Di fronte a te hai simbolicamente raffigurato — nella cupola — il materiale da costruzione del mondo — addirittura dell'universo — la famiglia degli atomi — la causa prima materiale di ogni struttura. — — — Ed a partire da questi elementi si formano davanti ai tuoi occhi strutture ancora più complesse: le molecole della vita. L'unione di numerosi singoli atomi ed aminoacidi dà vita a grandi molecole di zucchero e di grasso, che a loro volta compongono molecole ancora più grandi, come ad esempio le molecole delle proteine, l'elemento base di ogni forma di vita. E ti rendi conto che ogni forma di vita ha origine da questi elementi base, e che in seguito si decompone nuovamente in essi. Lo vedi sullo schermo di fronte a te: compare un prato — e ci vuole qualche tempo perché tu capisca che ogni singola pianta del prato dà luogo a questo miracolo. Dalle molecole più semplici e dai singoli atomi — dalle strutture inanimate dei primordi quindi — scaturisce il miracolo della vita, e cioè le molecole più grandi di cui sono composte le piante, gli animali e l'uomo stesso. Ogni singola pianta, anzi ogni cellula di ogni singola pianta dispone di un laboratorio, in cui questo miracolo si compie continuamente. Il ciclo vitale delle piante prevede che il corpo, le radici, gli steli, le foglie ed i fiori siano composti dagli elementi originari della creazione: semplici atomi e piccole molecole, e che alla fine del loro ciclo vitale esse si decompongano nuovamente nei semplici elementi iniziali, a meno che gli animali o l'uomo non se ne cibino prima. In questo caso verrebbero scisse solo fino allo stadio di grandi molecole, alla base di un nuovo ciclo. Puoi riconoscere sempre più distintamente sullo schermo nella cupola i due cicli vitali connessi: la sfera vitale delle piante, che ha inizio dai semi, i quali grazie alla materia inanimata, — come ad esempio i minerali della terra, l'acqua, i gas dell'aria e l'energia solare sviluppano la vita, e la seconda sfera, che si basa su questo primo ciclo delle piante e che utilizza le loro molecole vitali per dare vita al corpo degli animali e degli uomini. Ora appare nuovamente sullo schermo l'immagine dell'uomo posizionato in modo da formare una stella a cinque punte, l'ormai familiare mandala umano, che stavolta però è trasparente, così che tu possa vedere gli organi. E così riconosci il laboratorio dell'uomo, vicino al centro, sotto all'arco costale destro: il fegato. Qui, a partire dai suoi elementi, gli aminoacidi, ricavati nell'intestino dal cibo, vengono costituite le proteine umane. Ed ora riconosci che, così come i laboratori vegetali rappresentano il legame con il regno inorganico della materia inanimata, il nostro fegato costituisce il collegamento con la causa prima della vita. Gli elementi base rappresentati dagli aminoacidi del nostro fegato ci accomunano a tutti gli esseri viventi, composti da questi stessi aminoacidi e che da essi sviluppano i loro organi ed i loro muscoli, i loro cervelli e le loro ossa. Ti rendi conto che anche il tuo corpo è formato da questi elementi base, che ti ricollegano a tutti gli esseri viventi — il fegato, il nostro laboratorio miracoloso — rappresenta il legame con la comune causa prima di ogni forma vivente. — Questo interesse per la causa prima, o meglio per l'origine della materia della vita, rievoca altre domande, ti interroghi soprattutto sul motivo principale della tua vita — per chi o per cosa vivi? — — — Qual è la motivazione? — — — Non sai spiegartelo — ma improvvisamente nasce dentro di te — una sicurezza che deriva dalle radici. Forse non è ancora evidente, ma percepisci chiaramente — ora, in questo momento — la sicurezza della tua ragione di vita. — — Dopo la certezza di questa esperienza, ritorni al punto di partenza nel tuo corpo — nel tuo fegato ed osservi anche gli altri compiti che gli competono. Qui viene ricavata energia dalle molecole di zucchero e di grasso del cibo, l'energia che riscalda e fa muovere il nostro corpo. Inoltre qui ha luogo la disintossicazione. Nel laboratorio del fegato vengono riconosciute e rese inoffensive la maggior parte delle sostanze tossiche assimilate tramite il cibo e la respirazione ed anche quelle già presenti nel corpo. Un ulteriore suo compito è quello di stabilire un equilibrio, poiché qualunque sostanza può diventare tossica se è presente in eccesso. Ti concentri per un attimo su questo pensiero e cerchi di capire quali sono gli eccessi nella tua vita, che non riguardano unicamente il livello fisico. Possono infatti esserci anche sentimenti e pensieri in eccesso, in grado di avvelenare il corpo e l'anima. — A questo punto rammenti la porta nella grande stanza circolare con la scritta «Il mio veleno preferito». Decidi di approfondire questo argomento in futuro. Ora ripensi alla giusta misura e cerchi di capire se nella tua vita l'hai trovata, se hai trovato la giusta via di mezzo, il tuo equilibrio, tra attività e riposo — coraggio e cautela — potere ed amore — orgoglio ed umiltà — durezza e tenerezza — impegno ed ozio — lavoro e piacere — il tuo personale equilibrio nel rapporto con il tuo partner — sul lavoro — per ciò che concerne i compiti che la vita ti impone — e per ciò che riguarda il tuo corpo. — Ed il tempo ora non ha alcun valore. — — — Il tempo necessario a porre ed a rispondere a queste domande è relativo — se misurato secondo il tempo interiore sembrano attimi lunghissimi, se invece il metro di valutazione è il tempo esterno si tratta di pochi secondi. Talvolta hai l'impressione che domanda e risposta ti vengano in mente nel medesimo istante. Ad esempio ti interroghi sul ruolo che ha per te la crescita. Che rapporto intercorre ad esempio tra la crescita materiale e quella intellettuale nella tua vita? — E la risposta ti sovviene quasi contemporaneamente — dal profondo del tuo stesso centro. Il primo pensiero contiene come sempre la risposta. Accrescere le proprie conoscenze e la propria saggezza ed aumentare le proprie ricchezze e la propria influenza sono due cose completamente diverse; accrescere il proprio potere ed aumentare la forza dell'amore. Questo istante ti rivela i tuoi punti chiave. — — — Ricordi il periodo della tua vita in cui gradualmente è cessata la tua crescita a livello fisico. Ed osservi se grazie a questa stessa energia ora può progredire la crescita spirituale. — — — E che ruolo ha oggi nella tua vita e nell'ambiente che ti circonda la crescita intellettuale e spirituale? Valuti tutte le domande e le risposte. — E nel frattempo ti accorgi che giudichi ogni cosa, proprio come il fegato — valuti cioè cosa è conveniente e cosa invece non lo è — esattamente come il fegato valuta se le sostanze assimilate dal corpo sono necessarie o nocive. Ed ora ti concedi il tempo necessario per osservare questo tuo sistema di valutazione, questo tuo modo di valutare la tua vita ed il mondo. Cosa è importante per te e cosa invece non lo è? — Cosa ti piace e cosa invece aborrisci? — E così riconosci sempre di più l'importanza delle valutazioni nella tua vita, in che misura determinano il tuo sviluppo in una direzione piuttosto che in un'altra — e così dai conto a te stesso se sei realmente e completamente d'accordo con queste valutazioni ed il loro risultato. La tua vita si svolge come vorresti? — — — Vengono rappresentate in egual misura tutte le parti di te stesso e la tua intera essenza in questo sistema di valutazione? — — — Oppure esistono impulsi e parti di te che non condividono affatto questa opinione? Che hanno in animo altri sentimenti e desideri? — Che vogliono evolversi in un'altra direzione? — — — Hai delle opinioni di valore diverso, che finora non hai esternato, che hai represso e che ora vorrebbero venire alla luce? — — — Osserva l'intero sistema dei tuoi valori — quelli già vissuti e quelli repressi! — E contemporaneamente riconosci l'importanza della giusta valutazione di ogni sostanza da parte del fegato e l'importanza di trovare la giusta via di mezzo in ogni questione vitale della tua esistenza — in amore e per ciò che concerne la tua professione — sul lavoro e per ciò che riguarda il piacere. — E poi ti accorgi dell'esistenza di un livello ancora più profondo — un livello in cui le valutazioni cessano lentamente di esistere ed in cui ogni cosa alla fine coincide. Questo livello è come un punto dietro o al centro di tutto — ed il tuo sguardo è nuovamente rivolto alla cupola. Emergono le strutture debolmente illuminate del mandala. Riconosci che esse ritraggono ogni cosa — anche il sistema di valutazione. — Fuori, nel grande cerchio della vita, ricerchi dei valori. All'interno, al centro, è possibile trovare la giusta via di mezzo per ogni cosa. Ancora più vicino al centro tutti i valori si avvicinano ed infine, nel centro, convergono e cessano di esistere. Ogni cosa qui è preziosa e giusta — è tutto in ordine, poiché rientra nell'ordine supremo. Con questa sensazione di gioia e di unità il tuo sguardo lentamente e gradualmente abbandona la cupola. La piacevole sensazione conferita dal centro rimane, anche quando ora ti alzi ed esci dalla sala della conoscenza di se stessi. Fuori, nella stanza delle porte, puoi scegliere — di continuare il viaggio oppure di tornare alla realtà — e di ritornare in seguito — in ogni caso scorgi altri ingressi, magari importanti, come ad esempio la porta «Il mio veleno preferito», dietro alla quale trovi tutti gli aspetti che ti chiariscono il concetto di veleno — oppure l'entrata, «Il mio tesoro e la mia dispensa», dietro alla quale trovi tutto ciò che hai tesorizzato e messo da parte, per rendere più sicuro un futuro incerto. Qui puoi capire cosa significano per te i singoli posti e anche i timori che si nascondono dietro ad ognuno di essi. Ed ora puoi scegliere una di queste entrate oppure riemergere — uscire ed allontanarti con un respiro profondo dal tempio ed orientarti nuovamente nello spazio e nel tempo.

13. Meditazione
Genesi

Sdraiati comodo al tuo posto di meditazione e chiudi gli occhi. Quando le palpebre si abbassano lascia che anche tutto il resto del tuo corpo si abbandoni sulla base d'appoggio ed alla distensione — ora o tra poco — ed automaticamente il flusso delle distensione inizia a scorrere — prima nella fronte e negli occhi, in seguito si diffonde in bocca e nel mento per poi liberare le tempie, l'intero volto e tutta la testa — sprofonda sempre più in basso — scorre dal fondo del cranio fino al cuore e da qui riempie l'intero torace e si spinge ancora più giù nel ventre e nel bacino, dispensando dolce energia a tutti gli organi ed a tutti i muscoli e sciogliendo ogni tensione. Si ricongiunge all'energia del bacino — ed il flusso scorre dal bacino nelle gambe — fino ai piedi. Tutto il superfluo può defluire dalla punta della dita di piedi e mani — aiutato dal dolce flusso del respiro, espirando ti rilassi e ti abbandoni — alla distensione più profonda ed al mondo delle immagini e dei suoni, delle oscillazioni e dei colori. I suoni e le parole ti accompagnano come ormai sai — ora — ed in qualunque momento. — Il tempo e lo spazio perdono il loro significato e confluiscono — ed il flusso della distensione apre lo spazio al centro tra la testa che sta riposando sopra ed il bacino rilassato sotto — la larga schiena dietro e la parete toracica ed addominale che oscilla con il respiro davanti — lo spazio nel mezzo, da cui ora emerge il tuo paesaggio — e tu entri in questo luogo e ti avvicini al tuo tempio. La strada è familiare e sicura — sei già arrivato a destinazione, entri nel tempio, scendi nella stanza delle porte ed entri nella sala della conoscenza di se stessi. Riconosci ogni cosa alla perfezione — questo luogo ti ricollega a tutti gli ambiti della tua anima e del tuo corpo — e da qui al mondo — da cui provieni ed in cui ti sei evoluto. — Qui ogni cosa è possibile e viene raffigurata sullo schermo nella cupola — ed ogni cosa qui coincide. Osservando il centro del mandala in mezzo alla cupola puoi prendere visione di qualunque livello evolutivo. E così ti accomodi nuovamente sul divano sotto di essa e rivolgi il tuo sguardo verso l'alto, esso viene attirato al centro del mandala e tu senti di appartenere all'origine e alla fine del mondo. Ripensi alle innumerevoli possibilità di sviluppo della vita ed improvvisamente ti ritrovi al centro e sprofondi in un mondo buio fatto d'acqua, il mondo dei primordi — il mare originario e le sue innumerevoli opportunità. Ti senti incredibilmente piccolo — quasi un punto — un'unica cellula — eppure sei vivo e cosciente. Intorno a te sei circondato dall'elemento acquoso — vivi e respiri grazie ad esso — esso ti protegge e ti nutre — contiene e ti dà tutto il necessario. In questo buio ventre della vita senti una piacevole sensazione di calore e ti senti perfettamente a tuo agio — sai di esistere e non sai se questo mare primordiale è nel grembo della Madre Terra oppure nel grembo di tua madre. Ma non ha nessuna importanza. — È l'inizio. — Senti lentamente di poterti muovere ed avverti la forza dell'evoluzione. La tua coscienza inizia ad espandersi, sempre più cellule si insediano attorno all'unica cellula dell'inizio. — Provengono tutte dall'esterno oppure nascono dalla scissione delle cellule già esistenti? — Anche questo è indifferente. — Tu cresci e ti allunghi — assomigli ad un pesce — e diventi effettivamente un pesce nelle acque del mare primordiale — senti di essere una creatura acquatica. — Ora puoi muoverti da solo e non sei più in balia delle correnti marine. I tuoi movimenti sono sinuosi e circolari. Tutto il corpo si muove compatto. — Scivoli nei tranquilli abissi marini. L'acqua è il tuo elemento — respiri e ti nutri attraverso di esso. Non c'è molto da vedere nell'oscurità degli abissi, ma in compenso puoi sentire. — Sei circondato dall'acqua, essa capta tutti i tuoi movimenti e tu ti senti tranquillo e sereno. — Ti senti al sicuro negli oscuri abissi nel caldo mare primordiale — in questo momento — e qui conta solo il presente. — Il tempo non ha alcun valore in questo mondo — e di nuovo si frappongono immagini e sensazioni appartenenti al mondo nel grembo materno, così simile a questo. Anche qui i movimenti sono delicati, quasi impercettibili. Il liquido amniotico è caldo e protettivo — anche qui regna la quiete e l'oscurità. Ora sei di nuovo un pesce che si muove sinuosamente e nuoti verso l'alto, verso il debole raggio di luce che penetra dall'alto nel tuo mondo buio degli abissi. — La luce ti attira e nel contempo ti spaventa. — In effetti ora vedi, avverti il pericolo — ci sono altre creature marine ed alcune hanno un'aria minacciosa. Ora però anche tu sei grande. — Non riesci ad evitare di nuotare verso la luce, nonostante i pericoli che ciò comporta. In questo momento è molto più affascinante della familiare oscurità degli abissi. E questo desiderio di luce comporta dei cambiamenti. Nuoti sempre più di frequente verso la superficie marina, dove esistono solo luce e leggerezza — anzi, non abbandoni più la superficie e salti addirittura nel nuovo elemento, l'aria. Non ci vuole molto per abituarsi anche a quest'ultima, la respiri addirittura, e così vivi in entrambi gli elementi. In seguito scopri un ulteriore elemento: la terraferma. Inizialmente sembra costituire un ostacolo, ma poi prendi il coraggio a due mani e decidi di esplorarla. Grazie alle tue poderose pinne anteriori riesci a trascinare il tuo pesante corpo sulla terraferma. Dopo la paura iniziale è come una nuova nascita. Puoi respirare e scivolare sulla pancia e quando vuoi puoi ritornare in acqua. Ma senti di non appartenere più a questo elemento e che in futuro abiterai sulla terra. — E mentre con l'aiuto degli arti anteriori ti trascini sulla pancia, si frappongono altre immagini più recenti — rammenti che anche da bambino stavi sulla pancia e cercavi di procedere aiutandoti con le braccia. Senti nascere dentro di te la stessa irrequietezza che ti ha spinto fuori dall'acqua — un'inquietudine che in qualche modo ti spinge ad andare avanti — e ti abitui sempre di più al nuovo elemento terra. — Le pinne si trasformano in robusti arti, così che tu possa muoverti più velocemente e sollevare talvolta il ventre da terra. Devi pagare un tributo anche al quarto elemento, al fuoco del sole, se non vuoi disidratarti irrimediabilmente — e così ti cresce una dura corazza, atta a proteggerti non solo dai raggi del sole, ma anche dai nemici sulla terra — hai una capacità di resistenza completamente diversa, che ti fa sentire nuovamente al sicuro e sempre più forte. Ti senti ancora minacciato dagli animali più grossi, ma anche tu inizi a rappresentare un pericolo per tutte le creature più piccole e più lente di te. Col tempo cacciare e mangiare diventano una cosa sola. — — — E di nuovo si frappongono altre immagini e ti rivedi e ti risenti bambino, quando camminando carponi cercavi di conquistare il mondo, mordendo tutto ciò che ti capitava a tiro. Ed anche queste immagini iniziano a svilupparsi ed alla fine riesci a sederti sulle ginocchia, con le mani a terra, a sollevare la pancia ed a camminare carponi e dalla gioia inizi a strillare e ad emettere altri versi da neonato. Adesso la tua sfera vitale è molto più estesa ed interessante; ora ritornano le vecchie immagini, anche qui ti sei sollevato da terra e ti muovi con più agilità su quattro zampe. Ora la spessa corazza è troppo pesante e costituisce un impedimento, ed al suo posto cresce una folta peluria. Anche a questo stadio hai imparato a muovere la testa indipendentemente dal resto del corpo e ad emettere dei suoni — i grugniti ed i suoni striduli di un mammifero preistorico. Riesci a coordinare sempre meglio i tuoi movimenti, che diventano sempre più agili, e conquisti il nuovo spazio vitale con forza ed energia — ricopri enormi distanze sulla sabbia e sull'erba — attraversi rocce e colline e ti arrampichi addirittura sugli alberi. Sei cosciente della tua forza e ti compiaci della potenza dei tuoi muscoli — è così naturale e succede esattamente al momento giusto — e tu vivi esclusivamente per questo momento — avverti la sua forza e la sua vitalità. È un gioco — un gioco a cui tu in questo momento stai giocando. — — — E di nuovo appaiono immagini più recenti — di quando eri bambino — di quando, immerso nell'attimo, eri seduto a giocare — e poi arriva il momento cruciale in cui tenti di alzarti e di stare in equilibrio unicamente sui tuoi piedini nudi — e ricadi subito. Ma ci riprovi di nuovo — finché non riesci a stare in piedi ed il mondo è diverso da questa prospettiva. Per la prima volta lo vedi dall'alto. È un equilibrio precario — ma per la prima volta ti reggi in piedi — ed il mondo è ai tuoi piedi. — — — Ora ritorni col pensiero nel mondo di immagini preistorico. Anche lì nel frattempo hai assunto la posizione eretta e guardi dall'alto il mondo primitivo. Cerchi i tuoi simili, creature che ti assomigliano, poiché ora non vivi più solo, ma in gruppo. Quando hai iniziato a camminare eretto hai imitato gli altri animali del gruppo. — L'imitazione è una fase cruciale della tua vita. Trovi divertente scimmiottare tutto e tutti. Quasi tutte le scimmie del tuo gruppo riescono a camminare erette, solo quando devono correre veloce si servono ancora di tutte e quattro le zampe. La curiosità che si è risvegliata in te è rivolta a tutto ciò che ti circonda ed anche alle altre scimmie del gruppo, ed alcune ti sono più simpatiche delle altre. Ed anche questo sentimento è del tutto nuovo e meraviglioso quasi quanto la nuova sensazione di leggerezza che ti pervade. Non sei più costretto a terra, puoi saltare, arrampicarti agilmente, sollevarti da terra e stare eretto: un senso di vivere del tutto nuovo! Ma i cambiamenti sono tutt'altro che finiti, poiché grazie alla tua curiosità ed al continuo scimmiottare i gesti ed i movimenti di altri animali, impari senza accorgertene. Anche i suoni che emetti si modificano, diventano più numerosi ed hanno un significato preciso. Impari a comunicare attraverso i suoni, prima con le scimmie del tuo gruppo con cui vai più d'accordo, in seguito tuttavia anche con quelle che odi, le più potenti, che dominano il gruppo, attraversi suoni più acuti ed aggressivi. E proprio ora si verifica una situazione di questo genere. Sei assieme al tuo compagno preferito, vi lisciate e pulite il pelo a vicenda, quando una delle scimmie più autoritarie e più grosse arriva ad infastidirvi.

Vuole separarvi e porta via il tuo partner. Ed allora senti nascere dentro di te una rabbia del tutto nuova. E senza pensarci prendi un sasso, che la tua mano ha afferrato inconsciamente, e lo lanci alla grande scimmia. La colpisci alla testa ed essa cade a terra priva di sensi e così puoi tornare dal tuo compagno preferito. Dentro di te si sviluppa una sensazione mai provata prima di allora di forza e di orgoglio, che aumenta quando vedi che fino a sera la grande scimmia non si regge in piedi. Barcolla e sembra che abbia paura di te. Ora puoi prendere ciò che vuoi e sei quasi grato al tuo avversario per questo avanzamento. Ora i sassi hanno un ruolo importante nella tua vita e migliori sempre di più la capacità di tirarli verso un bersaglio ben preciso. — — — E di nuovo affiorano immagini più recenti: sei un bambino e stai giocando con i tuoi amichetti con dei ciottoli rotondi e lisci. Alcuni formano un grande arco nell'aria e quando tua mamma ti proibisce di tirarli, ti opponi fermamente a questo divieto e sulle tue labbra si forma un secco e silenzioso «no». Ti trasferisci con i tuoi amici dietro casa e lì i sassi volano ancora meglio. Una nuova forza e soprattutto una ferma volontà, oltre che una crescente iniziativa, iniziano una nuova fase della tua evoluzione. — Ora ritorni nell'età antica, sei con i tuoi simili nel mondo preistorico, possiedi utensili molto semplici ed utilizzi un linguaggio di suoni primitivo ed entrambi sono estremamente utili in questo mondo non privo di insidie. La fitta peluria di un tempo è quasi del tutto scomparsa e per non patire il freddo devi coprirti con pelli di animale. Avverti chiaramente la tua vulnerabilità, che riguarda soprattutto il ventre morbido ed indifeso. Così hai inventato delle armi per proteggerti e per cacciare gli animali, a cui ora devi rubare la pelle ed il pelo, per proteggerti e per riscaldarti. Senti la crescente superiorità che l'intelligenza ti conferisce, ma anche l'inferiorità fisica rispetto agli animali che vivono nei paraggi della tua caverna. Tuttavia sei forte e muscoloso e puoi anche confidare nella solidarietà della comunità della caverna. Senti di nuovo un'irrequietezza nascere dal profondo, la stessa irrequietezza che ti ha portato fino a qui e che ti permette di imparare cose sempre nuove. E di nuovo affiorano immagini più recenti. — Hai tre anni, sei vivace ed ingegnoso, giocando scopri il tuo mondo, impari sempre cose nuove, le tue dita diventano più abili ed i tuoi pensieri più veloci e smaliziati. Hai un unico scopo — vuoi diventare grande e forte come mamma e papà — vuoi conoscere e sapere fare tutte le cose che fanno loro — — — ed hai la strana sensazione che la prossima tappa dell'evoluzione ti condurrà proprio lì — direttamente qui ed ora. A questo punto le immagini confluiscono, le nuove e quelle vecchie — poiché anche il prossimo passo dell'uomo preistorico lo condurrà qui — nel presente in questo preciso istante — nella meditazione, nella sala della conoscenza di se stessi nel tuo tempio — ed ora non hai solo l'impressione, bensì sai con certezza che tutte le tappe dell'evoluzione vivono ancora dentro di te, hanno lasciato delle tracce, che possono rivelarsi utili ancora oggi. Ci sono ancora tracce della nostra provenienza dall'acqua, — siamo ancora creature anfibie, che possono adattarsi sia all'acqua che alla terra. Delle scimmie ci è rimasta la curiosità e la socievolezza e degli uomini primitivi l'abilità e l'inventiva. Possiamo avere ereditato anche altre caratteristiche, ad esempio potresti domandarti se hai mantenuto ancora oggi la dura corazza dell'era dei rettili — anche se in senso figurato. — — — Sei ancora nella fase dell'imitazione oppure ti sei evoluto alla fase successiva della libera creatività? — — — E come si è svolta la fondamentale tappa che ti ha portato dalla fase in cui camminavi carponi a quella in cui hai iniziato a camminare sugli arti inferiori? Con la conquista della posizione eretta è subentrata anche la sincerità nella tua vita? — — — Ti rendi conto di come sia importante ricordare la propria storia e riconoscere e comprendere che essa influisce su di noi ancora oggi e di come sia importante lasciarci definitivamente alle spalle le fasi precedenti ed essere aperti alle novità. Anche i principi dell'età arcaica continuano ad esercitare un forte influsso. Ancora oggi infatti impariamo soprattutto dai nostri nemici ed i passi avanti decisivi derivano da errori commessi e da difficoltà superate. E ti domandi in che misura oggi sei disposto ad integrare ciò che è nuovo, sconosciuto e nemico per evolverti. Ora, in questo momento, in cui sai di essere al centro delle correnti del tempo, riesci ad essere del tutto sincero. Attualmente puoi essere responsabile della tua evoluzione, lo senti fin nelle ultime fibre del tuo animo. Hai accesso a tutte le immagini ed ai modelli del passato, anzi continui a vivere grazie a loro. E le novità sono a portata di mano di fronte a te. Ora ti poni le domande essenziali. Sono pronto ad integrarmi con il mondo o assomiglio piuttosto ancora all'egoista organismo unicellulare? — — — La mia vita procede nella fondamentale direzione dell'evoluzione? — — — La mia vita accresce l'armonia e l'ordine nell'ambiente che mi circonda e nel mondo — oppure accresco — come un'ulcerazione carcinomatosa il caos attorno a me? — — — Qual è in questo momento il punto chiave del mio sviluppo? E dove mi porterà il mio prossimo stadio di sviluppo? — — — Concediti un po' di tempo e la risposta a queste domande verrà da sé. — — — In anticamera, nella stanza delle porte, ogni domanda ha una sua porta. — — — In generale ogni domanda ha la sua porta, dietro alla quale trovi domanda e risposta. — — — Così puoi decidere di aprirle oppure di ritornare alla realtà — ed orientarti con un respiro profondo nello spazio e nel tempo.

14. Meditazione
Sfere vitali

Sei sdraiato comodamente al tuo posto di meditazione e ti abbandoni alla base d'appoggio — ed ai suoni — al tuo respiro ed all'intera situazione — chiudi le palpebre e nel contempo avverti il flusso della distensione in tutto il corpo. Collegato al respiro, esso procede come un'onda — ora o tra poco — e trascina ogni tensione via con sé. — E la distensione penetra in fondo alla testa — e dal suo centro nel collo e poi in tutto il corpo — liberando il petto e la schiena — ed ampliando la sorgente di energia in mezzo al petto. — Il respiro scorre per così dire attraverso il cuore — l'energia viene assimilata inspirando e liberata espirando, e così respiri con il cuore, come in un cerchio. Il flusso del respiro scorre nel grande cerchio — entrando dal naso — irrorando il corpo ed uscendo nuovamente dalla punta delle dita di mani e piedi. — Respiri normalmente — dolcemente e consapevolmente — eppure con il cuore. Ora la distensione si diffonde ancora più velocemente — in un attimo raggiunge il ventre ed il bacino, le gambe ed i piedi. — Espirando tutto il superfluo esce dalla punta delle dita di mani e piedi — e tu te ne liberi volentieri. Il respiro lo porta via e poi ritorna al cuore, sciogliendo ogni contrazione e dispensando energia — nel grande cerchio. Lo spazio ed il tempo perdono il loro valore ed indifferentemente dal livello di profondità raggiunto, il viaggio ti conduce ancora più in basso. Ieri, oggi e domani confluiscono in questo momento — e così non esiste un tempo in cui sei stato sdraiato ed un tempo in cui giacerai. In questo momento — ora — sei al sicuro nel grande cerchio del respiro. — L'inizio e la fine coincidono. Il grande serpente del tempo si morde la coda e si trasforma nel cerchio del respiro — ed il suo centro è il cuore — il tuo cuore. Il respiro danza intorno a questo centro e contemporaneamente scorre attraverso di esso. Apre ed allarga. — Ed anche se per ora non senti niente in particolare, qui tutto è possibile. Il centro contiene il germe di ogni cosa ed è quindi la fonte dello spazio e del tempo. Una cosa tuttavia ti è chiara e cioè che la radice del mondo diviso bipartito è nel tuo centro — nello spazio tra la testa sopra ed il bacino sotto — la schiena dietro ed il petto davanti — in questo centro non c'è nulla, c'è solo silenzio — c'è tutto. — Ti immergi in questo campo illimitato — davanti al tuo occhio interiore compare il tempio — ed al prossimo pensiero sei già in esso e nella sala della conoscenza di se stessi — sei già accomodato sul tuo divano al centro, direttamente sotto alla cupola — il divano è circondato da numerosi cerchi di luce ondulati, che ricoprono tutto l'ambiente — come se partissero da te — come i cerchi che si formano quando si getta un sasso nell'acqua. Ora osservi il mandala sopra di te — ed ancora una volta guardi prima i cerchi e gli archi esterni e poi il tuo sguardo viene attirato all'interno, al centro del cerchio magico. Il centro del mandala ed il centro della cupola coincidono — nel punto in cui, quando chiudi gli occhi, riesci a vedere ed a sprofondare nella realtà al di là di quest'ultimo. Ora sullo schermo nella cupola vedi lo stesso modello — dei cerchi che si formano a partire dal punto al centro, che si allargano come un'onda e che compongono un mandala di luce che alterna cerchi chiari e cerchi scuri. In mezzo la luce è più forte e luminosa, man mano che si procede verso l'esterno ed i cerchi diventano sempre più grandi invece è sempre meno intensa, finché non cessa del tutto e l'ultimo anello di luce più esterno è quasi buio e circondato da una profonda oscurità. L'immagine luminosa del mandala ricopre il tuo intero campo visivo. Ed ora nel centro da cui sono nati tutti i cerchi, vedi qualcosa che si muove — prendono vita delle figure — nasce una storia — una sorta d lungometraggio su di uno schermo rotondo. I cerchi luminosi non scompaiono del tutto, ma si affievoliscono e formano una specie di motivo sullo sfondo della storia, come se volessero dimostrare che l'azione si è notevolmente allontanata dal centro. Le figure diventano più concrete e familiari. Nel mezzo siede un uomo molto anziano e paterno — il suo viso esprime saggezza e bontà. I suoi tratti non sono propriamente quelli di un vecchio, ma sono aperti e sapienti, impregnati di esperienze atemporali. I suoi occhi esprimono amore e comprensione per entrambi i suoi figli. Mentre l'uomo anziano riposa nel suo centro in assoluto silenzio, uno dei suoi figli, quello con i capelli castani, distoglie il suo sguardo da questo centro contemplativo e lo rivolge al di fuori del cerchio all'esterno del suo podere. Egli esce dal seminato, vaga per i palazzi della città e nei fertili campi, senza mai fermarsi. Suo padre lo mette amorevolmente in guardia contro i pericoli e le insidie del mondo. Ma il giovane non si fa scoraggiare, vuole a tutti i costi proseguire il suo viaggio e pretende la sua parte di denaro corrispondente al valore della fattoria e della terra. Alla fine il padre, anche se a malincuore, acconsente, ma non condivide la rabbia dell'altro figlio. Senti, ora o tra poco, che la scena sullo schermo ti coinvolge in particolar modo — più che un qualunque film, — ti identifichi nei personaggi. Mentre il padre ed il figlio biondo restano nel podere nella chiara luce del centro, il figlio dai capelli scuri si allontana e supera già il primo cerchio di luce. Qui diventa lentamente sempre più buio. Egli fa le sue esperienze e ci rimette. La dolce vita ha il suo prezzo e lo pretende a tutti i costi. Il denaro del padre scompare nelle tasche di astuti osti e ragazze seducenti. Sembra che tutto si possa comprare e che tutto abbia il suo prezzo ed il ragazzo vuole fare tutte le esperienze possibili ed alla fine spende le ultime monete per un paio di bicchieri di vino. — Al gioco perde addirittura i suoi eleganti vestiti. Ora ha già superato molti cerchi e la luce è fioca. Eppure deve continuare per la sua strada. Col sudore guadagna lentamente e faticosamente qualche soldo e molti calli ed umiliazioni. I soldi guadagnati però se ne vanno velocemente per qualche piacere di breve durata. Alla fine, quando ha varcato anche il cerchio di luce più buio ed ha raggiunto l'oscurità esteriore, anche le ultime speranze si sono volatilizzate. Egli ha contratto così tanti debiti, che anche il più duro dei lavori non basterebbe ad estinguerli. Abbandonato dai suoi compagni di bevute, di gioco, dalle sue amanti corrotte ed anche dai pochi amici rimasti, è costretto ad ammettere che in realtà egli è solo e che lo è stato per tutto il tempo. Non c'è nessuno che lo possa aiutare, che gli possa stare vicino in questo momento estremamente difficile. Egli è colto da una profonda disperazione e non vedendo vie d'uscita decide di farla finita con la sua misera vita. Immerso nella più assoluta oscurità e nella più profonda impotenza, gli appare l'immagine del padre e nel medesimo istante pensa di tornare a casa. In questo momento egli è perfettamente conscio della sua miseria, del suo completo fallimento e delle sue condizioni disperate. E quando si volta per tornare a casa sa che dovrà ripercorrere tutta la strada, ammettere e rivivere tutti gli errori commessi ed i suoi progressivi fallimenti. Egli supera un cerchio dopo l'altro. L'orgoglio e la brama di potere dell'andata si sono trasformati in rassegnazione ed umiltà e ad ogni passo sulla via del ritorno la luce diventa più forte. L'amore verso il padre, l'unica soluzione, cresce con la modestia e con la luce sempre più intensa. Quando finalmente attraversa il cerchio più interno, il padre lo aspetta a braccia aperte. Il figliol prodigo è tornato a casa e viene organizzata una grande festa in suo onore. Padre e figlio sono di nuovo insieme e tutti partecipano alla loro gioia. Solo il figlio rimasto a casa è pieno d'invidia e di risentimento. Lui è rimasto sempre accanto al padre, ma nessuno ora si occupa di lui. Non ha fatto né errori, né tanto meno esperienze, ha trascorso la sua vita nella luce, ma il padre ha più attenzioni per il figlio dal passato oscuro. Mentre le immagini della rumorosa festa riempiono la cupola, capisci il loro significato: questa non è solo una parabola — bensì **la** parabola. Ripercorre la strada di ogni uomo nel modello del mandala. È la stessa strada che ha percorso il giovane Parsifal: anch'egli ha abbandonato la sicurezza della casa paterna ed ha affrontato il mondo ostile, sbagliando e fallendo. Ed anche lui deve tornare indietro e ripercorrere la dura strada della consapevolezza, finché non è abbastanza maturo per trovare il Gral in se stesso e per riconoscere che «il re ed il paese sono una cosa sola». Ora nel motivo del mandala puoi ritrovare anche le tracce di Gautama, il Buddha. Anch'egli dovette rinunciare alla sicurezza del centro e sperimentare sulla propria pelle il male del mondo, per poi trovare la redenzione nuovamente al centro, nel proprio centro. E puoi ritrovare le tracce di innumerevoli eroi delle fiabe nel motivo luminoso del mandala. Hanno tutti percorso questa strada e lo fanno tuttora: abbandonano l'unità del centro — affrontano le difficoltà del mondo — e ritornano nell'unità del centro — dove il tempo e lo spazio non hanno valore e dove regna l'eternità. Il percorso dell'uomo, e quindi anche il tuo, è rappresentato nel mandala di cerchi luminosi e tu osservi a che punto sei sulla strada che conduce fuori dall'unità del centro e puoi di nuovo in essa. — — — Non solo riconosci nel mandala sopra di te le tappe più importanti della tua vita, ma contemporaneamente le rivivi. Provi di nuovo una sensazione di libertà, prima di venire al mondo — essere tutt'uno col mondo prima del concepimento — e poi venire risucchiato dal vortice del concepimento — essere rinchiuso nella calda oscurità del grembo materno — una sensazione di sicurezza e di unione con la madre — e la grande madre — il caldo e protettivo liquido amniotico del mare primordiale — e la tua continua crescita, finché l'ambiente in cui ti trovi non diventa sempre più stretto ed infine la pressione si fa quasi insostenibile. La pressione è così elevata che vieni spinto fuori, devi, che tu lo voglia o meno, abbandonare il sicuro ventre materno. Fuori è tutto così nuovo e freddo! La strada conduce sempre più lontano dal centro — ed il legame interiore che ti unisce con tua madre è sempre meno vincolate, anche quando sei ancora attaccato al suo seno ed avverti il suo calore e la sua vicinanza. Non vieni più automaticamente nutrito attraverso il suo sangue, ora devi succhiare per procurarti il latte — ed infine anche questo stadio finisce. Cresci e diventi pesante, troppo pesante per essere sempre portato in braccio dalla mamma. Spesso ora resti indietro. E se non sei tu a muoverti, il mondo resta fermo. È abbastanza faticoso: carponi ti allontani ulteriormente dal centro del mandala della vita. E poi devi addirittura staccarti dalla Madre Terra, prima malfermo sulle gambe, poi sempre più sicuro, finché, raggiunta la posizione eretta, non inizi ad andare per la tua strada

— ancora più all'esterno del mandala luminoso della vita. Poi arriva il momento in cui pensi e dici il tuo primo «no». Ora niente ti è più indifferente. Non lasci più che siano gli altri a decidere per te e ad ogni «no» ti allontani sempre più dal centro — superi un cerchio luminoso dopo l'altro — e quando infine scopri la tua sessualità, smetti definitivamente di essere un bambino — non solo cresci fisicamente, ma diventi anche più maturo — e, passo dopo passo, abbandoni l'unità e raggiungi il mondo dei contrasti. Qui fuori è tutto diviso — anche tu non sei che un mezzo uomo ed inizi a cercare la tua dolce metà, il tuo partner. Nel mondo della dualità questa ricerca è disperata. Non cerchi solo un partner, ma anche un lavoro ed infine successo e riconoscimenti — e lo scopo della tua vita e molte altre cose ancora. Nel mondo delle contraddizioni i desideri non hanno fine. Tutto d'un tratto le immagini nel mandala cambiano aspetto, diventano più impersonali — ed al tuo posto vedi un peloso uomo primitivo, che esce cautamente dalla sua caverna, che abbandona la Madre Terra e che, armato di spada, si avventura nell'aperta pianura. E ti rendi conto che questo modello non riguarda unicamente quest'uomo, ma simboleggia la storia dell'umanità. Gli uomini nell'antichità vivevano in armonia con la natura, al riparo nelle caverne della Madre Terra. Ma anch'essi in seguito hanno percorso le stesse tappe del figliol prodigo, di Parsifal, degli eroi delle fiabe, di Buddha e di te stesso. Anche i primi uomini si sono ribellati contro l'unità della grande madre e si sono così allontanati passo dopo passo da essa. Hanno rinunciato al paradiso della naturale armonia con le creature viventi, per acquisire conoscenze e per esercitare potere sulla natura e sulla Madre Terra e ci sono riusciti passo dopo passo — tra sofferenze e tormenti, procedendo per la via che li ha condotti lontano dal centro, fino ai margini più esterni del mandala della vita. Hanno perlustrato tutti i cerchi, anche quelli più esterni, ed infine hanno scoperto che la meta era dietro di loro, anzi dentro di loro — il centro del mandala rappresenta l'inizio e la meta finale. Ed ora riconosci anche te stesso ed il tuo percorso — nel medesimo mandala di cerchi luminosi — ti imprimi nella memoria la simbologia senza tempo di questo percorso: dal centro fino all'estremità esterna del mandala, il campo di maggiore estensione e tensione, forza ed oscurità, il punto della catastrofe e dell'inversione — ed il consapevole ritorno all'unità del centro. — — — Ogni uomo è da qualche parte su questa strada — lo vedi e questo dato di fatto ti aiuta ad avere più comprensione e compassione per i tuoi simili. — Ed osservi con comprensione e compassione anche il posto che momentaneamente occupi nel mandala della vita. — — — E quando ora — con questo modello di percorso nel cuore — ritorni indietro, senti che non te ne dimenticherai mai più. Anche se volessi respingerlo, non sarebbe possibile, poiché è ancorato troppo profondamente nell'anima di ogni uomo — ed una volta scoperto rimane per sempre. Ed ora che ti alzi e che ritorni nella stanza delle porte, hai di nuovo la possibilità di aprirne un'altra, ad esempio quella con la scritta «La strada che ho percorso finora». Dietro a questa porta potrai scoprire tutte le situazioni concrete del tuo percorso in relazione al modello originale. — Oppure puoi uscire dal tempio — vibrando con il respiro — ed inspirando ed espirando profondamente ritornare alla realtà ed orientarti consapevolmente nello spazio e nel tempo.

15. Meditazione
Viaggio nel tempo — riconciliazione con la propria storia

Sdraiati nuovamente comodo e rilassato — con le gambe unite — le braccia lungo il corpo ed ascolta la tua voce interiore — senti il dolce flusso del respiro ed il peso del tuo corpo sulla base d'appoggio — abbandonati — ed affida il tuo peso al supporto e te stesso al flusso del respiro — ed ai suoni ed alle vibrazioni che ti accompagnano sulla strada che conduce in te stesso ed alle immagini ed ai modelli della tua vita. Se non lo hai già fatto, chiudi gli occhi e rivolgi tutta la tua attenzione all'interno — il flusso della distensione segue il solito percorso — i muscoli del viso diventano consapevoli — e tu ti rilassi — ti lasci andare — ed una morbidezza vellutata si diffonde fino alle tempie — il flusso penetra in profondità, raggiunge il centro della testa e scorre verso il basso nel collo e nella nuca — nelle spalle e nella schiena — ed i muscoli si rilassano — la schiena si allarga — e tu sprofondi nella base d'appoggio e nella distensione — ora o tra poco — lasciati andare e fai scorrere il flusso — nel petto e dietro nella schiena — è così facile ed anche il respiro diventa più consapevole e dolce. — Ogni volta che inspiri ti senti più leggero e libero — ed ogni volta che espiri sprofondi ancora di più nella quiete del centro — e qui, in mezzo al torace, il flusso apre la fonte energetica del tuo cuore e si unisce ad essa — e questo flusso congiunto, ampio e caldo, si diffonde in tutte le direzioni e soprattutto più in basso, nel ventre e nel bacino, e già ora, o in ogni momento, trascinerà con sé ciò che potrebbe costituire un impedimento sulla via che porta al proprio centro. — E così il flusso dal bacino scorre nelle gambe e giù fino ai piedi. Ogni volta che espiri espelle dalla punta delle dita di mani e piedi ciò che ostacola il viaggio in te stesso. — E così ad ogni respiro diventi più libero ed ogni volta che inspiri più ampio e leggero — il centro si apre automaticamente — quello spazio tra la testa sopra ed il bacino sotto — la schiena dietro ed il petto davanti — quello spazio centrale, in cui ora ti cali per raggiungere il paesaggio familiare che circonda il tuo tempio e che ti accoglie. Sei sulla strada che conduce al tempio ed osservi tutto molto attentamente — il suo aspetto esteriore e l'entrata — la prima stanza e le scale che ti conducono al piano inferiore nella stanza delle porte — gli innumerevoli ingressi con le varie scritte nella stanza circolare — e la porta che conduce nell'ormai nota sala della conoscenza di se stessi. Tuttavia l'atmosfera non è mai stata così intima — ti senti accolto calorosamente, quando ti accomodi sul divano ed il tuo sguardo si sofferma sulle strutture circolari del mandala nella cupola sopra di te. Una volta arrivato al centro, le palpebre si chiudono e lo sguardo oltrepassa il centro del mandala — ed in questo momento ti rendi conto che il centro è dentro e fuori. Sei al centro del mandala — ed il centro del mandala è in te — sei nel tempio ed il tempio è dentro di te — sei e forse senti già il tempio ed anche il mandala — ed il mondo che rappresenta — ed ogni tuo atomo — il cosmo ed ogni singola cellula — la terra ed il tuo corpo. — — — Contemporaneamente vedi tutto questo sullo schermo nella cupola — le immagini luminose vengono proiettate sovrapposte — ed il vortice di energia del cosmo ed il suo centro sfumano dal centro nel mondo di un unico atomo — e dal suo centro nasce una cellula — dal suo nucleo si sviluppa la terra — la Madre Terra — il nostro pianeta blu attorniato da nuvole bianche — dagli abissi del centro della terra risplende il suo rosso nucleo incandescente, che si trasforma in un cuore, nel tuo cuore. — Ed il tuo corpo prende forma da questo centro — con le braccia e le gambe divaricate forma una stella a cinque punte che si sovrappone al mandala della terra — eppure anche la terra è ancora visibile. — — — Vedi la tua stessa figura che forma un mandala, distesa sulla sfera terrestre. Così come Prometeo sembra forgiato nella roccia, il tuo corpo sembra lavorato nella terra. Sarà il pensiero al destino di Prometeo oppure l'omogeneità della materia — ma senti affiorare in te un sentimento compassionevole — provi compassione per la figura forgiata nella terra. E più ti immedesimi in essa, più ti senti legato alla terra e responsabile nei suoi confronti, oltre che per te stesso — per il tuo passato ed il tuo futuro e per questo istante. Inizi ad osservare te stesso e la terra. Ciò non fa che aumentare la tua compassione e ti rendi conto del dolore che entrambi dovete sopportare e nel contempo riconosci la necessità di essere paziente ed umile. Condividi questa pazienza — e l'umiltà di questo istante ti fa capire che tutti i dolori ed i problemi del tuo corpo e della terra, sono dei segni — dei segnali che ti vogliono riportare alla realtà. Il corpo, il tuo e quello della terra, sono estremamente sinceri e basta ascoltare ed accettare i suoi messaggi. Ed ora lasci che questo accada — pieno di compassione per tutta la sofferenza sopportata ed accettando umilmente la realtà. Dall'umiltà dell'accettazione e dalla compassione per il dolore, nasce forse già ora il desiderio di renderti utile — di aiutare il corpo e l'anima dell'uomo e della terra — e te stesso. — — — E così come hai constatato l'identità tra il tuo corpo e quello della terra, riconosci anche l'illusione dello scorrere del tempo. Riesci facilmente a ricordare la tua infanzia e giovinezza e quelle della terra. E quando guardi indietro nel tempo, non è solo il tuo corpo, ma anche quello della terra ad apparire più giovane nel mandala sullo schermo. E poiché il tuo ed il suo corpo sono strettamente collegati nello spazio e nel tempo, capisci che tutto ciò che fai a te stesso lo fai anche alla terra e che tutto quello che fai al mondo lo fai anche a te stesso. E questo dato di fatto non è solo doloroso, ma fa nascere anche una speranza. Se aiuti te stesso infatti, aiuti anche la terra e se aiuti la terra, aiuti anche te stesso. A questo punto torni indietro con la memoria alle situazioni particolari ed importanti della tua vita. Prima ti vedi solo un po' più giovane — in occasione del tuo ultimo compleanno — a cui presenzi con il tuo aspetto attuale — cogli l'occasione di raccontare al tuo io più giovane ciò che lo aspetterà in futuro, di tranquillizzarlo per ciò che tu conosci già e di cui lui invece non è ancora al corrente. Il tuo io più giovane riconosce la tua autorità dovuta alla maggiore età ed accetta di buon grado i tuoi consigli ed il tuo sostegno, senti addirittura a livello fisico che il tuo io più giovane si tranquillizza sul futuro a te familiare. L'addio è affettuoso, poiché nessuno è più intimo di voi due. — E poi vai ancora più indietro nel tempo — sempre più in là — fino al tuo ultimo giorno di scuola, che rappresenta la fine di una parte importante della tua formazione. Ora vedi te stesso accanto alla persona molto più giovane che eri un tempo e che in un certo senso sei ancora. Il tuo io più giovane è incuriosito e stupito, ma ti riconosce subito, nonostante il tuo aspetto oggi sia cambiato. Cogli di nuovo l'occasione per tramandare la tua saggezza al tuo io più giovane e per tranquillizzarlo sul futuro. Grazie alla tua esperienza puoi spiegargli tutto ciò che per lui è nuovo e sconosciuto. Tu sai cosa lo aspetta in futuro, mentre il tuo io più giovane è spaventato a riguardo, ma riesci a dissipare anche questo timore. E quando la tua metà più giovane si rilasserà, anche tu farai lo stesso — senti che il tempo vi unisce. In questo modo puoi rimettere ordine nella tua vita passata. E questa nuova armonia si ripercuoterà anche sul presente. Ora torni ancora più indietro nel tempo al primo giorno di scuola — col tuo aspetto attuale ti siedi in banco con il tuo io più giovane. Il periodo scolastico per lui è una grande forza sconosciuta, tu invece sai esattamente come si svolgerà. Così lo puoi nuovamente tranquillizzare e puoi scacciare le sue ansie. Ciò che all'inizio sembra una difficoltà insormontabile, come ad esempio tutti gli esami che dovrai sostenere, alla fine si rivela molto meno complicato del previsto e per nulla inquietante. E così scompaiono tutte le paure e le pene di questo periodo e percepisci nel presente che le vecchie tensioni si dissolvono. — Cogli anche l'occasione per condividere con il tuo fratello più giovane le tue esperienze amorose e per dissipare anche in questo senso le sue paure, come l'aria che esce da un palloncino. È divertente sciogliere i nodi della paura ed è facile, vista la tua maggiore età. I cangianti nodi della paura scoppiano come bolle di sapone di fronte alle tue esperienze vissute ed al tuo io più giovane tutto ciò sembra un miracolo ed il suo stupore aumenta ancora di più quando gli sveli l'illusione del tempo. Egli vorrebbe che tu restassi sempre al suo fianco ed è confortante sapere che effettivamente resterai sempre con lui, dal momento che il tempo non esiste. Sul piano della realtà tuttavia ti congedi, perché anche il bambino che eri un tempo ti sta aspettando. Vai indietro nel tempo illusorio fino al giorno in cui hai imparato a stare in piedi da solo ed in cui questa tua conquista ti ha riempito di orgoglio. Il bambino ancora malfermo sulle gambe non si stupisce dell'improvvisa comparsa dell'adulto rassicurante che tu stesso sei e la tua visita si svolge in un clima di distensione e di calma. Il piccolo ego è così immerso nell'attimo e nel raggiungimento della posizione eretta, anche se ancora traballante, che non mostra particolare interesse per il futuro, comunque ascolta i tuoi consigli, che si riveleranno utili per capire meglio i suoi genitori e per sentire dalle parole di un adulto come sono realmente i grandi. Hai l'impressione che questa visita sia quasi più importante per te che per il tuo ego bambino. È così bello essere piccoli e vorresti che il tempo si fermasse qui — per potere vivere come un bambino. L'avevi quasi dimenticato: ma puoi farlo, perché il tempo non esiste — e così sei di nuovo piccolo, sei pieno di energia ed hai sempre voglia di giocare e di vivere. È difficile abbandonare il giorno in cui hai imparato a camminare. — Eppure devi ritornare al giorno in cui sei venuto al mondo. Incontri il minuscolo feto che eri prima di nascere, puoi prenderti in braccio e far capire senza bisogno di parole alla creatura che hai di fronte, che le sarai sempre vicino. Puoi infonderle sicurezza e così il bambino potrà essere sereno e fiducioso per i primi due anni di vita. «È tutto in ordine» e lo resterà anche in futuro. Sai che il bambino, nei cui tratti riconosci te stesso, ti capisce. Lo sai perché egli acquista fiducia e si libera in parte della tensione accumulata dalla nascita. Ed anche tu ti senti rilassato ed estremamente tranquillo. Ogni minuto della vita trascorsa è strettamente collegato con il presente e così ogni distensione nel tuo passato si ripercuote naturalmente anche su questo istante, a cui ora fai ritorno. E siccome non c'è una separazione tra passato e presente, anche il futuro ed il presente devono essere strettamente collegati. E così come il neonato vive ancora in te, deve esistere anche un io anziano e saggio dentro di te. Al solo pensiero sei proiettato in avanti nel tempo e ti trovi al cospetto dell'uomo illuminato che sarai in futuro e che in un certo qual modo sei da sempre — col tuo aspetto attuale sei di fianco al tuo io anziano — ancora una volta il legame che vi unisce è subito molto stretto ed intimo ed ha inizio uno scambio, che non è tanto una conversazione, quanto una condivisione di sensazioni. Il tuo vecchio e saggio ego ti ispira fiducia — fiducia nel tuo futuro, che deve ancora essere vissuto — sei consapevole che la strada continua fino alla quiete ed alla pace interiore — fino alla saggezza. Già ora provi qualcosa di simile e nel tuo cuore si diffonde una profonda calma del tutto nuova. Il vecchio uomo saggio che tu stesso sei, ha già percorso quella che sarà la tua strada e sarà sempre al tuo fianco — non in modo così evidente come ora — ma in un modo o nell'altro sentirai comunque la sua presenza. E puoi fargli visita ogni volta che lo vorrai — sulle ali dei tuoi pensieri — così come potrai tornare dal tuo io bambino. In questo momento ti rendi conto di come si assomiglino, l'anziano uomo saggio ed il bambino. Con entrambi ti intendi senza bisogno di parole — ed i loro tratti messi insieme danno vita ad una creatura — tu. — — — È come se il bambino guardasse attraverso gli occhi dell'uomo vecchio e saggio e grazie a quest'ultimo, al tuo io invecchiato, capisci cosa vuole dire ritornare bambino. — — — E questi occhi lucenti e benevoli ti rivelano anche altre cose. In essi riconosci il motivo di questo tuo viaggio nello spazio e nel tempo — perché così come la separazione dei tempi è un'illusione, lo è anche la separazione tra uomo e terra. Anche tu ed il mondo siete tutt'uno. Non solo te ne rendi conto, ma lo senti e lo vivi personalmente. E così come l'ordine e l'armonia che hai stabilito tra il tuo passato ed il tuo futuro hanno portato la calma e fatto chiarezza nella tua vita attuale, contemporaneamente anche il mondo in cui vivi deve condividere questi benefici — lo avverti chiaramente. Riconciliarsi con la propria storia significa riconciliarsi anche con la storia della Terra. — Aiutare se stessi, significa aiutare anche la terra. — Salvare se stessi, vuol dire salvare la terra.

— Salvare la terra comporta la propria salvezza e nel contempo la salvezza del pianeta. — — — Con questa sensazione di unione e di identità con il mondo ritorni sul tuo divano nella sala della conoscenza di se stessi e sei riconoscente per le cognizioni acquisite — e grato alla creazione vivente. — — — Quando esci di qui e ritorni nella stanza delle porte puoi scegliere di aprire qualsiasi porta. E vedrai che per ogni fase della tua vita vissuta finora, esiste una porta d'ingresso e ne esiste anche una su cui compare la scritta: «Il mio ego anziano e saggio». — — E non ha nessuna importanza se ora decidi di aprire una delle porte e mettere ordine in un'ulteriore fase della tua vita oppure se preferisci uscire dal tempio, senza dimenticare nulla di questa esperienza, e ritornare immediatamente alla realtà con un respiro profondo.

16. Meditazione
Guarigione

Sdraiati di nuovo comodo e rilassato — con le gambe unite — e le braccia lungo il corpo — lascia che gli occhi si chiudano. — Ancora una volta ti metti in viaggio nel mondo interiore delle fantasie e delle immagini, dei colori e dei suoni, delle oscillazioni e dei modelli — affidi il tuo corpo alla base d'appoggio e te stesso al paese dei sogni e delle fantasie — percorri l'ormai nota strada che conduce nel regno delle tue immagini interiori e delle immagini del mondo. — Mentre il corpo sprofonda ancora più in basso, tu sei più tranquillo e cosciente — ascolti la tua voce interiore che proviene dal profondo. — E mentre le ormai familiari onde della distensione si propagano sin all'interno della testa e si fanno strada nel resto del corpo, raggiungendo prima la fonte energetica del cuore, poi l'altro centro nel ventre, si apre ancora una volta lo spazio centrale tra il bacino sotto e la testa sopra, la schiena dietro ed il petto davanti — il tempio interiore del corpo. — E come hai già fatto più volte, ti immergi in questo spazio e sprofondi finché non incontri nuovamente il paesaggio conosciuto — quel paesaggio che nasconde il tuo luogo di forza, il tempio della conoscenza e della realizzazione di se stessi. — — — E quando questo tempio come per incanto compare di fronte a te, provi una sensazione familiare, quasi intima — ma sai anche che è tutto un sogno, il paesaggio ed il tempio di fronte a te — e tutta la tua vita futura — sono visioni oniriche di un mondo irreale — e si rifanno tutte allo stesso modello — colorato e vivo — potente e talvolta coinvolgente — eppure si tratta solo di un'illusione, di un sogno — e resterà tale fino al momento in cui ti sveglierai e ritornerai alla realtà dello spazio e del tempo e ti renderai conto che quest'attimo è unico e prezioso. Visto che la realtà è un sogno, è bene conoscere i diversi mondi dei sogni, sia quello diurno che quello notturno, con le infinite possibilità che ciò comporta; ed anche quello in cui ti trovi in questo momento. E nonostante le numerose esperienze già vissute, ti rendi conto che le opportunità di questo livello sono tutt'altro che esaurite e che molte non sono ancora state scoperte. In tutte le tue visite al tempio infatti, ti sei limitato al piano inferiore, ed anche qui esistono ancora innumerevoli porte da aprire ed opportunità da sfruttare. — Quando ora entrerai nel tempio, resterai tuttavia al piano superiore e ti guarderai nuovamente intorno. — Presto individuerai una porta con la scritta: «Sala della trasformazione». — Aprila ed entra nella sala della trasformazione, che non ti è del tutto sconosciuta, dal momento che per molti versi assomiglia alla sala della conoscenza di se stessi al piano inferiore. Tuttavia, addossati ai muri, ci sono molti oggetti misteriosi mai visti prima — che sembrano usciti da un film ambientato nel futuro, creazioni luminose ed apparecchiature mediche singolari. Anche qui al centro della stanza trovi il familiare divano — e un'atmosfera pervasa di essenze profumate e di luce. Sul soffitto c'è addirittura una cupola simile a quella che ormai conosci bene — e sotto c'è un divano su cui ti accomodi. Riconosci immediatamente che anche questo mandala della cupola offre opportunità misteriose, anche se diverse da quelle sperimentate finora. — Ti distendi comodamente sul divano. — Il tempio ti ha già rivelato talmente tante cose di fondamentale importanza, che guardi a queste nuove opportunità con gioia e distensione. — Mentre sei sdraiato — guardi in alto e rammenti il cartello sulla porta che reca la scritta: «Sala della trasformazione», così cominci a pensare alle opportunità di questo luogo. Qui hai la possibilità di modificare in esperienza personale tutto ciò che hai scoperto in basso nella sala della conoscenza di se stessi e tutto ciò che ti hanno rivelato finora le varie porte della stanza circolare — puoi impossessarti di queste conoscenze. Così la sala della trasformazione è anche un luogo di guarigione, che ti mette a disposizione tutti gli strumenti possibili ed immaginabili, per raggiungere la salvezza e la completezza. Se ad esempio hai scoperto una tua mancanza nella sala della conoscenza di se stessi, qui è possibile integrare ciò che ti manca nel modello della tua vita. Qui hai a disposizione ogni genere di aiuto medico, tecnico o spirituale, per accettare ed integrare ciò che ti manca. Le possibilità qui sono illimitate e può darsi che questa abbondanza inizialmente ti confonda. Prima che tu dia inizio al processo di trasformazione che ti porterà alla guarigione, vogliamo analizzare alcune di queste possibilità fondamentali. Resta comodamente rilassato sul divano e guarda in alto verso la cupola. Il tuo sguardo sarà attirato al centro del mandala della cupola, nel punto più interno e più alto di quest'ultima — ed ancora una volta i tuoi occhi automaticamente si chiuderanno. E quando penserai alla parte del corpo che ti dà più problemi, che ti fa soffrire più spesso e che ti causa i dolori più forti, essa apparirà immediatamente sullo schermo davanti al tuo occhio interiore. Anche se si tratta di una zona interna del tuo corpo — basta solo che pensi a questa parte e già la sua immagine apparirà sullo schermo. Contemporaneamente la percepirai a livello fisico. Ora, con la sola forza del pensiero, puoi servirti di qualsiasi terapia senza correre alcun rischio, esattamente come in precedenza hai potuto osservare il problema in tutta sicurezza. La premessa per una reale guarigione è che in precedenza, ad esempio nella sala della conoscenza di se stessi, tu abbia capito esattamente la causa del tuo problema e che l'abbia accettato. Qui si tratta di integrare ed accettare il modello alla base del sintomo, più che di tentare una cura ed una trasformazione. Quando quest'ultimo avrà fatto il suo dovere, quando cioè avrà comunicato il suo messaggio e chiarito il suo compito, sparirà da solo. Prima che scompaia, tuttavia, si modificherà: e da un fastidioso disturbo si trasformerà in un preciso indicatore, che segnala quando hai superato il limite. La sala della trasformazione ti offre questa opportunità. Basta solo che per un momento tu chiuda gli occhi — e la soluzione comparirà — come un simbolo sullo schermo nella cupola oppure a livello pratico nella stanza. Se il tuo primo pensiero è «radioterapia», da ogni parte della stanza dei raggi colpiranno la parte del tuo corpo che ti causa i maggiori fastidi. È sufficiente che tu apra il tuo corpo da dentro e che faccia penetrare l'energia — finché la parte del corpo in questione ne avrà bisogno. In seguito il dolore scomparirà in un attimo. — Se chiudi nuovamente gli occhi, compariranno altri raggi curativi. Lascia che succeda ora: apri consapevolmente il tuo corpo a questa luce e lasciala affluire — fino a coprire il tuo intero fabbisogno. — Ogni disturbo spontaneo può essere curato in questo modo, finché non ti causa più alcun fastidio. Contemporaneamente puoi controllare sullo schermo nella cupola l'efficacia o meno della terapia sulla parte del corpo in questione. In breve tempo possono verificarsi notevoli miglioramenti e mutamenti. Nel caso in cui il tuo problema attuale necessitasse di ulteriori sedute di radioterapia, in futuro avrai altre occasioni per usufruirne. Ora però vogliamo considerare un'altra delle numerose possibilità terapeutiche. Se il prossimo passo verso la guarigione fosse ad esempio la «terapia del campo magnetico», vedrai che dalle misteriose pareti della «sala della trasformazione» appariranno i necessari presupposti. Ed immediatamente sentirai gli effetti benefici e curativi del campo magnetico. È la tua stessa intuizione a regolare la forza del campo e la durata del trattamento. Quando sarà sufficiente, il campo magnetico scomparirà da solo, per far spazio alla prossima cura. Su questo piano interiore il tempo non ha valore — poco o nulla dipende da esso — tutto dipende dalla consapevolezza e dalla concentrazione della forza del pensiero sull'attuale trattamento. Così avrai automaticamente tutto il tempo che ti serve. Esistono numerose altre terapie. — Non appena entri nella stanza — si verrà ad esempio automaticamente a creare un campo elettromagnetico, di cui ora hai estremo bisogno e regolerà da sé la giusta concentrazione ionica nell'aria. Anche se inizialmente non te ne rendi conto, indirettamente te ne accorgerai — per il solo fatto che in questa stanza ti senti sempre particolarmente in forze e pieno di vita. Naturalmente esistono anche terapie più specifiche. Se il trattamento che appare sullo schermo interiore è l'«agopuntura», avrai immediatamente a disposizione anche questa cura ed in una forma particolarmente piacevole. Gli aghi infatti sono sostituiti da raggi di luce appuntiti. Questi raggi laser colpiscono automaticamente le zone del corpo più importanti, soprattutto il padiglione auricolare e più in generale l'intera superficie cutanea del corpo, che dovrebbe essere nudo e basta un unico pensiero perché lo sia. Anche la durata di questa cura si regola da sé ed i raggi scompaiono al momento giusto. Come sempre, anche in questo caso la qualità è più importante della quantità e la giusta qualità del tempo è determinata dalla tua consapevolezza. In questo modo ogni momento può diventare prezioso, e tutte le possibilità sono racchiuse in questo attimo. Ora puoi sottoporti ad altre terapie, che forse sembrano meno mirate, ma che sono anch'esse di grande efficacia. — Se il prossimo passo sullo schermo interiore è il «massaggio», nella sala della trasformazione troverai automaticamente tutto l'occorrente. Non appena apri gli occhi vedi entrare nella stanza la persona in questo momento più idonea a massaggiarti ed in effetti ti fa esattamente il massaggio di cui avevi bisogno. È sufficiente che tu sia pronto a cogliere questa occasione — e riceverai tutto ciò che vuoi. Le capacità di questo magico terapeuta, che può avere un tocco delicato, quasi come se non toccasse affatto la tua pelle, ma anche molto energico, non si limitano tuttavia semplicemente ai massaggi. Egli può curare la tua aura, sbloccare eventuali stasi e blocchi, purificare il tuo campo di radiazione o appoggiare le sue mani su una parte del tuo corpo che ti procura dei disturbi e mettere a tua disposizione tutta l'energia necessaria a guarire. Oppure può accompagnarti nel reparto balneare, in cui scoprirai i misteri dell'arte delle cure termali — dai bagni in acque profumate, ai getti d'acqua che ridestano lo spirito, dai pediluvi che fanno defluire il superfluo dal corpo, ai bagni completi con essenze rare ed equilibranti ed alle frizioni con unguenti miracolosi ed altre pomate curative. Quando avrai purificato il tuo corpo con l'acqua, potrai dedicarti al bagno turco ed alla sauna ed infine potrai sdraiarti su comodi lettini per dei bagni d'aria o per prendere il sole. Se la tua intuizione lo vorrà, il tuo terapeuta ti sottoporrà anche ad ogni genere di impacco e di cataplasma con rare terre medicamentose con elevate proprietà terapeutiche. Naturalmente non puoi sperimentare tutto in una sola volta. Ora si tratta unicamente di conoscere e di valutare le opportunità che questo luogo offre. Avrai tutto il tempo necessario per sperimentarle in seguito, se ritornerai in questo luogo e porterai a termine il tuo programma di guarigione, senza che le parole o le strutture prestabilite costituiscano un ostacolo. Ogni cosa accadrà da sé al momento giusto, compresa la musica, poiché anche quest'ultima contribuisce all'armonia ed alla guarigione. Se ascolti all'interno di te stesso, sentirai nascere dentro di te la musica di cui hai più bisogno. Ma con la terapia musicale non si sono ancora esaurite tutte le possibilità della «sala della trasformazione». Puoi avvicinarti e nel contempo sperimentare, ad esempio con l'aiuto del tuo terapeuta, ogni genere di medicina per tutti gli organi e per ogni situazione, dagli infusi di te e di altre erbe, fino alle sostanze oligominerali. La preparazione è sottoposta al controllo delle tue intuizioni, puoi semplicemente sciogliere o triturare determinate sostanze, oppure attivare veri e propri processi di alchimia, dalla mistura di fiori e di essenze, fino ai metodi dell'omeopatia. È addirittura possibile trasferire pura energia oscillatoria sui farmaci. Naturalmente si possono anche combinare alcuni di questi metodi. Immagina di stare preparando una medicina. Su di un tavolino davanti a te nella stanza c'è un'ampolla piena di acqua sorgiva. Ora chiudi gli occhi e lascia che sullo schermo interno della cupola appaia il primo ingrediente della tua medicina, ad esempio una pianta, che si delineerà sempre meglio davanti ai tuoi occhi e non è necessario che tu conosca o meno la pianta in questione ed il suo nome. Ora puoi di nuovo chiudere gli occhi e prepararti interiormente a come utilizzarla. Se ti servi del corpo della pianta, essa si scioglierà interamente nell'ampolla di fronte a te. Se utilizzi l'anima della pianta, vedrai luccicare alcune gocce del suo olio etereo nella boccetta. Se usi il suo spirito, nell'ampolla cadrà una goccia del suo alcol puro. Il successivo ingrediente della medicina potrebbe essere ad esempio una pietra preziosa, in questo momento di particolare importanza per te. Apparirà immediatamente sullo schermo e nella stanza ed un raggio di sole entrerà nella sala della trasformazione ed illuminerà la pietra preziosa ed attraverso di essa la boccetta. In questo modo l'energia dei cristalli sarà trasmessa all'acqua sorgiva e così, oltre ad un elisir vegetale, ne avrai anche uno di gemme. Quando sullo schermo non apparirà più nessun ingrediente, la tua medicina sarà pronta e potrai bere, annusare o strofinare su una zona delicata della pelle, come ad esempio l'ombelico, l'elisir — a seconda di ciò che ti suggerisce il tuo schermo interiore. Ma la sala della trasformazione ti offre anche altre opportunità, lo schermo può infatti indicarti anche una medicina per lo spirito, ad esempio un principio primordiale o un compito di cui dovresti occuparti. Sullo schermo potrebbe cioè comparire un simbolo o una scritta, oppure potresti sentire una voce, che ti delucida sui tuoi doveri. E se il messaggio non fosse chiaro, troverai ulteriori informazioni sullo schermo interiore. Meglio imparerai a fidarti del tuo primo pensiero, più le immagini ed i messaggi saranno comprensibili. Anche se non abbiamo neanche lontanamente sperimentato tutte le opportunità della trasformazione e della guarigione, è ora di abbandonare questo luogo, poiché nel tempio ci sono altre sale altrettanto miracolose. Tuttavia sta a te scoprirle e questo tempio contiene tutto ciò di cui hai bisogno. Ora visitiamo insieme, ma solo di passaggio, la «sala dei viaggi», che si trova nelle vicinanze e che non è difficile da trovare. Dentro riconosci alcune cose — il divano al centro sotto alla cupola, il mandala all'interno — solo l'illuminazione e l'atmosfera sono piuttosto neutrali — e per il momento è un bene che sia così, poiché i viaggi sono previsti per dopo — ora si tratta solo di rendersi conto delle opportunità offerte da questo luogo. Quando guardi la cupola sopra di te, l'immagine che compare ti è familiare. Il mandala attira subito il tuo sguardo al centro e qui appare l'immagine ormai nota del mandala umano sopra a quello della terra ed immediatamente capisci il significato di questa immagine in questa stanza: l'uomo e la terra sono una cosa sola — tu stesso sei tutt'uno con la terra. Questo significa che tutti i viaggi all'interno del corpo e dell'anima corrispondono a dei viaggi nel mondo esterno, in paesi e continenti lontani e vicini. Tutto ciò che riesci a trovare nel grande ed immenso mondo è necessariamente anche dentro di te e tutto ciò che c'è in te deve trovarsi anche nel mondo. Così in questa sala puoi trasformare tutti i tuoi precedenti viaggi interiori in viaggi in località esterne che ti toccano da vicino, che ti piacciano o meno. Sia che un paese ti affascini, sia che tu lo rifugga, esso è egualmente importante, poiché corrisponde ad una lato di te che ami o che odi. È sufficiente che tu prenda posto sul divano al centro e che ti abbandoni al processo di concentrazione al centro del mandala — e comparirà la meta del tuo viaggio e vedrai te stesso in viaggio per questa località, dove potrai imparare il necessario. Così ogni viaggio esteriore o interiore diventa un pellegrinaggio con un solo scopo: te stesso — poiché l'uomo ed il mondo sono una cosa sola. Ma anche questa sala può aspettare e ti aspetterà — così esci — e costeggi altre porte che simboleggiano le diverse tematiche della tua vita, che aspettano di essere considerate. Infine raggiungi una scala che conduce ai piani superiori del tempio. Sali all'ultimo piano, nella punta della grande cupola — sopra tutto. Sulla porta c'è una scritta minuta che dice: «Preghiera». Se la apri troverai il tuo luogo di preghiera e di meditazione, esattamente come te lo eri immaginato. Non solo è arredato come pensavi, ma regna anche l'atmosfera che hai sempre sognato per un luogo del genere — naturalmente questo è il tuo luogo speciale, in cui ora prendi posto e mediti su te stesso e sulla Madre Terra in cui vivi. E così come prima ti sei riconciliato con il tuo ego nei suoi differenti stadi, dall'età infantile fino ad oggi, ora fai lo stesso con tua madre, la Terra — osserva com'era all'inizio e com'è adesso ed accettala esattamente come la vedi e com'è diventata con il passare del tempo. Infine lascia che davanti al tuo occhio interiore appaia come vorresti che fosse in futuro. — Cerca anche di capire in che misura sei disposto a contribuire a realizzare il tuo sogno. — Infine ringrazia la Madre Terra perché vivi sul suo corpo e ringrazia anche il tuo corpo in cui vivi, per le possibilità che entrambi ti offrono. E prima di andare via, pensa che questo tempio e le infinite opportunità che offre sono nel tuo centro e che quindi puoi tornarvi ogni volta che lo vorrai. Così come il tuo tempio assomiglia ad un tempio esteriore, anche i templi esteriori sì rifanno all'immagine di quelli interiori — perché fuori e dentro coincidono — «l'uomo ed il mondo sono una cosa sola». Ed ora puoi festeggiare la tua partenza e pregare — per tutto il tempo che vorrai — puoi approfondire la tua visita nelle singole stanze del tempio, oppure porre fine alla meditazione — così come lo hai fatto tante altre volte, sotto la tua responsabilità — e questa tua decisione ti riporta alla realtà dominata da spazio e tempo — nel tuo familiare luogo di meditazione.